Printed in the United States
By Bookmasters

مدخل

إلى علم التنمية

Introduction to Development Science

مدخل

إلى علم التنمية

Introduction to Development Science

تأليف

الدكتور جمال حلاوة

الدكتور علـي صالح

2010

رقم الإيداع لدى دائرة المكتبة الوطنية
(2009/8/3674)

338.9

حلاوة، جمال رض
مدخل إلى التنمية/ جمال رضا حلاوة، علي محمود صالح.-
عمان: دار الشروق للنشر والتوزيع، 2009
(   ) ص
ر.إ.: 2009/8/3674
الواصفات: التنمية // التنمية الاقتصادية//التنمية الاجتماعية/

• تم إعداد بيانات الفهرسة الأولية من قبل دائرة المكتبة الوطنية

ISBN 978-9957-00-424-8

● مدخل إلى علم التنمية .
● د . جمال رضا حلاوة ، د . علي محمود موسى صالح
● الطبعة العربية الأولى : الإصدار الأول 2009 .

دار الشروق للنشر والتوزيع
هاتف : 4618190 / 4618191 / 4624321 فاكس : 4610065
ص.ب : 926463 الرمز البريدي : 11118 عمان - الاردن
Email : shorokjo@nol.com.jo

دار الشروق للنشر والتوزيع
رام الله - المصيون : نهاية شارع مستشفى رام الله
هاتف 2975632 - 2991614 - 2975633 فاكس 02/2965319
Email : shorokpr@palnet.com

■ الاخراج الداخلي وتصميم الغلاف وفرز الألوان و الأفلام :
دائرة الإنتاج / دار الشروق للنشر والتوزيع
هاتف : 4618190/1 فاكس 4610065 / ص.ب. 926463 عمان (11118) الأردن

بسم الله الرحمن الرحيم

﴿ قُلْ هَلْ يَسْتَوِي الَّذِينَ يَعْلَمُونَ وَالَّذِينَ لا يَعْلَمُونَ ﴾

صدق الله العظيم

[الزمر:9]

المحتويات

9

11

المقدمــة

الحمد لله رب العالمين، والصلاة والسلام على سيد المرسلين.

يسرنا أن نقدم هذا الكتاب إلى زملائنا الأفاضل، وإلى طلبتنا الأعزاء، ونخص منهم طلبة العلوم التنموية، متوخين فيه الفائدة من خلال فصول متخصصة في علم التنمية تمّ بحثها باستقصاء وعناية، خاصة وأن فكرة تحقيق التنمية تجتاح العالم بأسره، حيث جنون التكنولوجيا والمعلومات، والمنافسة، والفجوة الواسعة بين الدول المتقدمة والنامية، وارتفاع معدلات البطالة وتفشي الفقر، من الأسباب الرئيسية لدوافع التنمية.

يهدف هذا الكتاب إلى إلقاء الضوء على أهمية ومفهوم التنمية ومتطلباتها، وأساليبها، ومجالاتها، بالإضافة إلى دراسة تجارب بعض الدول في التنمية. كما يهدف إلى التعرف على أسباب التخلف، وما هي الأساليب الممكن استخدامها للوصول إلى الارتقاء بالإنسان ووسائل رفاهيته، ومعروف أنه ومنذ ولد الإنسان ولد معه النمو الطبيعي، دون توجيه أو تدخل مقصود، وغريزة الوجود والمحافظة على البقاء جعلته يبحث ويحاول، ويتدرج في طلب العلم والمعرفة، ولم يكن معروفاً في ذاك الوقت مصطلح يدعى تنمية، وكل ما عرف فقط هو النمو الاقتصادي، ولم تكن مفاهيم التنمية الاجتماعية أو الإدارية أو البشرية أو السياسية وغيرها من مجالات التنمية قد عرفت بعد، خاصة أن الإنسان في القدم ركّز معظم اهتماماته بحثاً عن المأكل والمشرب، والحاجات الإنسانية البسيطة الأخرى، ونظراً للحياة الصعبة القاسية التي عاشها والحرمان، والحاجة وحب التغيير والتطوير، باستمرار حاول إدخال تحسينات على حياته، حيث مّر بعدة مراحل وعصور، منها العصور البدائية، وعصر

الآلة البخارية، والثورة الصناعية، وظهرت بعض النظريات الاقتصادية والاجتماعية والإدارية وغيرها، ولكن بشكل ساكن بسيط لم يتعرض فيها إلى التنمية وجذورها مباشرة.

وبعد الحرب العالمية الثانية، ظهرت تكتلات جديدة في العالم، وأنظمة اقتصادية وسياسية كما هو معروف تكونت من معسكرين، رأسمالي غربي، بقيادة الولايات المتحدة الأمريكية، ومعسكر اشتراكي شرقي، بقيادة الاتحاد السوفييتي سابقاً، كما ظهرت مشاكل الفقر والتخلف في الكثير من الدول وخاصة التي حصلت على استقلالها وتخلصت من الاستعمار المباشر، وكان عليها لزاماً أن تفكر في التخلّص من آثار الاستعمار، وما خلفّه من دمار ونهب وسرقة لخيراتها، وثقافتها، وثرواتها. وبدأت النظريات الحديثة والمطورة تدخل في أعماق وجذور التنمية بشكل مباشر مثل النظرية النيوكلاسيكية، والكينزية، والنظريات الاجتماعية والإدارية وغيرها.

وقد قدّم المؤلفان في هذا الكتاب إطاراً واضحاً حول قدرات الإنسان على التقدم والتصميم، والتطّور ومن خلال تحليلات وتفسيرات بعض الكتب الأخرى والتقارير والنشرات المتعددة، والانترنت، تم التأكيد بأن عملية التنمية محورها الأساس هو الإنسان، كما وضّح مفهوم التنمية والنمو، والفرق بينهما، وقدّم تحليلات واضحة ومستفيضة في كيفية قياس معايير التنمية، ومؤشراتها وأن التنمية لا تتحقق إلا من خلال المشاركة الشعبية، ودعم وتشجيع جهود الأهالي، والحكومة خطوة تلو الأخرى، كما بيّن العلاقة التفاعلية والمتشابكة بين التنمية الاقتصادية والإدارية والاجتماعية والبشرية، وصعوبة تحقيق واحدة على حساب الأخرى، فالتنمية تعتبر مطلباً حيوياً يجب أن العمل على تحقيقها في جميع المجالات بحيث تكون شاملة ومتوازية، بالإضافة إلى تهيئة الشعب لها، وقابليته لاستيعابها وتطبيقها وخاصة فيما يتعلق بالثورة التكنولوجية والتحولات الاجتماعية من تغيير للعادات والتقاليد البالية القديمة وتغيير في تطبيق التقنيات في مجال العمل الإداري وأسلوبه، وعناصره، كما قدمنا تحليلات تبيّن أن التنمية الاجتماعية هي جذور مجالات التنمية الأخرى، في العصر الحالي، عكس بداية حياة الإنسان الأول، لأن الإنسان عندما يكون لديه انتماء

يستطيع التقدم في جميع المجالات وتطويرها والمحافظة عليها، علماً بأن الموارد البشرية المدربة والواعية هي التي تخلق القيادات، والعلماء والأخصائيين في الإدارة، وهم من يقودون العملية التنموية برمتّها، ويعملون على توعية الشعب اجتماعياً، ويقودون المؤسسات التعليمية، والشركات، والمصانع، ويحكمون الدول من جميع النواحي الاقتصادية والاجتماعية والإدارية وخاصة السياسية منها.

يحتوي الكتاب على أربعة عشر فصلاً، في الفصل الأول منها تم التعرض لمفهوم التنمية والنمو وأهميتها وتطورها، أما الفصل الثاني فقد تطرق إلى عرض النظريات الخاصة بالتنمية، ومجالاتها، أما الفصل الثالث فقد انصب على خصائص التنمية كظاهرة إنسانية ودينية وتاريخية واجتماعية، واقتصادية، وكلية، بينما تطرق الفصل الرابع إلى مفهوم التخلف والبلاد المتخلفة، حيث تعرض هذا الفصل لسمات هذه البلاد بالإضافة إلى نظريات التخلف والتبعية وأسبابها، فيما تم في الفصل الخامس توضيح وشرح مفاهيم التخطيط للتنمية، وما أهداف التخطيط ومستوياته وأساليبه، والبحوث التي تتعلق به وفي برامج التخطيط والتحديات التي تواجه التنمية، أما عن الفصل السادس فقد كرّس لموضوع العصر وهو التنمية المستدامة ومفهومها، وأهميتها، ومبادئها، وكيفية تحقيق توازن بين أفكار ومتطلبات علماء البيئة، والاقتصاد، والاجتماع، وفي الفصل السابع تم التركيز على دراسة التنمية الاجتماعية كإحدى مجالات التنمية الرئيسية حيث عرض فلسفة التنمية الاجتماعية، ومقوماتها، ومبادئها، وأهدافها.
أما في الفصل الثامن فقد تم توضيح مفهوم التنمية الاقتصادية، وطبيعة الأنظمة التي اتبعتها الدول، بالإضافة إلى سردٍ لعناصر التنمية الاقتصادية.

وقد استوعب الفصل التاسع المجال الثالث من مجالات التنمية وهو التنمية الإدارية، من حيث مفهومها، مظاهرها وأسباب التخلف الإداري، والأساليب الممكن إتباعها لتحقيق تنمية إدارية، وكذلك عناصرها وعلاقتها بمجالات التنمية الأخرى، أما الفصل العاشر فقد استعرض موضوع التنمية البشرية من حيث المفهوم، والأهمية، والدور التي تلعبه الموارد البشرية وكيفية تعزيزها، وفي الفصل الحادي عشر تم عرض

مؤشرات التنمية المستقلة، وكيفية الحكم على توفر الإمكانيات التنموية لأي دولة من عدمها، وذلك من خلال الحجم والموقع الجغرافي والموارد الطبيعية وغيرها من المؤشرات، التي يجب أن تتوفر في الدولة لتحقيق تنمية مستقلة، وبخصوص الفصل الثاني عشر، فقد ناقش ووّضح مواضيع حيوية يعيشها العالم حالياً بين مؤيد ومعارض ومضطرب، وهو فيما يتعلق بالعولمة والخصخصة، من حيث المفاهيم، والأهداف، والأهمية، والعلاقة بينهما والمزايا والسيئات، والأسباب التي جعلت بعض الدول تتبعها أما الفصل الثالث عشر فقد كُرّس لدراسة بعض التجارب العالمية في التنمية، وذلك من خلال فهم الدروس والعبر والأساليب التي يمكن الاستفادة منها، حيث تناول كوريا الجنوبية كإحدى النمور الآسيوية الأصلية (القديمة) بالإضافة إلى تجربة دولة عملاقة مثل اليابان، إضافة إلى الصين وهي أكبر الدول النامية، وماليزيا حيث تعتبر من النمور الآسيوية الجديدة، وأخيراً تم عرض بعض المحاولات التنموية في الفصل الرابع عشر لواقع التنمية في الأراضي الفلسطينية المحتلة، وماهية الإمكانيات المتوفرة والصعوبات والتحديات التي تواجهها.

وتجدر الإشارة هنا إلى أن الكتب، والمراجع، ومصادر الانترنت التي تم استخدامها كانت حصيلة الماضي والحاضر في علم التنمية، حيث أن علم التنمية، ومجالاته، متعددة، مثل التنمية السياسية، والصحية، والبيئية، وغيرها لكن نطاق الدراسة في هذا الكتاب ركّز على مجالات بعينها تخص طلبة العلوم التنموية، والذين كان لهم فضل كبير في طرح بعض الأفكار والمواضيع التي نوقشت من خلال المحاضرات، مما أضاف زخم علمي مميز لهذا الكتاب، وخاصة الأمثلة التي تتعلق بحياتنا اليومية.

المؤلفان

د. علي صالح　　　د. جمال حلاوة

الفصل الأول

تطور مفهوم التنميــة
Evolution of Development Concept

تمهيد: Preface

رُغم أن التنمية تعتبر ظاهرة اجتماعية نشأت مع نشأة البشر ـ المستقر إنتاجاً وارتقاءً وعلاقات، واتخذ مفهومها صوراً محددةً في سياق الحضارة المعاصرة، إلا أن دراسات التنمية لم تأخذ أهميةً كبيرةً في الأبحاث والتدريس إلا بعد الحرب العالمية الثانية، وتنامى الإهتمام بها أكثر في ثمانينات القرن الماضي، وهناك عوامل كثيرة مسؤولة عن ذلك من أهمها: (1)

1) التغيرات الاقتصادية في العالم بعد زوال الإستعمار الأوروبي لدول إفريقيا وآسيا.

2) ظهور نظريات تُعلق أسباب التخلف بالظروف الإستعمارية السابقة وبالإستعمار الجديد ممثلاً بهيمنة الدول الغنية على ثروات الكرة الأرضية.

3) النمو السكاني السريع وما ترتب عليه من مشكلات في الدول المستقلة حديثاً كتوفير الغذاء وخدمات الصحة والتعليم والبنية الأساسية.

4) العولمة وسرعة انتقال وتأثير الأزمات الاقتصادية في أقاليم العالم.

5) انفراد الولايات المتحدة بالهيمنة السياسية والعسكرية في العالم واستخدامها المعونات سلاحاً للضغط السياسي.

6) الفشل المتكرر لبرامج التنمية ومحاولاتها لتحسين أحوال الفقراء في كثيرٍ من البلدان الفقيرة.

7) ظهور مشكلات خاصة واجهت دولاً معينةً مثل:

- ارتفاع أسعار البترول وتأثيراتها على الدول الفقيرة غير المنتجة له.

- نقص الموارد وتدهورها في الدول الأشد فقراً.

- أدوار الشركات المتعددة الجنسيات.

19

ويُعد مفهوم التنمية من أهم المفاهيم العالمية في القرن العشرين، حيث أُطلق على عملية تأسيس نظم اقتصادية وسياسية متماسكة فيما يُسمى بـ "عملية التنمية"، ويشير المفهوم لهذا التحول بعد الاستقلال - في الستينيات من القرن الماضي - في آسيا وإفريقيا بصورة جلية.

وتبرز أهمية مفهوم التنمية في تعدد أبعاده ومستوياته، وتشابكه مع العديد من المفاهيم الأخرى مثل التخطيط والإنتاج والتقدم.

وقد ظهر مفهوم التنمية Development بصورة أساسية منذ الحرب العالمية الثانية، حيث لم يُستعمل هذا المفهوم منذ ظهوره بصورة أولية في عصر الاقتصادي البريطاني البارز "آدم سميث" في الربع الأخير من القرن الثامن عشر وحتى الحرب العالمية الثانية إلا على سبيل الاستثناء، فالمصطلحان اللذان استُخدما للدلالة على حدوث التطور المشار إليه في المجتمع هما:

- التقدم المادي: Material Progress
- التقدم الاقتصادي: Economic Progress

وحتى عندما ثارت مسألة تطوير بعض اقتصاديات أوروبا الشرقية في القرن التاسع عشر كانت الاصطلاحات المستخدمة هي مصطلح التصنيع Industrialization ومصطلح التحديث Modernization والذي يعني قدرة الإنسان أن يتعلم كيف يتعلم.(2)

كما استخدم مصطلح الثورة Revolution التي تعني حدوث تغير سريع وعنيف وأساسي في التنظيم السياسي وعلاقات السلطة والطبقات الاجتماعية ونظام التحكم في الملكية الاقتصادية والنظام الاجتماعي لمجتمع ما.(3)

وما بين عامي 1875-1900م نُشرت في أوروبا كتب باللغة الانجليزية أشارت عناوينها إلى تطور الدستور الأثيني، والرواية الانجليزية، ونظام النقل في الولايات المتحدة، والزواج، وتربية الأبناء، وغيرها، من هنا فضّل بعض العلماء كلمة (ارتقاء) Evolution في عناوين كتبهم، وفضّل آخرون كلمة (النمو) Growth في العنوان،

إلا أنهم في النهاية استخدموا كلمة (تنمية) Development في المتن باعتبارها الكلمة العمدة.(4)

وقد برز مفهوم التنمية Development بداية في علم الاقتصاد حيث استُخدم للدلالة على عملية إحداث مجموعة من التغيرات الجذرية في مجتمع معين، وذلك بهدف إكسابه القدرة على التطور الذاتي المستمر بمعدل يضمن التحسن المتزايد في نوعية الحياة لكل أفراده، بمعنى زيادة قدرة المجتمع على الإستجابة للحاجات الأساسية والحاجات المتزايدة لأعضائه، بالصورة التي تكفل زيادة درجات إشباع تلك الحاجات عن طريق الترشيد المستمر لاستغلال الموارد الاقتصادية المتاحة، وحسن توزيع عائد ذلك الاستغلال.(5)

ثم انتقل مفهوم التنمية إلى حقل السياسة منذ ستينيات القرن العشرين، حيث ظهر كحقل منفرد يهتم بتطوير البلدان غير الأوروبية تجاه الديمقراطية، وتعرف التنمية السياسية: "بأنها عملية تغيير اجتماعي متعدد الجوانب، غايته الوصول إلى مستوى الدول الصناعية"، ويقصد بمستوى الدولة الصناعية إيجاد نظم تعددية على شاكلة النظم الأوروبية تحقق النمو الاقتصادي والمشاركة الانتخابية والمنافسة السياسية، وترسخ مفاهيم الوطنية والسيادة والولاء للدولة القومية.

ولاحقًا، تطور مفهوم التنمية ليرتبط بالعديد من الحقول المعرفية، فأصبح هناك التنمية الثقافية التي تسعى لرفع مستوى الثقافة في المجتمع وترقية الإنسان، وكذلك التنمية الاجتماعية التي تهدف إلى تطوير التفاعلات المجتمعية بين أطراف المجتمع: الفرد، الجماعة، المؤسسات الاجتماعية المختلفة، المنظمات الأهلية، بالإضافة لذلك استحدث مفهوم التنمية البشرية الذي يهتم بدعم قدرات الفرد وقياس مستوى معيشته وتحسين أوضاعه في المجتمع.

وتعرف التنمية على أنها العملية التي يمكن بها توحيد جهود كل من المواطنين والحكومة لتحسين الظروف الاجتماعية والاقتصادية في المجتمعات المحلية، لمساعدتها على الاندماج في حياة الأمة والمساهمة في تقدمها بأقصى ما يمكن.(6)

21

كما عُرّفت بأنها مجموعة الوسائل والجهود المختلفة التي من خلالها يتم الاستخدام الأمثل للثروة بشقيها المادي والبشري والتي بدورها تؤدي إلى إحداث تغيير في أنماط السلوك وأنواع العلاقات الاجتماعية(7).

وهي أيضاً عملية اجتماعية وثقافية وسياسية وإدارية وليست محض إنجازات اقتصادية، وهي شيءٌ ضروريٌ وهامٌ لكل مجتمع إنساني، وهي عملية شاملة تضرب جذورها في مختلف جوانب الحياة وتنتقل بالمجتمع إلى مرحلة جديدة من التقدم.(8)

وعرفت التنمية أيضاً بأنها عملية حضارية شاملة لمختلف أوجه النشاط في المجتمع بما يحقق رفاه الإنسان وكرامته، وهي بناء للإنسان وتحرير له، وتطوير لكفاءاته وإطلاق لقدراته للعمل البناّء والتنمية، وكذلك اكتشاف لموارد المجتمع وتنميتها والاستخدام الأمثل لها من أجل بناء الطاقة الإنتاجية القادرة على العطاء المستمر.(9)

ويعرف المؤلفان التنمية على أنها أفضل استغلال للموارد المادية والبشرية بكفاءة وفعالية، من أجل تطوير كافة الجوانب الاقتصادية والاجتماعية والسياسية والادارية والصحية والثقافية والبيئية، وذلك من خلال تضافر الجهود الرسمية والشعبية معاً دون تبعية لأي جهة كانت.

فالذي يجري في العالم اليوم هو تجسيد لمعاني التبعية والتغريب، فنحن كدول نامية ينطبق علينا التبعية الثقافية والسلعية والفكرية، وإنه لمشهد دراماتيكي حيث يفرض علينا ما نشاهد ويفكرون لنا وعنا.

ويلاحظ أن مجموعة المفاهيم الفرعية المنبثقة عن مفهوم التنمية ترتكز على عدة مسلمات:

(1) غلبة الطابع المادي على الحياة الإنسانية، حيث تقاس مستويات التنمية المختلفة بالمؤشرات المادية البحتة.

(2) نفي وجود مصدر للمعرفة مستقل عن المصدر البشري المبني على الواقع المشاهد والمحسوس؛ أي بعبارة أخرى إسقاط فكرة الخالق من دائرة الاعتبارات العلمية.

(3) إن تطور المجتمعات البشرية يسير في خط متصاعد يتكون من مراحل متتابعة، كل مرحلة أعلى من السابقة، وذلك انطلاقًا من اعتبار المجتمع الأوروبي نموذجا للمجتمعات الأخرى ويجب عليها محاولة اللحاق به.

اختلاف مفهوم التنمية في اللغتين العربية والإنجليزية:

Different concept of development in both Arabic and English

يتضح الاختلاف بين مفهوم التنمية في اللغة العربية عنه في اللغة الإنجليزية، حيث يشتق لفظ "التنمية" من "نمّى" بمعنى الزيادة والانتشار، أما لفظ "النمو" من "نما" ينمو نماء فإنه يعني الزيادة ومنه ينمو نموًا.

وإذا كان لفظ النموّ أقرب إلى الاشتقاق العربي الصحيح، فإن إطلاق هذا اللفظ على المفهوم الأوروبي يشوه اللفظ العربي، فالنماء يعني أن الشيء يزيد حالاً بعد حال من نفسه، لا بالإضافة إليه.

وطبقًا لهذه الدلالات لمفهوم التنمية، فإنه لا يعدّ مطابقًا للمفهوم الإنجليزي Development الذي يعني التغيير الجذري للنظام القائم واستبداله بنظام آخر أكثر كفاءة وقدرة على تحقيق الأهداف وذلك وفق رؤية المخطط الاقتصادي (الخارجي غالباً) وليس وفق رؤية جماهير الشعب وثقافتها ومصالحها الوطنية بالضرورة.

ويلاحظ أن شبكة المفاهيم المحيطة بالمفهوم الإنجليزي تختلف عن نظيرتها المحيطة بالمفهوم العربي، فعلى سبيل المثال تُعالج ظاهرة النمو (في المفهوم العربي الإسلامي) كظاهرة جزئية من عملية الاستخلاف التي تمثل إطار حركة المجتمع وتحدده، وكذلك نجد مفهوم "الزكاة" الذي يعني لغة واصطلاحًا الزيادة والنماء الممزوجة بالبركة والطهارة، وسُمِّي الإخراج من المال زكاة وهو نقص منه مادياً بمعايير الاقتصاد، في حين ينمو بالبركة أو بالأجر الذي يثاب به المزكي من الله تعالى، وهو ما يقارن بالعكس بالربا الذي قال عنه الله تعالى: "يمحق الله الربا ويربي الصدقات"، (البقرة:276).

ويتضح من ذلك أن مفهوم النمو في الفكر الإسلامي يُعبر عن الزيادة المرتبطة بالطهارة والبركة وأجر الآخرة، وإن لم يتجاهل مع هذا "الحياة الطيبة" في الدنيا، بينما يركز مفهوم Development على البعد الدنيوي من خلال قياس النمو في المجتمعات بمؤشرات اقتصادية مادية في مجملها، حيث تقوم المجتمعات بالإنتاج الكمي، بصرف النظر عن أية غاية إنسانية، وتهتم بالنجاح التقني ولو كان مدمرًا للبيئة ولنسيج المجتمع، وتؤكد على التنظيم الاجتماعي ولو أدى إلى اضطهاد الغير أو الآخر.

وفي الواقع فإن "التنمية" تعد من المفاهيم القليلة التي تجمع بين البعد النظري والجانب التطبيقي، وتستدعي الرؤية الفلسفية والغيبية للمجتمعات ومقاصد تطورها.

وقد أصبح تعبير التنمية أكثر دوراناً في لغة السياسة والاقتصاد المعاصرة على المستويات الدولية والقومية والقطرية والمحلية، كتعبير عن التقدم والرخاء والاستقرار وأصبحت التنمية هي المعيار الذي تقاس على أساسه مواقع الدول في الحضارة المعاصرة وفي المجتمع الدولي، وتصنف بها المجتمعات بين مجتمعات متخلفة أو مجتمعات نامية أو مجتمعات متقدمة ومجتمعات فقيرة، ومجتمعات غنية إلى آخر التسميات الكثيرة.

ولأن فكرة المجتمعات النامية مع ما قيل أو ما يمكن أن يقال حولها من حيث دقة الوصف، إنما نشأت للتعبير عن التفرقة بين المجتمعات المصنفة والمجتمعات التقليدية، أو التي في طريقها إلى التحديث، فان مفهوم التنمية غلب علية الطابع الاقتصادي والمالي في التعريفات التي أعطيت لهذا المفهوم، ومن هنا فقد يحدث الخلط أحيانا بين الغنى والتنمية وبين المال والتقدم.

إن فكرة التنمية تنطوي على معنى التقدم التكنولوجي والاجتماعي والتنظيمي، وهي فكرة معقدة، وصحيح أن الغنى أحد نتائجها الملازمة ولكنه لايقوم وحده مقام التنمية لأن التنمية تنطوي على عناصر متعددة متصلة ببنيان المجتمع وبتكوين الفرد، فالمال في التنمية مال مصنوع من جهد الانسان وهو ثمرة سعي معين بوسائل معينة،

فالغنى شيء والتنمية شيء آخر، وذلك لأن المال والتقدم وإن كانا قريبا من قريب إلا أنهما ليسا شيئاً واحداً.

ومع هذا فإن معظم الكتاب يميلون إلى اتخاذ المعايير الكمية مقياساً للتنمية وهو نوع من التعريف بالوصف، مع أن التنمية بالأصل عملية تغيير بالاتجاهات والمهارات ونمط الحياة، فقد عدّد بعض الكتاب ثلاثةً وسبعين مقياساً في مختلف القطاعات للدلالة على درجة التقدم واستكمال حالة التنمية.

ففي المجال الديمغرافي والصحي مثلا: يتم القياس على معدل وفيات الأطفال وتوقعات الحياة وطول العمر ونسبة الوفيات الناتجة عن الأمراض المعدية والطفيلية وعدد الأطباء لكل ألف من السكان، وعدد الأسرة في المستشفيات ومعدل المواليد، ومعدل الخصوبة ونسبة القوى العاملة للسكان ما بين 15- 64 سنة، ونسبة القوى العاملة للسكان في مدينة سكانها عشرون ألفا فأكثر ونسبة أولئك الذين يعيشون في مدينة عدد سكانها نصف مليون فأكثر.

وفي مجال التغذية: يقاس الاستهلاك اليومي للفرد من السعر الحراري والبروتين الحيواني ونسبة السعر الحراري الناتج عن الحبوب أو الدرنات.

وفي مجال التعليم: تقاس نسبة الأميين من سن 15 سنة فأكثر إلى عدد السكان، ونسبة المنخرطين في التعليم الابتدائي والثانوي إلى عدد السكان بين 15- 19سنة، ونسبة المنخرطين في التعليم الابتدائي الى عدد السكان بين 5- 14 سنة، ونسبة المنخرطين في التعليم المهني الى عدد السكان بين 15- 29 سنة، وعدد السكان الذين يبلغون 15 سنة وأتموا سنة دراسية واحدة في التعليم الابتدائي أو الثانوي أو العالي.

وفي مجال الإسكان: يكون المقياس هو متوسط عدد السكان في السكنة الواحدة ونسبة المساكن التي تحتوي على مرافق المياه والكهرباء إلى العدد الكلي المتاح للمساكن.

وفي مجال الاعلام: تقاس التنمية بعدد نسخ الصحف الصادرة يومياً أو المتخصصة بالنسبة إلى كل ألف من السكان، ونسبة الهواتف إلى كل مائة ألف من السكان ونسبة أجهزة التلفزيون والراديو إلى كل ألف من السكان.

وفي المجال الاقتصادي: تقاس بأطوال السكة الحديدية الى مساحة القطر، وبحمولتها بالأطنان وبأعداد السيارات بالنسبة إلى كل ألف من السكان الذين ينشطون اقتصاديا في قطاع الكهرباء والغاز و المياه والخدمات الصحية والنقل والمتاجر والمواصلات، وبنسبة العاملين من الذكور الراشدين في النشاط الزراعي بالنسبة إلى اليد العاملة من السكان الذكور، وبالإنتاج الكلي الفردي العام.

ويمضي الكُتّاب في هذا الاتجاه الكمي، فيصنّفون الدول على أساس الدخول الفردية إلى مراتب ودرجات على النحو التالي: (10)

المرتبة الأولى:

الفئة (أ): وهي التي يزيد دخل الفرد فيها عن ألفي دولار أمريكي في العام، وعددهم 200 مليون نسمة.

الفئة (ب): وهي التي يبلغ دخل الفرد فيها ألفي دولار في العام، وعددهم 90 مليون نسمة.

الفئة (ج): وهي التي يتراوح دخل الفرد فيها ما بين 1300 إلى 900 دولار في العام، وعددهم 200 مليون نسمة.

المرتبة الثانية: هي التي يتراوح دخل الفرد فيها ما بين 1200 إلى 600 دولار في العام، وعددهم 470 مليون نسمة.

المرتبة الثالثة: يكون دخل الفرد فيها ما بين 600 إلى 250 دولار في العام، وعددهم 250 مليون نسمة.

المرتبة الرابعة: يكون دخل الفرد فيها ما بين 250 إلى 100دولار في العام، وعددهم أكثر من 1200 مليون نسمة.

المرتبة الخامسة: فهم ما دون ذلك، أي يكون دخل الفرد فيها 100 دولار في العام فأقل، وعددهم تقريبا مليار نسمة.

ويستخلص من هذه المعايير التي عرض لها الكتاب عن التنمية والتي اكتسبت شرعية مهنية في هذا المجال، الصفات التالية:

(1) إنها معايير كمية يمكن قياسها وضبطها ويسهل تطبيقها.

(2) إن لبعض المعايير قيمة رياضية أكثر من قيمتها الواقعية وذلك يتمثل واضحا في طريقة حسابات الدخول الفردية.

(3) وهو من أكثر الأمور أهمية، وهو أن هذه المعايير تذكر في وظيفة هدف فلسفي متصل بتحقيق السعادة الاجتماعية والتي يعبر عادة عنها في السياق "بمستوى الحياة".

(4) إن هذه المعايير منتزعة من خصائص ومقومات المجتمعات المتقدمة والمجتمعات المصنعة والغنية وذلك على أساس أنها تمثل التنمية التي تصبو اليها الانسانية كمثل أعلى في كل الحياة الدنيا.

وهنا ينبغي التساؤل عن قضايا أخرى متصلة بهذه الأمور:

- هل هذه المعايير ثابتة؟ بمعنى أن الدول النامية لو حققتها أصبحت دولاً متقدمة، والواقع التاريخي يشير إلى أن هذه المعايير والمؤشرات ديناميكية ومتحركة، وهي تتغير من عام الى عام تبعاً للتغيرات الجوهرية التي تحدث في البنيان الاقتصادي والاجتماعي والسياسي في هذه الدول، هذا من ناحية، ومن ناحية أخرى فإن معدل تقدم الدول النامية بطيء، وإن الدول المتقدمة تزداد في تقدمها نتيجة للتكاثر الذاتي للتكنولوجيا، وحين تصل الدول النامية الى المستوى الحالي لهذه المعايير والمؤشرات فإن هذا المستوى سوف يصبح مستوى متخلفا وتاريخيا، وستوضع مؤشرات ومعايير أخرى ناتجة عن الأوضاع الجديدة للدول المتقدمة.

- أما القضية الثانية فهو عصب القضية وقلب المشكلة، وهو يتصل بهدف التنمية لا بوسائلها ولا بمظاهرها ... ويعبر عنه "بمستوى الحياة" في الاطار الحضاري المعاصر ومستوى الحياة في عاقبة الأمر.

- ولكن القضية الجوهرية في هذه المسألة هي " كلية الحضارة " وأن التنمية نمط حياة جديد يتضمن قيماً واتجاهات ووسائل وأهدافاً، وأن مباشرة الأهداف،

ينبغي أن يسبقها ويصحبها ويعقبها فكر بصير يُعصم من التقليد غير النافع، وتقـويم موضوعي خلاق يضع البدائل الرشيدة في سياق القيم الأساسية للمجتمع في نطاق اسـتراتيجية مستنيرة ومرنة، كـل ذلك تفاديا لأحد خيارين فرضتهما الحضارة التكنولوجية على العالم، وأحلاهما مر،كما يقول تراثنا، وهما:

- الخيار الأول: The First Option

هو الاندفاع المحموم نحو تبني الأنماط الحضارية المعاصرة بخيرها وشرها عـلى حسـاب الأصل والقيم، وهذا التبني الكامل قلما أسلم إلى تكامل في نسيج المجتمعـات النامية نتيجة لصراع القيم، فهو لا يسلِّم صاحبه في كثير من الحالات إلا إلى المصير الأسطوري للغراب الذي فقد مشيته، ولم يدرك حسـن مشـية الطاؤوس، فسـلمت للطاؤوس ذلته وخسر الغراب نفسه فيما خسر.

- الخيار الثاني: The Second Option

وهو الإعراض المتعصب، وإدارة الظهر لكل ما يدور بالعالم وهو لا يسلم في كل الحـالات إلا إلى العزلة والانسحاب من الحياة إلى التخلف.

وينبغي تلمُّس الطريق برشد بين الخيارين في محافظة مبدعة على الأصالة، وإقبال بصير على المستقبل وهي مهمة عسيرة تكاد تبلغ مبلغ الاستحالة، على أن أمماً قد حاولت ذلك، فإن لليابان تجربتها، وهي تجربة خاصة ومع هذا فقد بدأت القيم التكنولوجية تؤثر تـأثيرا عميقاً في بنيـان المجتمع الياباني الحديث، بحيث أصبح كثير من نمـط الحيـاة القديم يمارس ممارسة فولكلورية، ويدخل في باب الصناعات السياحية، وللصين تجربتها كـذلك، ولكنها تمت في ظـروف تاريخية فريدة.

وما يزال الوقت مبكراً للحكم على حصيلة هذه التجارب في سياق الطبيعة الكونية لهذه الحضارة المعاصرة ولوسائلها العملاقة في توحيد الاتجاهات والميول، وخلق الايدولوجية والمواقف وقدرتها المذهلة على الانتشار والتأثير بمختلف وسائل الاتصال القادرة.

28

لقد أدركت الدول النامية فداحة الموقف وصلابة المعوقات القائمة في وجه التنمية التي يمكن مع الارادة الطيبة تحقيقها في ظل النظم العالمية العملاقة في المجالات التجارية والمالية والاقتصادية الدولية، فدعت الى نظام اقتصادي دولي جديد، يحقق قدرا من العدالة في العلاقات بين الدول المتقدمة والنامية، ويخفف من الاستنزاف الشره للموارد الأولية في البلاد النامية، ولعل مثل هذا النظام أن يكون أحد المداخل الجديدة للتنمية في البلاد النامية بما يقلل من الثمن الاجتماعي والاقتصادي لهذه التنمية وإن كان هذا وحده لايكفي فهناك الخصائص الحضارية التي تنفرد بها مجموعات الدول بعضها عن بعض.(11)

التنمية والنمو : Development and Growth

عند التمعّن في تطور مفاهيم التخلف والتنمية، فسوف يلاحظ بأنها قد مالت في أول الأمر إلى التركيز على جانب النمو الاقتصادي وما يتحقق فيه من إنجاز، فقد كان التعريف الشائع للبلدان النامية منذ أواخر الستينات أنها البلدان التي ينخفض فيها مستوى الدخل الفردي كثيراً بالقياس الى مستواه المتحقق في البلدان المتقدمة.

فالتنمية تعّبر عن الزيادة السريعة والمستمرة في مستوى الدخل الفردي عبر الزمن بل إن بعض الباحثين يذهب إلى إعطاء تحديد كمي للزيادة السنوية المطلوبة في الناتج القومي الإجمالي استناداً إلى خبرة الدول المتقدمة في مراحل تطورها المبكرة وإلى معدلات التزايد السكاني في الدول النامية.

ويمكن ملاحظة التنمية أيضاً عندما يصبح الاقتصاد القومي (الذي ظلّ في وضع يتسم بالركود لفترة طويلة) قادراً على توليد زيادات متواصلة في الناتج القومي الإجمالي بمعدل يتراوح ما بين 5%-7% سنوياً، وهو ما يعني تحقيق زيادة متواصلة في مستوى الدخل الفردي الحقيقي بمعدل يتراوح بين 2% و 4% سنوياً (بفرض ان معدل نمو السكان هو 3% سنوياً).

صحيح أنه كانت تحدث إشارات إلى أهمية تحقيق أمور أخرى مثل محو الأمية، والقضاء على الأمراض ونشر التعليم وما إلى ذلك، ولكن النظرة الغالبة كانت نظرة

اقتصادية أو – بالأحرى- اقتصادية، بمعنى أنها تركز على زيادة الانتاج من خلال مزيج ملائم من المدخرات والاستثمارات والمعونات الأجنبية وبمعنى أن التنمية - بعد كل التحفظات والاستدراكات - ليست إلا مرادفاً للنمو الاقتصادي السريع.

وكان هناك افتراض ضمني في البداية ولكنه أصبح افتراضاً صريحاً منذ صدور كتاب "مراحل النمو الاقتصادي" للإقتصادي الأمريكي "ولت روستو" في سنة 1959م، وفحواه أن عملية التنمية تتضمن عدداً من المراحل المتتابعة التي يتعين على كل الدول النامية أن تمر بها، وهي نفس المراحل التي تمر بها الدول المتقدمة في رحلتها من الركود إلى التقدم.

وكان التركيز على جانب النمو الاقتصادي يُبرر بأن الزيادات التي تتحقق في الإنتاج حتى وإن بدأت في قطاعات محدودة، وحتى اذا انحصرت منافعها في أول الأمر في نسبة قليلة من السكان فإنها لا تلبث أن تأخذ في الانتشار بعد فترة إلى عدد أكبر من القطاعات وإلى عدد أكبرمن الناس، ومن ثم تأخذ مشكلات الفقر والبطالة بالظهور والإنتشار.

كما يمكن القول أن سوء توزيع الدخل لا بد أن يتدهور في المراحل الاولى للنمو الاقتصادي قبل أن يأخذ في التحسن والاعتدال في المراحل المتأخرة.

التمييز بين النمو الاقتصادي والتنمية:

The Distinction Between Economic Growth & Development

إن حدوث النمو الاقتصادي (أي الزيادة في متوسط الدخل الفردي الحقيقي) ليس قرينة كاملة ولا كافية على حدوث تنمية بهذا المعنى الواسع، وبيان ذلك كالتالي:

(1)   النمو الاقتصادي يشير إلى مجرد الزيادة الكمية في متوسط الدخل الفردي الحقيقي الذي لا يرتبط بالضرورة بحدوث تغيرات هيكلية إقتصادية أو اجتماعية، والمفهوم العكسي للنمو الاقتصادي هو الركود الاقتصادي أو الكساد.

أما التنمية فهي ظاهرة مركبة تتضمن النمو الاقتصادي كأحد عناصرها الهامة، ولكنها تتضمنه مقروناً بحدوث تغيير في الهياكل الاقتصادية والاجتماعية والسياسية والثقافية والعلاقات الخارجية، بل يمكن القول إن التنمية إنما تتمثل في تلك التغيرات العميقة في الهياكل الاقتصادية والسياسية والاجتماعية للدولة، وفي العلاقات التي تربطها بالنظام الاقتصادي الدولي التي يكون من شأنها تحقيق زيادات تراكمية قابلة للإستمرار في الدخل القومي الحقيقي عبر فترة ممتدة من الزمن، إلى جانب عدد من النتائج الأخرى غيرالاقتصادية. فالمفهوم العكسي للتنمية هو التخلف.

(2) من الممكن أن يتحقق نمو اقتصادي سريع بينما يحدث تباطؤ في عملية التنمية، وذلك لعدم إتمام التحولات الجوهرية التي تواكب عملية التنمية أو تسبقها في العمليات التكنولوجية والاجتماعية والمؤسسية والثقافية والسياسية والاقتصادية، والتي تعمل على انطلاق الطاقات البشرية والقدرات الابداعية للناس، وتساعد على أن يكتسب المجتمع قدرات جديدة علمية وتكنولوجية وإدارية تمكنه من مواصلة التقدم على كل الجبهات.

(3) ومن الجائز أن يحدث نمو اقتصادي سريع ولا تحدث تنمية عندما ينشأ عدم توازن بين تطور الاقتصاد واحتياجات المجتمع متمثلاً في تزايد الاختلالات في المجالات الاقتصادية والاجتماعية، كتزايد الخلل في التكوين القطاعي للناتج القومي الاجمالي (بتزايد نصيب الخدمات والتوزيع على حساب نصيب القطاعات السلعية مثلاً) وفي التوزيع الاقليمي للإنتاج والخدمات (أي توزيعها بين أقاليم الدول المختلفة)، وفي توزيع الدخول والثروات بين الطبقات والشرائح الاجتماعية المختلفة، وفي إشباع الحاجات الأساسية للناس، وفي سوق العمل (بإنتشار البطالة من جراء الاختيار السيء للتكنولوجيا مثلاً).

(4) يمكن أن يتحقق نمو اقتصادي سريع ولا تحدث تنمية، عندما يكون النمو الاقتصادي مصحوباً بتقليص المشاركة الشعبية في اتخاذ القرارات السياسية والاجتماعية والاقتصادية، وكبت الحريات والتعدي على الحقوق المدنية

للمواطنين في الدول النامية، هذا بينما تتطلب التنمية إشراك المواطنين على أوسع نطاق في صناعة السياسات القومية والمحلية، كهدف في حد ذاته من أجل تحقيق الذات، وكوسيلة لإستقطاب جهودهم وتعبئتها في عملية إعادة البناء الوطني.

(5) ويقال إن التنمية لا تتحقق حتى عندما يرتفع متوسط الدخل الفردي الحقيقي بمعدلات سريعة إذا كان ذلك النمو مصحوباً أو متبوعاً بزيادة درجة الاعتماد على الخارج وبتفاقم أوضاع التبعية الاقتصادية والتكنولوجية والعسكرية والسياسية في إطار النظام الرأسمالي العالمي ونظام العلاقات السياسية الدولية المرتبطة به، بينما تتطلب التنمية فك الروابط مع هذا التظام والتحرر من قيود التبعية له وزيادة درجة الاعتماد على الذات في سعي المجتمع لتحقيق أهدافه المختلفة.(12)

(6) إن النمو الاقتصادي عفوي تلقائي، ولكن التنمية جهد قصدي، فهي توجيه وتدخل من قبل الدولة والشعب، فالنمو لا يحتاج إلى وضع البرامج والخطط الإستراتيجية المختلفة فيأتي بصورة عفوية تلقائية دونما إعداد أو تخطيط مسبق.(13)

(7) ويرى المؤلفان علاوة على ما ذكر: أن النمو يحصل حتى في ظل الإحتلال أو الإستعمار، أما التنمية فلا حدوث لها في ظل الإحتلال أو الإستعمار، لأن الإحتلال يأتي ليدمر لا ليبني، ويأخذ ولا يعطي، وهذا ما يتجلى بوضوح شديد في فلسطين التي عانت وما زالت تعاني منذ عقود مضت من قصور مجالات التنمية بكافة أشكالها، فما زالت تفتقر إلى كثير من عناصر البنية التحتية في كافة الجوانب والميادين، لكن ذلك لم يمنع من نمو وزيادة في عدد السكان والمصانع والمباني، والمؤسسات التعليمية، ودخل الأفراد رغم أنهم تحت الإحتلال.

الهوامش

1. عيسى علي ابراهيم وفتحي عبدالعزيز أبو راضي، "جغرافية التنمية والبيئة"، بيروت، دار النهضة العربية، الطبعة الأولى، 2004، ص ص11-12.

2. Bellah، N. Robert، (1965)، Religious and Progress in Modern Asia، N.Y، Free Press.

3. Neumann, Sigmund, (1971) The International Civil War, In (Clifford T Paynton and Robert Blackey), Why Revolution? Theories and Analysis), Cambridge, Mass: Schenkman, pp.110- 113.

4. فولفجانج ساكس، قاموس التنمية: دليل إلى المعرفة باعتبارها قوة، ترجمة أحمد محمود، القاهرة، المركز القومي للترجمة، جمهورية مصر العربية، العدد 1252، 2009، ص25

5. http:www. Islamonline.net/io/-arabic/dowalia/mafaheem-2.asp

6. كامل عبد الملك، ثقافة التنمية: دراسة في أثر الرواسب الثقافية على التنمية المستدامة، القاهرة، دار مصرالمحروسة، 2008، ص20

7. Walter Rodney, How Europe Underdeveloped Africa, Washington, D. C: Howard University Press, 1974 pp 4-6.

8. مدحت محمد أبو النصر، إدارة وتنمية الموارد البشرية: الاتجاهات المعاصرة، مدينة نصر، القاهرة، مجموعة النيل العربية، 2007، ص188.

9. عبد العزيز محمد الحر، التربية والتنمية والنهضة، بيروت، لبنان، شركة المطبوعات للتوزيع والنشر،2003، ص 27.

10. محيي الدين صابر، "التنمية"، مجلة المستقبل، الكويت، مركز دراسات الوحدة العربية، المجلد الثاني، 1980م، ص 26

11. محيي الدين صابر، مرجع سابق، 1980م، ص ص11- 14.

12. ابراهيم العيسوي، "التنمية في عالم متغير، دراسة في مفهوم التنمية ومؤشراتها"، القاهرة، دار الشروق، الطبعة الأولى، 2000م.

13. عبد الرحمن تيشوري، "النمو والتنمية: نظرات، أوهام، اختلافات، مقترحات"، صحيفة الحوار المتمدن، لندن 2005/9/11، العدد 1314

الفصل الثاني

نظريات التنمية

Development Theries

ظهرت معظم النظريات الخاصة بالتنمية بعد الحرب العالمية الثانية وفي الخمسينات من القرن الماضي، بعد أن تزايد الاهتمام بقضايا التخلف والتنمية نتيجة تعاظم حركات التحرر الوطني والاستقلال السياسي للدول التي كانت مستعمرة، وتركز اهتمامها في كيفية مواجهة المشاكل الأساسية التالية:

(1)   الفقر

(2)   التخلف

(3)   التبعية

وكذلك نتيجة تزايد اهتمام الأمم المتحدة والمؤتمرات الدولية بقضايا التنمية، لذا سوف يقتصر هذا المبحث على دراسة وتحليل نظريات التنمية من وجهة نظر علماء الإقتصاد والإدارة والاجتماع، وذلك على النحو التالي:

التنمية من وجهة نظر علماء الإقتصاد:

أولا: النظرية الكلاسيكية: Classical Theory

يمثل هذه النظرية "آرثر لويس" Arthur Lewis حيث يرى أن اهتمامه منصب تماماً على نمو الإنتاج بالنسبة للفرد في المجتمع، وأن جل اهتمامه منصب على تحليل الإنتاج لا على التوزيع، ويتضح من ذلك أن "لويس" يتكلم عن التنمية على أنها مرادفة للنمو أو التقدم، وتعتمد اعتماداً كلياً على الإنتاج من خلال "ميكانيزم" أو آلية الأسعار، فالإنسان هنا يفترض أن يكون عقلانياً، ومن خلال رد فعله على تغير الأسعار يحاول أن يصل إلى الإشباع، وبالرغم من أن هذه الحقيقة ليست صحيحة دائماً فان "لويس" لم ينزعج بل يرى أنه مع الوقت سيتعلم الفرد كيف يتعامل مع الأسعار كجزء من ثقافته كما يتعلم أي جزء آخر.

والتوزيع عند "لويس" لا ضرورة للتدخل فيه إلا إذا حُجب الناتج من الإنتاج عن الاستثمار، أما إذا كان الناتج من عملية الاستثمار موزعاً بطريقة غير عادلة فلا تهمه

في شيء، بل يرى أن عدم المساواة في التوزيع قد تدفع إلى الاختراع، والذي بدوره يؤدى إلى نمو آخر.

أما التركيب الاجتماعي فيجب أن يكون متناسباً مع الإنتاج وليس العكس، فالتركيب الاجتماعي يجب أن يسمح بالاستثمار، وذلك بالسماح بالحق في المكافأة أو العقاب، والاختلاف بين الناس في هذا المجال يفسر على أنه حافز على الترقي في السلم الاجتماعي، وبذلك يؤكد "لويس" على التركيب الاجتماعي الذي يكفل الحرية الفردية الكاملة في سبيل الإنتاج ولا يهتم بما عداها، هذا على المستوى القومي أو الوطني أما على المستوى العالمي فنجده يعتبر الإنتاج هو العامل الحاسم، حيث يؤدي إلى التجارة وتقسيم العمل الدولي، وهكذا لم يفرق "لويس" بين المستوى الوطني والمستوى الدولي واعتبر الأخير امتداداً لمستوى الوطن.

تعتبر نظرية "لويس" امتداداً للقواعد الاقتصادية الكلاسيكية وتطبيقها في العالم الثالث، بدون الأخذ في الاعتبار أية اختلافات تاريخية أو ثقافية، فكل شئ يعتمد على الافتراض بان السوق "رأس المال + عمل" يتفاعل من الأسعار، وأن الربح يعاد استثماره، والذي بالتالي يزيد ونسبة العمالة.

ثانيا:نظرية الدفعة القوية: The Big-Push Theory

ترى هذه النظرية أنه يجب أن تكون التنمية على شكل قفزات قوية تدفع التيار في عزم وقوة الى الأمام محدثة المزيد من النمو فهي ضد نظرية التدرج في التنمية الاقتصادية- لأن التغلب على الركود الاقتصادي يحتاج الى دفعة قوية واحدة في جميع مجالات الاقتصاد الوطني، والذي قدم هذه النظرية هو الاقتصادي "روادن" Paul N. Rosenstein-Rodan

ولكي يطبق نموذج التنمية "النمو"- الذي يقدمه "روادن" Rodan والقائم على نظرية الدفعة القوية The Big-Push Theory والملائم للنمو في البلدان النامية - فإنه يجب الأخذ بالاعتبارات التالية:

1) أن تتوافر كميات كبيرة من رؤوس الأموال التي يُقترض أغلبها من الخارج، لأن الاقتصاد الوطني الداخلي لا يستطيع أن يقوم بعمليات التمويل منفردا.

2) أن يتضمن هذا النموذج أيضا إنشاء الصناعات الخفيفة والاستهلاكية التي تشغّل أعداداً كبيرةً من العمال.

3) الإبتعاد ما أمكن عن الصناعات الثقيلة ذات النفقات الباهظة ومستلزماتها العديدة على أساس مبدأ تقسيم العمل الدولي الذي يكفل تموين البلاد النامية بما تحتاجه من الصناعة الثقيلة الموجودة في الدول الرأسمالية الصناعية المتطورة.

ويقول روادان: "إذا سرنا خطوة في طريق النمو فلا يمكن أن نصل إلى نتيجة لأن التنمية تحتاج إلى دفعة قوية تفوق في أثرها الخطوات التدريجية"، ولعله من الواضح طبقاً لهذه النظرية القائمة على الاعتماد على رؤوس الأموال الخارجية والبعد عن الصناعات الثقيلة التي تشكل الأساس الإنتاجي للتقدم الصناعي ومن ثم التنمية لأنها تضمن تبعية البلد المتخلف بالنسبة للدول المتقدمة وبقائه في وضعه.

هذا ويذهب أنصار نظرية الدفعة القوية في تقريبها للأذهان إلى تشبيه وضع البلدان المتخلفة بحالة الطائرة التي تقلع عن الأرض، فكما ينبغي للطائرة أن تتجاوز حد أدنى من السرعة الأرضية قبل أن تحلق في الجو، لا بد للبلد المتخلف أن يبذل حد أدنى من الجهد الإنمائي حتى يتسنى له التغلب على العوائق التي توجد والانطلاق في طريق النمو الذاتي.

ومؤدى ما تقدم أن البلدان المتخلفة لا تكون بالخيار بين النمو التدريجي البطئ والدفعة القوية وإنما بين الإقدام على التنمية من عدم الإقدام عليها على الاطلاق، أو بعبارة اخرى بين التنمية الاقتصادية واستمرار الركود والتخلف المرادفين، وتبدو حتمية الدفعة القوية كشرط ضروري لنجاح التنمية الاقتصادية بطريقتين من الاعتبارات ترجع إلى عدم القابلية للتجزئة والوفورات الخارجية، وتتحصل بصفة أساسية في عدم قابلية دول الإنتاج للتجزئة، وترجع أيضا إلى ظاهرة الانفجار السكاني التي تسود البلدان المتخلفة، وذلك على النحو التالي:

أ- تتمثل عدم قابلية دول الإنتاج للتجزئة أساساً في كبر الحد الأدنى لاحتياجات رأس المال الاقتصادي والاجتماعي المشترك كمشروعات الطاقة والنقل

والمواصلات والاسكان وغيرها من الهياكل والخدمات الأساسية الضرورية (والتي لا غنى عنها) لتقدم التنمية وزيادة انتاجية الاقتصاد في مجموعة، وعلى مستوى القطاعات والمشروعات لما تحققه من وفورات خارجية وتعذر إقامتها بصورة تدريجية وهي مشروعات ينبغي أن يتم إنشاؤها قبل إقامة مشروعات الإنتاج المباشر التي تعتمد على خدماتها، ويرى رودن أن تخصص لها البلدان النامية 40% من جملة الاستثمارات الكلية.

ب- كما يتمثل عدم قابلية الطلب للتجزئة أو تكامل الطلب في أن مشروعات الاستثمار يساند بعضها البعض، وقد تزايد الاهتمام بهذه الفكرة بعدما أستند إليها "نيركسه" في نظريته عن النمو المتوازن ومقتضاها أنه بينما تزداد مخاطر الاستثمار في مشروع واحد أو صناعة واحدة في البلدان المتخلفة بسبب ضيق أسواقها المحلية وعدم استطاعة كل وحدة أو صناعة بمفردها خلق الطلب الكافي لاستيعاب منتجاتها، تقل أو تختفي مخاطر ضيق السوق ويزداد الحافز على الاستثمار عند إقامة عدد كبير من المشروعات أو الصناعة المتكاملة في وقت واحد، حيث تخلق كل صناعة بما توزعه من دخول سوقا لغيرها من الصناعات.... ويعتبرها "نيركسه" (في نموذجه القائم على النمو المتوازن) من أهم صور الوفورات الخارجية في إعمار عملية التنمية الاقتصادية كما يؤكد أيضا على أهمية التوازن بين الزراعة والصناعة في برامج التنمية حتى لايعرقل تخلف إحداها نمو الأخرى.

ت- وفيما يتصل بعدم قابلية عرض الادخار للتجزئة، فإنه يلاحظ أن كبر الحد الادنى اللازم من الاستثمارات يتطلب قدراً من المدخرات يصعب تدبيره في البلدان المتخلفة ذات الدخول الفردية المنخفضة، ولا سبيل لمواجهة ذلك سوى رفع الميل الحدي للادخار مما يتسنى تحقيقه من زيادة الدخل القومي في المرحلة الأولى للتنمية، وهنا يبدو عدم قابلية الادخار للتجزئة، ويقصد بها رودن: أنه في حين يتميز عرض الادخار في البلدان المتخلفة بضآلة المرونة بالنسبة لسعر الفائدة، فإنه يتسم بارتفاع المرونة بالنسبة لتغير الدخل.

40

ث- وأخيرا فإن مواجهة ظاهرة الإنفجار السكاني السائدة في البلدان المتخلفة تعظم الجهد الإنمائي الذي يتعين عليها ان تبذله (أي تجعل التنمية أمراً حتمياً وضرورياً) إذا أريد للتنمية فيها أن تحقق ارتفاعاً يعتد به في نصيب الفرد من الدخل الحقيقي، فزيادة السكان في بلد معين بمعدل 2,5% تتطلب أن يقابلها معدل استثمار سنوي صافي قدره 10% من دخله القومي لمجرد الاحتفاظ بالمستوى الراهن للدخل الفردي، وذلك يفرض أن معامل رأس المال يساوي (4)، أما زيادة الدخل القومي بهذا البلد بمعدل 5% سنويا، كما استهدف عقد الامم المتحدة الأول للتنمية الاقتصادية يخصص نصفه لمواجهة نمو السكان والنصف الآخر للنهوض بمستوى الدخل الفردي فيتطلب استثمارا سنويا صافيا قدره 20% من الدخل القومي بذات المعامل الحدي لرأس المال .. ومن هنا كان ارتفاع معدل نمو السكان مبرراً قوياً لاقتضاء الدفعة القوية شرطا ضروريا للانطلاق بالاقتصاديات المتخلفة إلى مرحلة النمو الذاتي.

تقييم نظرية الدفعة القوية: Evaluation of Big-Push Theory

يمكن تقييم نظرية الدفعة القوية كما يلي:

(1) يعتبر البعض نظرية الدفعة القوية - في ظل التوجيه الحكومي - من أهم نظريات التنمية الاقتصادية التي تأخذ بأسلوب وسط يجمع بين الأسلوب الرأسمالي في النمو والأسلوب الاشتراكي حيث أنها تعتمد على الواقع الاقتصادي الذي حدث فعلاً في السنوات الخمسين الأخيرة، حيث كان هناك تدخلا اقتصاديا حكوميا منتظما في الشئون الاقتصادية لدول العالم عموما فأصبحت الدول تتدخل في تشكيل النشاط الاقتصادي وتوجيهه الوجهة التي تراها كفيلة بتحقيق النمو، ولقد نتج عن تدخل الدولة المتزايد في الشئون الاقتصادية للدول النامية ظهور نظريات حديثة تؤيد هذا التدخل وتضع الأسس العلمية الفنية التي تنظمه بشكل يعود بأقصى الفائدة على

هذه الدولة ورفع مستوى معيشة شعوبها، وخاصة إذا ما كان مقترنا بتحقيق عدالة اجتماعية وإشباع الحاجات الاجتماعية، وهنا تكون بصدد اتجاه لأسلوب اشتراكي في التنمية وفي هذه الحالة تتمثل الدفعة القوية التي تقوم بها الدولة أساسا ضروريا للتنمية.

(2) ومما يوجه لنظرية الدفعة القوية من نقد هو أنها تفترض كميات ضخمة من رؤوس الأموال لإقامة الهياكل الأساسية والمشروعات المتكاملة وأجهزة فنية وإدارية كافية لإدارة تلك المشروعات في المرحلة الأولى للتنمية بالنسبة للبلاد المتخلفة، فتكون بصدد بلاد هي في الأصل تعاني من ندرة رأس المال وعدم كفاية المهارات الفنية والادارية على جميع المستويات ومن هنا كان وصفها بالبعد عن الواقعية.

(3) كما يؤخذ على نظرية الدفعة القوية افتراضها أن البلدان المتخلفة تبدأ عملية التنمية من الصفر، وهذا يخالف الواقع، حيث تُرد التنمية فيها إلى اقتصاديات يعكس بنيانها ما تسنى لها تحقيقه في الماضي من إنجازات، وما تحقق لها من نمو، كما يوجه هذا النقد أيضا لنظرية النمو المتوازن.

(4) كما ذكر في البداية فإن نظرية الدفعة القوية شأنها في ذلك شأن غيرها من نظريات التنمية الرأسمالية وكنتيجة لعدم توافر رووس الاموال المحلية ترى ضرورة الاعتماد على رووس الاموال الأجنبية، ونظرا لضيق حجم السوق ترى أيضا الابتعاد عن الصناعات الانتاجية (التي تعد الأساس المادي لأي تنمية)، والاتجاه الى الصناعات الاستهلاكية كما ولو أنها تتضمن إشرافاً معيناً للدولة ودوراً متزايداً لها في الحياة الاقتصادية والاجتماعية إلا أن واضعيها يرون أنها تعطى الأهمية للمنظمين الأفراد وأن يكون تدخل الدولة لخدمة هؤلاء المنظمين.

إن هناك رأى يشير إلى أن فكرة الدفعة القوية لا تستقيم بطبيعتها مع فلسفة الحرية الاقتصادية، وإنما تقتضي تدخلاً فعالاً مرسوماً من جانب الدولة لتعبئة الموارد الضرورية ووضعها في خدمة الإنتاج، حيث لا يتوقع أن يسفر الاعتماد بصفة أساسية

على المبادأة الفردية وحوافز السوق في البلدان المتخلفة عن تدبير الموارد اللازمة لدفع عجلة التنمية فيها، وهذا ما تم التعرض له في النقطة الأولى من هذا التقييم.(1)

ثالثا: نظرية النمو المتوازن: Balanced Growth Theory

لقد صاغ (Rodan) فكرة الدفعة القوية، والتي قدمها فيما بعد نيركس (nurkse) في صيغة حديثه اخذت تسمية نظرية او استراتيجية النمو المتوازن . ويركز (nurkse) على مشكلة الحلقه المفرغه للفقر والناجمه عن تدني مستوى الدخل، وبالتالي ضيق حجم السوق، مؤكدا أن كسر الحلقة المفرغة لا يتحقق إلا بتوسيع حجم السوق، الذي يتحقق من خلال جبهة عريضه من الاستثمارات في الصناعات الاستهلاكية وتطوير جميع القطاعات في آن واحد بحيث تنمو جميع القطاعات في نفس الوقت، مع التأكيد على تحقيق التوازن بين القطاع الصناعي والقطاع الزراعي حتى لا يمثل تخلف الزراعة عقبة امام تقدم الصناعة، وعليه فان هذه النظرية تعتمد برنامجا ضخما من الاستثمارات الذي توجه نحو انتاج السلع الاستهلاكية لاشباع حاجات السوق المحلية وليس لغرض التصدير، على الأقل في المراحل الأولية، وذلك لضعف المنافسة في السوق المحلية.

إن نظرية النمو المتوازن تتطلب تحقيق التوازن بين مختلف الصناعات الاستهلاكية، وبينها وبين الصناعات الرأسمالية، وكذلك التوازن بين القطاع المحلي والقطاع الخارجي، وفي النهاية تحقيق التوازن بين جهة العرض وجهة الطلب، ذلك لأن جهة العرض تعمل على التأكيد على تطوير جميع القطاعات المرتبطة ببعضها في آن واحد مما يساعد على زيادة عرض السلع، أما جهة الطلب فتدفع باتجاه توفير فرص العمل الواسعة وزيادة الدخول بحيث يزداد الطلب على السلع والخدمات من قبل السكان. وتؤكد النظرية على الحجم الكبير من الاستثمارات لكي يتم تجاوز مشكلة عدم القابلية على التجزأه (Indivisibilities) في جانب العرض وفي جانب الطلب والناجمة عن ظاهرة ما يعرف بـ (Lumpiness of capital) كما تقود هذه الجبهه العريضة من الاستثمارات إلى تكامل أفقي وعمودي للصناعات، وتقسيم أفضل

للعمال ومصدر موحد للمواد الخام ومهارة فنية وتوسيع لحجم السوق واستغلال افضل للبنى التحتية الاقتصادية والاجتماعية، وتجدر الإشارة إلى أن أهمية التوازن بين القطاع المحلي والقطاع الخارجي تكمن في حقيقة أن عوائد الصادرات هي مصدر مهم لتمويل التنمية، فالواردات تزداد مع زيادة الإنتاج، كما أن التشغيل يتوسع، ولمواجهة متطلبات الاستيراد المتنامية ولتمكين الصادرات من أن تمول التنمية، فإن البلد لا يمكن أن يوسع من تجارته الداخلية على حساب تجارته الخارجية.

ولا بد من الاشارة هنا إلى أنه لم يقصد بالنمو المتوازن، أن تنمو كافة الصناعات بمعدل واحد، بل بمعدلات مختلفة تتحدد في ضوء مرونة الطلب الداخلية للمستهلكين على السلع المختلفة بحيث يتساوى جانب العرض مع جانب الطلب.

وهناك منهجان للنمو المتوازن: الأول يشير إلى الطريق الذي تخطته التنمية ونمط الاستثمار الضروري للعمل السلس للاقتصاد، والثاني يشير إلى حجم الاستثمار اللازم للتغلب على ظاهرة عدم التجزأه في عملية الإنتاج، إن التفسير الأصلي للنمو المتوازن لدى (Nurkse) يميل إلى احتواء المنهجين معاً، بينما يركز (Rodan) على ضرورة الدفعة القوية للتغلب على عدم التجزأه، ولتوفير الموارد المالية للبرنامج الاستثماري الضخم يدعو (Nurkse) إلى الاعتماد على الموارد المحلية والتي ينبغي أن تأتي من القطاع الزراعي، كما يدعو إلى استيعاب فائض العمالة في بناء مرافق الإستثمار الاجتماعي والذي يؤدي إلى رفع إنتاجية القطاع الزراعي، ويرى (Nurkse) ضرورة فرض ضرائب زراعية وتحويل شروط التبادل التجاري لغير صالح الفلاح، وبسبب عدم فاعلية السوق في البلدان المتخلفه فإنه يلقي على الدولة مهمة القيام بدور في مجال التخطيط والتنفيذ، وبالإمكان توسيع السوق أيضاً من خلال جملة من العوامل، منها توسيع عرض النقد واستخدام الدعاية والغاء القيود على التجارة وتوسيع البنية التحتية.

وإلى جانب (Nurkse) فقد أيّد هذه النظرية أيضاً (Rodan) و (Arthur Lewis) وغيرهم، وكل يفسرها على هواه، فعند البعض تعني النظرية الاستثمار في صناعات المرحلة الأخيرة (Final Stage Industries) أو ما يسميها البعض صناعات اللمسات

الأخيرة مثل صناعات الخلط والتعبئة وغيرها، وأن المطلوب هنا هو رفعها إلى مستوى الصناعات الأخرى، وبالنسبة لآخرين تعني النظرية أن الإستثمار يتم في وقت واحد في كل القطاعات الصناعية، ولآخرين تعني تنمية متوازنة بين الصناعة والزراعة معاً، وبشكل عام يستند مؤيدو هذه النظرية إلى أهمية رأس المال الاجتماعي وعدم قابليته للتجزأه وتكامل الطلب وأهميته السياسية والادخارية والفخ السكاني وضيق السوق ومشكلات التجارة الخارجية، وكل ذلك يدفعهم إلى تبني فكرة الدفعة القوية في إطار النمو المتوازن.

الانتقادات الموجهة للنظرية:

وجهت العديد من الانتقادات إلى هذه النظرية، كما وجهت إلى النظريات الأخرى من قبل البعض وفي مقدمتهم ألبرت هيرشمان (A.Hirshman) وسنجر (Singer) و (Kurihara) وغيرهم ومن أهم هذه الانتقادات:

(1) إن إقامة الصناعات جميعها في آن واحد قد يؤدي إلى زيادة تكاليف الإنتاج مما يجعلها غير مربحة للتشغيل في غياب العدد الكافي من المعدات الرأسمالية، إضافة إلى أنه عند قيام الصناعات الجديدة فإن الطلب على منتجات الصناعات القائمة سوف ينخفض مما يجعلها غير مربحة هي الإخرى، كما يقول (J.M.Fleming) فإنه بينما تفترض النظرية بأن العلاقة بين الصناعات في معظمها متكاملة فإن محدودية عرض عوامل الإنتاج تجعل العلاقة في معظمها تنافسية.

(2) تفترض النظرية سيادة ظاهرة زيادة العوائد، وأن مثل هذه الفرضية غير صحيحة إذا تم تنفيذ حجم كبير من الاستثمار في آن واحد، وفي مجالات مرتبطة ببعضها، حيث أن ظهور الاختناقات في المواد الخام والأسعار وشح عوامل الإنتاج تقود إلى ظاهرة تناقص العوائد.

(3) يرى الاقتصادي (A.Hirshman) وهو من مؤيدي نظرية التنمية غير المتوازنة، بان تنفيذ نظرية النمو المتوازن سوف ينتهي إلى فرض اقتصاد صناعي

متكامل وحديث على قمة اقتصاد تقليدي راكد لا يرتبط أحدهما بالآخر، وإن التنمية هنا تكون عبارة عن إحياء لظاهرة الازدواجية الاقتصادية، لكن أصحاب هذه النظرية يردون بالقول بأن النمو المتوازن يفترض تنمية الزراعة والصناعة بشكل متوازن .

(4) يعتبرها البعض غير واقعية لأنها تفترض توفر موارد ضخمة لتنفيذ برنامجها، وهذا غير متوفر في البلدان المتخلفة.

(5) انتقدها البعض بأنها تؤدي الى عزل البلدان النامية عن الاقتصاد الدولي لتركيزها على التنمية من أجل السوق المحلي، لكن هذا الانتقاد يبدو ضعيفاً لأن (Nurkse) قد أكد على النظام الدولي وتقسيم العمل.

(6) انتقد البعض مسألة تأجيل إنماء صناعات السلع الإنتاجية لحساب دفعة قوية في إنشاء الصناعات الاستهلاكية الخفيفة، بأن ذلك ليس بالاسلوب الأمثل في الأجل الطويل لأنه سوف يظهر قصوره في تنمية المدخرات الحقيقية في الأجل الطويل، وذلك لزيادة الاستهلاك على حساب الادخار، ورغم تنمية الصناعات الاستهلاكية من شأنها أن تجعل معدل النمو للدخل القومي في المراحل الأولى للتنمية، لكنها سوف تتسبب في إبطاء عملية التنمية.

(7) يرى البعض أن تطبيق هذه النظرية سوف يشجع على الضغوط التضخمية، لأنه يتطلب موارد كثيرة ليست متوفرة لهذه البلدان، وأن مثل هذا الانتقاد قد يكون وجيهاً وخصوصاً في ظل تجربة أميركا اللاتينية.

(8) يعتبر البعض أن هذه النظرية فوق قابلية البلدان المتخلفة لأنها تفترض توفر قابليات خلاقة ومهارات لدى هذه البلدان، في حين أن الواقع يشير إلى عدم توفرمثل هذه المهارات، فكيف يمكن تحقيق تنمية في جميع القطاعات معاً؟ وفي ظل شح الموارد في هذه البلدان فإن النظرية لم تنجح في حل مشكلة محدودية الموارد، خاصة وأن عرض الموارد قليل المرونة، ولهذا فإن حجة هذه النظرية في نظر البعض تنهار.

(9) يؤكد البعض بأن مفهوم النمو المتوازن ينطبق أكثر على البلدان المتقدمة من انطباقها على البلدان المتخلفة، وأن هذه النظرية في الواقع هي تطبيق لحالة البطالة الكنزية (Keynesian Underemployment) على بلد متخلف لا تتوفر فيه المكائن والمعدات والمدراء والعمالة المطلوبة والعادات الاستهلاكية.

(10) وأخيراً يقول الاقتصادي البريطاني (Paulstreeten) بأن الندرة والاختناقات (Bottlenecks) تشجع النمو، وأنه من وجهه نظر تاريخية لم يكن النمو متوازناً بل إن الشح والاختناقات التي وفرت الحافز للاختراعات هي التي طورت انجلترا، كما أن الاختراعات خلقت بدورها ندرة جديدة واختناقات، لهذا فإن فكرة النمو المتوازن ليست فكرة خاطئة في نظر البعض، ولكنها غير ناضجة، لأنها قابلة للتطبيق في مراحل لاحقة من النمو المستدام، ولكنها غير ملائمة لكسر الجمود الذي تتميز به البلدان المتخلفة.(2)

والجدل بين النمو المتوازن والنمو الغير متوازن، كموضوع من موضوعات اقتصاد التنمية، يكاد يكون منسياً في وقتنا الراهن، ولكن تتبقّى منه نظرتان إلى العمليات الاقتصادية: تفضل إحداها - النمو "العفوي"، بينما تفضل الأخرى النمو "الموجه".(3)

ويمكن القول بأن كتابات "هيرشمان"(1958) عن التنمية المتوازنة، و"روستو" (1953) عن مراحل النمو الاقتصادي، و"روزنشتاين رودان" (1943) عن الدفعة القوية، و"نيركسه" وغيرهم في فترة الخمسينات، هي قوام نظريات التنمية بالذات في الدول النامية، والتي لعبت فيها الدولة دوراً رائداً من بتاء مؤسسات التنمية وإقامة هياكل البنية الأساسية إلى التحكم المباشر في العملية الإنتاجية والتصنيع والحماية والدعم والتوزيع.(4)

النظرية التحليلية وروبرت ماكموري: Analytic Theory and Robert Macmurray

إن هذه النظرية، ذات الاتجاه التحليلي والمعروفة لدى بعض الباحثين- بتحليل الأنظمة تعد من أحدث الاتجاهات السلوكية في عالم الإدارة العامة- وقد استمد هذا

الاتجاه من كتابات علماء الاجتماع، خاصة كتابات "تالكوت بارسون" التي نشرت خلال الخمسينات من القرن العشرين عن النظام الاجتماعي ثم تلقفها علماء السياسة، وعلماء الإدارة لدراسة النظام الإداري.

لقد ظهرت النظرية السلوكية كي تحاول التوفيق بين الاتجاه الكلاسيكي والإنساني، وتجعل هذا الأخير أكثر واقعية من الناحية العملية، دون أن تقتصر الإدارة على الأسلوب الكلاسيكي المحض، ولقد وصفت هذه النظرية بأنها سلوكية تحليلية، لأنها تهتم بالتحليل السلوكي، وتدرس سلوك البشر داخل المنظمة، وهي تنظر إلى الإنسان كما تنظر إلى منظمة الإدارة فلا يغيبان عن نظرها، فهي لا تركز على الناحية الإنسانية وحدها فتنادي بضرورة إشباع رغبات الأفراد وترى في هذا الوسيلة لنجاحها، بل ترى أنه لا بد إلى جانب ذلك من إتباع النظام وممارسة السلطة، وهي تؤكد على وحدة النظام، فالمجتمع بأسره هو وحده نظام عام، غير أنه يتكون من وحدات أصغر منه تكون كل وحدة منها نظاماً بذاتها، وهذا ما يسري على جميع الأنظمة: السياسية، والاجتماعية، والإدارية. وفيما يتعلق بالنظام الإداري فإنه يعد نظاماً مفتوحاً وليس مغلقاً لأنه يتفاعل مع الوحدات الأخرى فيأخذ منها ويعطي لها، أي أن هناك عملية تأثر وتأثير بين الجهاز الإداري وبين البيئة الخارجية التي تحيط به.

هذا من جهة، ومن جهة ثانية حاول منظرو النظرية التحليلية التوفيق بين الاتجاه الإنساني وبين الاتجاه الكلاسيكي ومع أنهم لم يعطوا حلولاً كاملة، إلا أنهم قدموا تحليلات قيمة، فتحت آفاقاً رحبة أمام عدة تجارب ودراسات أخرى أمكن بوساطتها التوصل لنظرية مفيدة ومتكاملة في الإدارة العامة، ومن هؤلاء العلماء "روبرت ماكموري"Robert Macmurray

إن أول المحاولات التحليلية السلوكية الإنسانية للإدارة ونشاطها، قدمّها روبرت ماكموري Robert Macmurray، وهو خبير في علم النفس، وفي إدارة المنظمات الصناعية، وكان يرى أن العملية الإدارية تتطلب وجود رئيس مستبدّ صالح.

وهو يؤسس نظريته على أساس خبرته في الدراسات النفسية، ويعتقد أن الاستشارة، وتبادل الرأي، مع المستويات الدنيا في المنظمة - وهي أحد دعائم الاتجاه

الإنساني - افتراض خيالي غير واقعي، لأن القادة، في طبيعتهم لا يرتاحون بكثرة الاستشارات وتبادل الرأي، والمستويات الدنيا بدورها لا ترتاح لتحمل المسؤولية، ولا تميل إلى ممارسة حرية التصرف أو اتخاذ القرارات، إنها تفضّل السير على روتين موضّح سلفاً تتبعه ولا تحيد عنه، والفرد في هذه المستويات يحترم القائد الحازم والمستبد الصالح، الذي يسير المنظمة بمهارة نحو أهدافها، ونظرية ماكموري تبدو جامدة وحتمية، فهي جامدة لأنها تفترض أن هذا هو الإنسان وهذه رغبته ولا سبيل لتغييرها، وهذا ما يناقض توجهات النظرية الإنسانية، وهي حتمية لأنها تقرر أن لدى القادة صفات معينة تكاد تكون لصيقة بهم، ترفعهم لأعلى مناصب القيادة، بينما صفات المستويات الدنيا تبقيهم تابعين حيث هم، يطبقون ما تأمر به القيادة العليا(5).

التنمية من وجهة نظر علماء الإدارة:

Development from the viewpoint of management scientists

كنتيجة لأهمية ودور القيادة في العمليات التنموية، ظهر العديد من النظريات، أسفرت عن جهود علماء الإدارة وعلماء النفس والاجتماع في محاولاتهم لوضع معايير ثابتة يمكن على أساسها اختيار الأفراد والقادة الأكفاء، منها نظرية المسار (الهدف) والنظرية التفاعلية.(6)

نظرية المسار (الهدف): Path - Goal Theory

تعتبر هذه النظرية من النظريات الحديثة في القيادة ومن أكثرها انتشاراً، ظهرت بعد النظرية الموقفية، بنيت على نتائج بحوث ودراسات جامعة أوهايو التي أقيمت في الخمسينات من القرن العشرين، تنطلق من نظريات التوقع للدافعية.

طورها كل من روبرت هاوس Robert House، وتيرنس ميتشل Terence Mitchell (1974)، وهي تفسّر كيف يؤثر القائد على تابعيه، وإدراكهم لأهداف العمل والأهداف الشخصية والحصول على مسارات لإدراك الهدف، وتعتبر هذه النظرية بأن خصائص المرؤوسين والبيئة متغيرات موقفية طارئة، تتوسط العلاقة بين القيادة ونتائج

إنجازات المرؤوسين، أي أنها تؤثر في سلوك القائد وإنتاجية العاملين في المؤسسة، فبالنسبة للمزايا الشخصية فهي محددة ومهمة، كالطوارئ في الموقف تتضمن الاحتياجات الشخصية للمرؤوسين، مثل (إحتياجات للانجاز، والفهم، والاستقلال الذاتي، والتعبير)، وقدرات المرؤوسين مثل (المعرفة، والمهارات) وتلك المزايا تحدد كلاً من قدرات القائد لحفز المرؤوسين ونمط السلوك الذي يجب أن يتصرف به أو يسلكه.

أما المتغيرات البيئية المحددة التي تكون مهمة لتفضل الموقف، تشتمل على تركيب المهمة ودرجة (الرسميات)، تعتبر قواعد لحكم سلوك المرؤوسين وقواعد داعمة لعمل الفريق، فكل من هذه العوامل تستطيع أن تؤثر على سلوك المرؤوسين بطرق ثلاثة وهي:

1. تستطيع أن تحفز وتوجه التابعين لإنجاز مهامهم.
2. تساعد المرؤوسين على توضيح توقعاتهم ويعزز شعورهم بأن جهودهم تقود إلى المكافآت.
3. إن المتغيرات يمكن أن توضح وتزيد المكافآت لإنجاز الأداء المرغوب به.

افتراضات هذه النظرية:

1. إن المرؤوسين يقتنعون ويقبلون على تأديته بحماس إذا اعتقدوا بأنه سيؤدي إلى أشياء ذات قيمة عالية بالنسبة لهم، كزيادة الراتب وتقديم المكافآت لهم وإشباع حاجاتهم، وأنه في تحقيق أهداف المؤسسة تحقيق لأهدافهم الشخصية.

2. سلوك القائد مقبول ومقنع بالنسبة للمرؤوسين لدرجة أنهم يعتبرونه مصدر فوري (مباشر) لرضاهم أو أداة للرضا المستقبلي.

3. سلوك القائد سوف يحفز أداء المرؤوسين لدرجة أنه:

– يجعل الرضا في احتياجات المرؤوسين معتمداً على فعالية الأداء.

– يحسن بيئة المرؤوسين عن طريق التدريب والإرشاد وبدعم المكافآت الضرورية للأداء الفعّال للمهمة، والتي يمكن أن تتوفر في المرؤوسين أو البيئة.

4. سلوك المرؤوسين يحفز سلوك القائد ويؤثر على توقعات العاملين ايجابياً ليساعد على تحصيل الأهداف منهم (أي العاملين).

الوظائف الإستراتيجية للقائد:

1. إدراك احتياجات العاملين والعمل على إشباعها.

2. أن يوضح للعاملين نوع السلوك الذي يقود لتحقيق الهدف والمكافآت ويسهل المسار نحوها.

3. زيادة رأس المال الشخصي للعاملين للحصول على أهداف العمل، أي زيادة رواتب العاملين كلما زاد الإنتاج، وتقديم المكافآت لهم كلما أمكن ذلك.

4. مساعدة العاملين لتوضيح توقعاتهم.

5. إزالة المعيقات المحيطة ببيئة العمل، وتقليل الصعوبات التي يمكن أن تعترض طريق العاملين في تحقيق الهدف.

6. زيادة فرص تحقيق الرضا الشخصي الذي يتوقف على الأداء الفعّال.

7. زيادة المكافآت للعاملين من خلال توفير الراحة والرفاهية وأن يتوخى العدالة في التوزيع لتلك المكافآت لأن ذلك يزيد من دافعيتهم نحو العمل.(7)

النظرية التفاعلية: Interaction Theory

يرى أنصار هذه النظرية بأن القيادة عملية تفاعل بين الشخص والموقف، وتفسر القيادة من وجهة النظر هذه، بأنها محصلة تفاعل بين مواقف تستدعي الابتكار والإبداع، وبين مهارات إنسانية، قادرة على التفاعل مع هذه المواقف، وتصبح القيادة هنا وظيفة تساعد الجماعة على تحقيق أهدافها من خلال الاستفادة من مواقف معينة، وحشد التأييد لحل مشاكل تنظيمية معينة، سواء كانت تتعلق بالإنتاج، أو بنمط العمل، أو بالمناخ التنظيمي.(8)

وتتميز هذه النظرية التي من أهم روادها "بيلز" Bales بأنها تركز على مضمون التفاعل القيادي الذي هو تفاعل ينطوي على توجيه الفرد للآخرين وإعطائهم مقترحات وتفسيرات وغيرها، وجاءت هذه الدراسة نتيجة مراقبة مجموعات داخل المنظمة، وسميت هذه النظرية بهذا الإسم لأنها تشخص القائد من خلال مراقبة تفاعله ضمن الجماعات التي يكون فيها عضواً، فهو إما أن يؤدي دور القائد أو لا، وهنا ممكن أن يبرز كقائد إذا قام بها، وعليه تبين هذه النظرية بأن القيادة هي دور شائع وليس نادراً أو محصوراً بقلة من الجماعات.(9)

التنمية من وجهة نظر علماء الاجتماع:

Development from the viewpoint of social scientists

أما دراسة التنمية من وجهة نظر علماء الاجتماع فهم يستخدمون مفهوم التحديث في كثير من الأحيان، بدلا من التنمية، وفي بعض الأحيان تستخدم التنمية الاقتصادية كعامل مهم في التحديث وأحيانا أخرى نجد أن التحديث يستخدم كعامل أساسي في عملية التنمية، ومما لا شك فيه أن علماء الاجتماع والاقتصاد يصفون ظاهرة واحدة ولكن يراها بعضهم بمنظار مختلف.

التغير الذي حصل في الغرب هو تغير اجتماعي اقتصادي ثقافي، ولذلك يتناول العلماء هذه الظاهرة كل حسب وجهة نظره بدون تحديد للمفاهيم، ومن أصحاب النماذج لبعض النظريات الاجتماعية للتحديث: (سملر وليرنر وانكلز).

فيرى "سملر" أن التحديث نتيجة التمايز في البناء الاجتماعي، حيث يبرز هذا التمايز في قطاعات اجتماعية هامة هي: التكنولوجيا والزراعة والصناعة، ويرى أيضاً أن التحديث يكون نتيجة نمو طبيعي في المجتمع يتحول فيها من تركيب متجانس إلى عدة تركيبات فرعية غير متجانسة ومتمايزة، ولكنها في علاقات اعتمادية متبادلة، ونتيجة لهذا التغير، لا يختلف المجتمع في تكوينه وتركيبه وثقافته عن المجتمع الغربي، فالتحديث يؤدي إلى انتشار الحياة الغربية والثقافة الغربية، وكأن ما حدث في الغرب سيحدث في جميع دول العالم.

وكان"ليرنر" أكثر وضوحاً في نظريته، حيث يرى التحديث على أنه عملية تغير اجتماعي يتحول فيها المجتمع النامي باكتساب الخصائص العامة المميزة للمجتمعات الغربية، ويحاول جاهدا أن يثبت أن ما حدث في الغرب هو الطريق الوحيد للتحديث، فالنمو الاقتصادي والمشاركة السياسية وانتشار البيئة الحضارية والتعرض لوسائل الإعلام تؤدي في جميع المجتمعات وكل مناطق العالم إلى نفس النتيجة وهي التحديث.

ولا يختلف "ليرنر" عن "سملر"، إلا أنه باهتمامه بالتحديث على مستوى الفرد يوضح أثر هذه الخصائص التركيبية للمجتمع على الفرد بحيث تؤدي إلى انتقاله من التقليدية إلى الحداثة وذلك باستخدامه المفهوم النفسي وهو التعاطف مع الآخرين.

أما "انكلز"،فقد ركز اهتمامه على الفرد، وحدد خصائص حديثة تحدد اتجاهات وقيم وأنماط سلوك الفرد التي يكتسبها باحتكاكه بمصادر التحديث وهي المصنع والمدرسة ووسيلة الإعلام، هذه الاتجاهات والقيم وأنماط السلوك التي يهتم بها "انكلز" ويصفها بأنها حديثة تعكس خصائص المجتمع الغربي عامة. (10)

نظرية "روستو": Rostow's Theory

بعد الحرب العالمية الثانية فكر الاقتصاديون في دراسة أحوال الدول الفقيرة، إلا أنه لم تكن لديهم خلفية معرفية يحللون على ضوئها عملية النمو الاقتصادي في هذه المجتمعات الزراعية، ومن المعروف أنّ ليس كل الدول الصناعية كانت فقيرة للمرور بتجربة الفقر.

من هنا جاءت أفكار "روستو" Rostow حيث رأى أن الانتقال من التخلّف إلى التقدم له سلسلة وخطوات تتابعيه ومراحل لا بد من المرور بها:

المرحلة الأولى: المرحلة التقليدية، وهنا يكون غالبية السكان يعملون في الزراعة، والسلطة في أيدي الملاّك، والظروف البيئية والطبيعية غير واضحة والإنتاج منخفض، والعادات والتقاليد جامدة بحيث يصعب التغيير الاجتماعي.

المرحلة الثانية: مرحلة التهيؤ للانطلاق، تتميز بحدوث تغيرات كبيرة في مجالات الصناعة والتجارة والزراعة كما تظهر أفكار واتجاهات عديدة وجديدة تصاحب التغيرات الاقتصادية.

المرحلة الثالثة: مرحلة الانطلاق، تركز في القضاء على معوقات النمو الاقتصادي وإحداث تغييرات جذرية في أدوات الإنتاج بواسطة الوسائل التكنولوجية، وتشجيع العاملين والابتكارات.

المرحلة الرابعة: مرحلة النضج، تظهر الزيادة في الإنتاج والاستثمار وتعزيز القطاع الصناعي.

المرحلة الخامسة: مرحلة الاستهلاك، يرتفع فيها متوسط دخول الأفراد وتزيد معدلات الاستهلاك، وتظهر الرفاهية في المجتمع.(11)

الهوامش

1. عزت عبد الحميد البرغ، **استراتيجيات التنمية الاقتصادية والاجتماعية**، مركزالمحروسة للنشر والخدمات الصحفية، القاهرة، 2004، ص ص166-172

2. مدحت القريشي، **التنمية الاقتصادية: نظريات وسياسات وموضوعات**، عمان، دار وائل للطباعة والنشر، 2007، ص91- 95

3. إلسا، أسيدون، **النظريات الاقتصادية في التنمية**، ترجمة مطانيوس حبيب، دمشق، دار الفاضل، 1997، ص ص80- 82

4. مصطفى كامل السيد وآخرون، **قضايا التنمية: الفساد والتنمية، الشروط السياسية للتنمية الاقتصادية**، القاهرة، مركز دراسات وبحوث الدول النامية، العدد (14)، الطبعة الأولى، 1999، ص 230

5. عبد العزيز صالح بن حبتور، **الإدارة العامة المقارنة**، عمان، الأردن، دار المسيرة للنشر والتوزيع، 2009، ص ص 134-136

6. موسى اللوزي، **التنمية الادارية**، عمان، دار وائل للطباعة والنشر، 2002، ص 109

7. سهيل أحمد عبيدات، **القيادة، أساسيات، نظريات، مفاهيم**، عالم الكتب الحديث، إربد، الأردن، 2007، ص36-38.

8. محمد قاسم القريوتي، **السلوك التنظيمي دراسة السلوك الانساني الفردي والجماعي في المنظمات المختلفة**، عمّان، دار الشروق، الطبعة الثالثة، 2000، ص 185.

9. سعاد البرنوطي، **الادارة اساسيات إدارة الأعمال**، دار وائل للطباعة والنشر، عمان، 2001، ص366

10. عمر التومي الشيباني، ومفيدة خالد الزقوزى، **التنمية الاجتماعية والاقتصادية: واقع وآفاق**، الجماهيرية الليبية، طرابلس، الهيئة القومية للبحث العلمي، 1997، ص 58

11. Michael Todaro, (1985), **Economic Development in the Third World**, Overseas Development Council, New York, USA. PP 63-64

الفصل الثالث

خصائص التنمية
Development Traits

إن التنمية بهذا المفهوم لها طبيعة تميزها وتبرزها حتى تؤدي الهدف المقصود منها ومن أبرز ملامح هذه الطبيعة أنها:

1- ظاهرة إنسانية: Human Phenomenon

فالتنمية تقوم على الإنسان باعتباره العنصر الأساسي في عملية التطور والتقدم، ولا يمكن أن يكون هناك تنمية بدون تدخل الإنسان، فمنذ وجد الإنسان على وجه الأرض، وهو يسعى إلى أن يطور من إمكانياته الذاتية ويجعلها قادرة على استيعاب ما حوله وإعادة صياغة تلك الإمكانيات في قوة دافعة نحو التغيير، ولقد استطاع الإنسان أن يحقق نجاحاً بارزاً في ذلك مما سهل له الاستفادة الكبيرة من الطبيعة فطور التعامل معها بأدوات كانت هي الأسبق والأسرع في كثير من الحالات فذلل الطبيعة وأخضعها لتكون إحدى العناصر المؤثرة في التطور والتقدم الإنساني كما استطاع الإنسان بعد ذلك تسخير المخترعات العلمية والتقنية لذات الهدف مما يومئ بقدرة هذا الإنسان الهائلة على الأداء الدائم والمستمر في المستقبل، كما أن الإنسان هو العنصر الأساسي في أداء التنمية، إلا أنه الهدف المقصود من هذه التنمية، فكل خطط وبرامج التنمية إنما توجه أساسا لخدمة الإنسان وحاجاته، فخطط التنمية الاقتصادية أو الاجتماعية أو التعليمية أو غيرها في أي بقعة من العالم توجه إلى الإنسان في موقعه أينما وجد، رغم تنوع واختلاف حاجاته.

كما أن التنمية باعتبارها ظاهرة إنسانية ترتبط بحياة الإنسان وجوداً وعطاءً وعدماً، فحيثما وجد الإنسان وجدت التنمية ووجد البحث والتنقيب، على اختلاف تصورنا لهذه التنمية ومحتواها وطبيعتها، إلا أنها تبدو كحالة ملازمة لحياة الإنسان على الأرض، وحين يتوقف الإنسان عن العطاء فإنه يتوقف عن الوجود، إذ لا قيمة له إلا بعطائه وعمله المتحرك المستمر الذي يجب أن يهدف إلى التقدم والتطور والنمو نحو الأفضل.

Religious Phenomenon :2- ظاهرة دينية

لاشك أن التصور السائد حالياً عند بعض المثقفين حول موقف الدين من التنمية جاءت به الأديان السماوية جميعاً، والتي ختمت بالإسلام من أجل سعادة الإنسان وحياته الكريمة لا في الآخرة وحدها بل في الدنيا قبل ذلك، ولذا فإن مما يهدف إليه الدين هو دفع الإنسان لكي يجعل من إيمانه واعتقاده منطلقا نحو سعيه في الحياة وبنائه لها وفق قواعد وأسس سليمة تقوم على الفضائل والأخلاق والمساواة والعدالة، بل إننا نكاد نلمس ذلك في كثير من العقائد والمبادئ الإنسانية (غير الدينية).

ولذا فإن ما يسود من تصور خاطىء - عند بعض المثقفين - من أن الدين يعد عائقاً للتنمية أو التطور، إنما هو تصور خاطئ مرجعه وسببه موقف فكري أو سياسي أو عدم فهم لحقيقة الدين وأهدافه، وعجز عن استيعاب ذلك بروح علمية منفتحة مستثمرة جميع العناصر والمؤثرات لدفع الإنسان نحو التنمية، والدين أحد هذه العناصر المؤثرة، والإسلام باعتباره خاتم الأديان جاء بروح قوية تدفع الإنسان إلى أن يتفكر فيما حوله ويستثمر ما منحه الله من قدرات ذاتية أو من الطبيعة، وأن يجعل منها فكرة ملازمة لإيمان الإنسان بدينه وربه، يقول الله تعالى: " أفلم يسيروا في الأرض فتكون لهم قلوب يعقلون بها أو آذان يسمعون بها، فإنها لا تعمى الأبصار ولكن تعمى القلوب التي في الصدور" (الحج آية 46)، وقد دعا الإسلام إلى النظر في الكون، يقول تعالى: " قل سيروا في الأرض فانظروا كيف بدأ الخلق ثم الله ينشئ النشأة الآخرة إن الله على كل شيء قدير"، (العنكبوت، 20)، كما دعا إلى التفكر، بقوله تعالى: " وهو الذي مد الأرض وجعل فيها رواسي وأنهارا ومن كل الثمرات جعل فيها زوجين اثنين يغشي الليل النهار إنّ في ذلك لآيات لقوم يتفكرون، وفي الأرض قطع متجاورات وجنات من أعناب وزرع ونخيل صنوان وغير صنوان يسقى بماء واحد ونفضل بعضها على بعض في الأكل إنّ في ذلك لآيات لقوم يعقلون" (الرعد، 3)، بل دعا الإسلام إلى تعمير الأرض والاستفادة من خيراتها يقول تعالى: " هو أنشأكم من الأرض واستعمركم فيها فاستغفروه ثم توبوا إليه إن ربي قريب مجيب"، (هود، 61)، قال ابن كثير في تفسير هذه الآية " استعمركم

فيها: أي جعلكم عماراً تعمرونها وتستعملونها أي جعلكم عماراً للأرض، وليس هناك أدق من مفهوم التعمير للتعبير عن التنمية في مفهومها الإسلامي، إذ ليس المقصود من ذلك هو التعمير المادي الحسي، بل التعمير بمعنى التطوير والتنمية، وقد ذهب الفقهاء إلى أن التعمير أو التنمية بالمفهوم الدقيق واجب على كل مسلم كما يشير إلى ذلك القرطبي في تفسيره لهذه الآية.

وإذا كان الإسلام يجعل من التنمية واجباً على المسلمين فإن رؤيته للتعليم لا تقل عن ذلك، بل يعتبر الدين الإسلامي أحد العناصر المؤثرة في التعليم حيث اهتم الإسلام بالتعليم والتعلم وحض عليه، بل إن أول كلمة نزلت من القرآن الكريم كانت كلمة (إقرأ) للدلالة على أهمية العلم والقراءة، ولم يكتف الإسلام بالاهتمام بالعلم عند الإشارة إليه، بل جعل العلم طريقاً للإيمان حين قال تعالى: (إنما يخشى الله من عباده العلماء). قال ابن كثير في تفسير هذه الآية: (أي إنما يخشاه حق خشيته العلماء العارفون به لأنه كلما كانت المعرفة للعظيم القدير العليم الموصوف بصفات الكمال المنعوت بالأسماء الحسنى، كلما كانت المعرفة به أتم والعلم به أكمل، وكانت الخشية له أعظم وأكثر)، وتكررت الآيات التي تدعو الإنسان إلى النظر في ملكوت الله والتفكر في مخلوقاته، فنجد أن كثيراً من الآيات تختم بقوله تعالى: (أفلا تعقلون)، (أفلا تتفكرون)، (لقومٍ يعقلون)، (لقومٍ يعلمون).

ولا شك أن التفكير والعقلانية والتدبر لا يمكن أن يتحقق لإنسان جاهل لا يعلم من الحياة شيئاً، ويخطئ من يظن أن إطلاق لفظ العلم والتعلم في الإسلام مقصور على تعلم الأمور الدينية الشرعية فقط، بل المقصود بذلك - إلى جانب العلم الشرعي - كل علم يخدم الأمة والإنسانية ويحقق أهدافها بالخير والسعادة، ولقد أنكر الإمام الغزالي - التربوي - على أهل قرية من المسلمين توجه جمهور الناس فيها إلى تعلم الفقه ونحوه، وتركوا جوانب العلم الأخرى حتى لم يوجد في قريتهم طبيب يعالج مرضاهم إلا طبيب يهودي ! بل اهتم الإسلام بالعلم إلى أن جعله مقدّم على العبادة أحياناً، حيث قال الرسول صلى الله عليه وسلم: "فضل العالم على العابد كفضلي على أدناكم" وروى عنه حذيفة بن اليمان: "فضل العلم خير من فضل العبادة".

وهكذا تتضح المنزلة التي وصفها الإسلام للعلم والعلماء حين فضلهم وقدمهم على العبادات النافلة، بل رفع الرسول صلى الله عليه وسلم منزلتهم إلى أن جعل منزلتهم وفضلهم على الناس كفضل النبي صلى الله عليه وسلم على الصحابة، وورد كذلك عن النبي صلى الله عليه وسلم أن "العلماء ورثة الأنبياء"، وقد سار الصحابة رضوان الله عليهم والتابعون على المنهج الذي رسمه لهم الإسلام في الاهتمام بالعلم، فعن ابن مسعود قال: "الدراسة صلاة"، أي العلم والدراسة عبادة مثل الصلاة، وعن ابن الدرداء قال: مذاكرة العلم ساعة خير من قيام ليل، وقال قتادة: "باب من العلم يحفظه الرجل لعلاج نفسه وصلاح من بعده أفضل من عبادة حولٍ"، أي عبادة سنة، وقال الشافعي: "طلب العلم أفضل من صلاة النافلة"، ولذا فإن الانشغال بالنوافل من العبادات دون العلم إنما هو مخالفة للمنهج الإسلامي السليم ولا يحتج بعض من الشباب بأن العلوم والمعارف تشغلهم عن العبادات لأن ذلك تسويف من أنفسهم وادعاء لا دليل عليه، بل هو مخالف لما عليه الجيل السابق من المسلمين الأوائل.

فهذا رائد من رواد الجيل الأول هو الإمام الحسن البصري - رضي الله عنه - يقول: "العامل على غير علم كالسالك على غير طريق، والعامل على غير علم يفسد أكثر مما يصلح، فاطلبوا العلم طلباً لا يضر بالعبادة، واطلبوا العبادة طلباً لا يضر بالعلم، فإن قوما طلبوا العبادة وتركوا العلم حتى خرجوا بأسيافهم على أمة محمد صلى الله عليه وسلم، ولو طلبوا العلم لم يندموا على ما فعلوا ".

وإذا كان الإسلام يهتم بالعلم والعلماء عامة، فإنه يولي عناية خاصة بالعلم التطبيقي (التجريبي)، إذ يسعى الإسلام من ذلك إلى إيجاد العقلية العلمية الواعية، والتي لا تعتمد على المسلمات المطلقة - إلا في الغيبيات الشرعية التي ورد بها النص- بل تعمل عقلها في التجربة ومحاولة الوصول إلى البرهان والدليل والنتيجة، وهذا حث من الإسلام لأبنائه حتى يهتموا بالعلم التطبيقي، ولذا حذر الإسلام من المسلّمات التي لا دليل عليها، فقال تعالى " وما لهم به من علم إن يتبعون إلا الظن وإن الظن لا يُغني من الحق شيئا ".(النجم، 28)

واهتم الإسلام كذلك بكثير من العلوم والمعارف السائدة في وقتنا الحاضر - وذلك ردٌ على بعض الذين يدعون حصر العلم في العلوم الشرعية فقط- ففي ميدان تعليم

اللغات الأجنبية اهتم المسلمون بدراسة هذه اللغات حتى يقوموا بالتعرف على ثقافة تلك الدول وحضاراتهم، كما يقومون بالترجمة والاستفادة مما لديهم، فكان بعض الصحابة يعرف الرومية والفارسية والحبشية بل كانت لديهم القدرة الفائقة في تعلم اللغات، قال زيد (أي زيد ابن حارثة)، أمرني رسول الله صلى الله عليه وسلم، فتعلمت له كتاب يهود بالسريانية وقال: إني و الله ما آمن يهود على كتابي، فأمر لي بنصف شهر حتى تعلمته وحذقته، فكنت أكتب له إليهم، وأقرا له كتبهم".(1)

ويعد تعلم التخطيط والإحصاء اللذان هما عماد الدراسات المؤسسة للتنمية من المعارف التي حث الإسلام على تعلمها، حيث اهتم الرسول صلى الله عليه وسلم بالإحصاء حين أراد التعرف على عدد المسلمين فأمر بإجراء ـ ما يمكن أن نسميه ـ تعداد سكاني ـ فقد روى البخاري ومسلم عن حذيفة بن اليمان رضي الله عنه، قال: كنا مع رسول الله صلى الله عليه وسلم فقال:" أحصوا لي كم يلفظ الإسلام "، وفي رواية البخاري أنه قال: "اكتبوا لي من يلفظ بالإسلام من الناس، وقال حذيفة: فكتبنا له ألفاً وخمسمائة رجل".

أما التخطيط، فقد كان سمة الحياة الإسلامية سواء كانت وقت السلم أم الحرب، بل هو سمة الحياة الدينية السماوية في كل عهد، ولعل أبرز الذين اهتموا بالتخطيط من الأنبياء عليهم الصلاة والسلام يوسف عليه السلام حين وضع خطة لمصر لمواجهة السنوات العجاف التي كانت تواجهها، وقد حدث القرآن عن ذلك بقوله تعالى " تزرعون سبع سنين دأباً، فما حصدتم فذروه في سنبله إلا قليلاً مما تحصدون، ثم يأتي من بعد ذلك عام فيه يغاث الناس وفيه يعصرون"، (يوسف، 47).

وهكذا يجد المتتبع للجانب العلمي والتعليمي في الحياة الإسلامية صوراً واضحةً لاهتمام الإسلام بالعلم والعلماء، مما يعد مؤثراً ايجابياً يدفع بالمسلمين إلى إعطاء العلم والتعلم جانباً كبيراً من اهتمامهم حتى يكون ذلك دافعاً لهم لتنمية أوطانهم.

3ـ ظاهرة تاريخية مستمرة: Continued Historical Phenomenon

فالتنمية متلازمة مع حركة التاريخ ترتفع تارة وتنحط أخرى وفقا للظروف البيئية والزمنية التي تمر بها، بل ارتبطت التنمية بكثير من الأطوار التاريخية التي مرت بها

البشرية من التخلف والحياة البدائية إلى ظهور حاجات الإنسان وبحثه عما يلبي تلك الحاجات وما بذله من جهد أدى إلى تطور متنام في الحياة الإنسانية، ثم تطور كذلك في استخدام المعطيات الطبيعية والمادية التي أسهمت في ما وصل إليه الإنسان من تقدم ورقي، ولاشك أن هناك مراحل برزت فيها روح التطور والتنمية بصورة أوضح من غيرها، فالقرن الرابع الهجري أو ما يقاربه من القرن العاشر الميلادي يعد أحد هذه المراحل حيث شهد تطورا في مختلف جوانب الحياة برزت من خلاله الإبداعات العلمية والفكرية التي أسهمت في وضع اللبنات الأولى للتطور العلمي في العصور التالية، فخلال ذلك القرن برز العلماء والمفكرون المسلمون كرواد للحضارة الإنسانية، ومن خلال إسهامهم العلمي والفكري انطلقت حركة البحث العلمي، والتقدم الحضاري، وجاءت الثورة الصناعية واكتشاف الآلة البخارية وغيرها كإحدى المراحل التي برزت في التاريخ باعتبارها مؤشرا على ما وصل إليه الإنسان في تلك المرحلة، وما زال عصر غزو الفضاء، والاتصالات، والكمبيوتر والمعلوماتية، يسجل يوما بعد يوم وقائع معاصرة ستصبح في يوم ما حلقة متصلة مع غيرها من الحلقات التاريخية التي عرفت البشرية من خلال استمرارها مرتبطة بصورة مباشرة بمدى ما تصل إليه من تقدم وتنمية.

4 ـ ظاهرة اجتماعية: Social Phenomenon

والتنمية باعتبارها مرتبطة بحياة الإنسان وتطورها وتغيرها فهي عبارة عن عمليات تغيير اجتماعي تلحق بالبناء الاجتماعي ووظائفه، بغرض إشباع الحاجات الاجتماعية للأفراد، ولما كان هذا التغيير الاجتماعي ينصب على كل تغيير يقع في التركيب السكاني للمجتمع أو في بنائه الوظيفي، أو في نظمه الاجتماعية، أو في أنماط العلاقات الاجتماعية أو القيم والمعايير التي تؤثر في سلوك الأفراد والتي تحدد مكاناتهم وأدوارهم في مختلف التنظيمات الاجتماعية التي ينتمون إليها.

فإن التنمية الاجتماعية تنصب على كل هذه الجوانب، كما تتناول مختلف المشكلات المتصلة بالتغير الاجتماعي كالفوارق الكبيرة في مستويات المعيشة بين

الأغنياء والفقراء والإصلاح الزراعي والمشكلات العمالية ومشكلات الهجرة من الريف إلى الحضر ومشكلات التغير الاجتماعي السريع.

ولذلك تعد التنمية ذات بعد اجتماعي يمتد إلى جميع جوانب المجتمع مؤثرة ومغيّرة، وتتلازم التنمية والتغير الاجتماعي تلازما مضطردا، فكلما اتجه المجتمع نحو التغيير والتطور، كلما أدى ذلك إلى سرعة في التنمية، والعكس صحيح أيضاً، فكلما كانت برامج التنمية مؤثرة في المجتمع كلما أدى ذلك إلى تطوره وتغييره.

5ـ ظاهرة اقتصادية: Economic Phenomenon

فقد ارتبط مفهوم التنمية في كثير من الحالات بالتنمية الاقتصادية باعتبارها أوضح صور التنمية، إذ يعرفها الاقتصاديون بأنها: "عملية زيادة الدخل القومي الحقيقي واضطراد هذه الزيادة خلال فترة زمنية طويلة بحيث تكون هذه الزيادة أكبر من زيادة عدد السكان "، إلا أن التنمية في ذاتها تعد ظاهرة اقتصادية لما للاقتصاد من تأثير واضح في مدى تقدم برامج وخطط التنمية، إذ لا يمكن تنفيذ برامج متقدمة للتنمية في ظل ظروف من أهمها:

(1)   اقتصاد متخلف يعاني من الركود

(2)   تدني مستوى دخل الفرد

(3)   ندرة الموارد الاقتصادية

(4)   تخلف في وسائل الإنتاج

ويلاحظ ذلك في برامج التنمية التي تقوم بها الدول النامية ذات المستوى الاقتصادي المتوسط أو المتدني حيث تكون هذه البرامج محدودة وقاصرة عن تحقيق متطلبات التنمية الشاملة في تلك الدول، بينما نجد الدول الصناعية أو ذات المستوى الاقتصادي العالي تنفذ برامج تنموية متقدمة وخلال فترة وجيزة.

6ـ ظاهرة كلية: General Phenomenon

أي أن التنمية هي ظاهرة شاملة كلية تُلحظ في شتى جوانب الحياة، خلافاً لما ذهب إليه بعض الاقتصاديين وعلماء المجتمع من احتمالية أن تكون التنمية ظاهرة

جزئيـة تهـتم بتطـوير جانـب محـدد مـن المجتمـع وتنميتـه، إذ يعـدون التنميـة الاقتصـادية أو الاجتماعية هي التنمية الحقيقية التي قد تؤدي إلى تطور المجتمـع مستدلين عـلى ذلك ببعض التجارب، وبإمكانية التطبيق الجزئي وصعوبة التطبيق الكلي للتنمية لما يستلزم ذلك من إمكانيات ومستلزمات كثيرة وكبيرة، إلا أن الواقع يشير إلى أن التنمية الجزئية على أنها تنمية قاصرة بـل قـد تؤدي إلى خلل في عناصر التنمية ومكوناتها.

ولذا لابد من فهم التنمية بأنها عملية تشترك فيها كافة المتغيرات والمؤثرات التي يتكون منها المجتمع، إذ لا يمكن إحداث تنمية مع إهمال جانب مـن جوانب المجتمـع كـما يـذهب إلى ذلك "جورج لوفاش" الذي يشـير إلى وحدة الظواهـر الاجتماعيـة وعلومهـا المختلفـة وصعوبة الفصل فيما بينها، وذلك نظرا لصعوبة التحديد المنهجي لتقسيم هذه العلوم ويقول: إن كثيرا من التقسيمات التي تمت قد ارتكزت على أسس أكاديمية صرفة بينما الإنسان كائن اجتماعي متكامل، ويجب النظر إليه وإلى حياته وسلوكياته التي تنبثق منها الظواهر المختلفة كوحدة واحدة وإن التنمية هي الظاهرة الكلية التي تعبر عن حركة هذه الظواهر مجتمعة.

ويؤكد هذا الاتجاه د. صادق الأسود بقوله: " إن الظاهرة الإنسانية بحد ذاتها ظاهرة معقدة جداً بحيث لا يمكن لعلم واحد أن يدرسها ما لم يتعرض للجوانب الأخرى فيها"، وبـالطبع فإن هذا لا يعني تجريد العلوم الاجتماعية الأخرى من أصالتها واستقلالها النسبي، بقدر ما يعنـي طبيعة التداخل فيما بينها، وغير ذلك يمثل عودة للفوضى المنهجيـة القديمـة التـي أمكـن التـخلص منها بعد قرون طويلة من البحث.

ويرد أنصار هذا الاتجاه على حجج أنصار الاتجاه الأول بقولهم: إن التنمية كعملية كلية لا ترفض أساليب التعامل الجزئي أو القطاعي إذا ما انتهت في النهاية إلى كلية معينـة، بـل عـلى العكس فإنه من الصعب إن لم يكن من المستحيل تخيل سير عملية التنمية ضمن قاعدة النمو المتوازن، التي يروج لها في كل القطاعات مرة واحدة، إلا أنـه مـن الطبيعـي جـدا أن يتم تنظيـم العمل بالأسلوب العلمي بحيث يتم تقسيمه حسب نظام محـدد للأولويات، وبشرط أن ينتهـي إلى كلية واحدة.

66

إن شكل حركة المجتمع وعمليات التأثير والتأثر بين كل قطاعاته ستخلق في النهاية تأثرا عاما بأية تطورات ملموسة في أية قطاعات جزئية، ولو تم ذلك بحكم منطق النمو الطبيعي، ونظرا لعملية التفوق العلمي التي أصبحت قادرة على ضبط الحركة زمنيا وماديا ومعنويا إلى حد ما، فإن إعطاء أية تطورات محتواها الكلي بأقصى درجة من السرعة يمثل جوهر عملية التنمية، وبالتالي يصبح الفرق بين منطق الاتجاه الأول والمنطق الأخير، كالفرق بين الحركة أو الخطوة وبـين الاستراتيجية أو العلمية. (2)

(1)

الهوامش

(1) جامع الأصول 8/30: الحديث رقم (5864)

(2) سعيد عبد اللـه حارب، "**مستقبل التعليم وتعليم المستقبل**"، أبو ظبي، الإمارات العربية المتحـدة، المجمـع الثقافي 2001م، ص ص196- 208

الفصل الرابع

مفهوم التخلف والبلاد المتخلفة

Underdevelopment Concept & Underdeveloped Countries

خصائص التخلف: Underdevelopment Traits

رغم تباين الظروف الاقتصادية والسياسية والثقافية للدول النامية إلا أنه يوجد بعض المظاهر التي تعرف بها وهذه أهمها:

أولاً: سمات ديمغرافية: Demographic Traits

تتجلى في ارتفاع معدلات المواليد وارتفاع معدلات الوفيات العامة وخاصة بين الأطفال، كما تتجلى في انخفاض المستوى الغذائي وانتشار أمراض سوء التغذية وانخفاض المستوى الصحي.

ثانياً: سمات اقتصادية: Economic Traits

وتتجلى في انخفاض الدخل القومي وسوء توزيعه وبالتالي انخفاض مستوى الدخل الفردي وقلة المدخرات وتضاؤل الاتجاه نحو الاستثمار، كما تتجلى في عدم كفاية الموارد الطبيعية واستغلالها الاستغلال الأمثل ونقص رؤوس الأموال والانخراط في نشاطات اقتصادية أولية والأخذ بالأساليب التقليدية االبدائية والمتأخرة في الإنتاج والتي تعتمد في أكثر الأحيان على الجهد العضلي، وعدم الأخذ بأسلوب الاقتصاد المتوازن بين القطاعات والاتجاهات، وارتفاع البطالة، الموسمية والفعلية، السافرة والمقنعة، وتعرف البلدان المتخلفة أيضاً بالاتجاه إلى أنماط الإنفاق نحو السلع الاستهلاكية والمظهرية، وتشكل المواد الأولية الخام معظم صادراتها، وميزانها التجاري غير متوازن وأسواقها ضيقة داخلياً وخارجياً، وتعتمد على الخارج اقتصادياً ونظمها المصرفية متأخرة وغيركفؤة.

ثالثاً: سمات اجتماعية Social Traits

تعرف البلدان المتخلفة بانخفاض مستوى المعيشة وانخفاض نسبة التعليم وبالأساليب التربوية القديمة وارتفاع نسبة الأمية لاسيما بين النساء، كما تعرف

بانتشار ظاهرة تشغيل الأحداث والقاصرين، أما الحراك الاجتماعي فيها فيكون متعثراً إلى حد الجمود، هذا ويكبر حجم الطبقة الدنيا ويصغر حجم كل من الطبقة المتوسطة والطبقة العليا، ولا تعطى فيها الأهمية للبحوث العلمية والفنية وتطبيق نتائجها إلا نادرا وبصورة ضعيفة.

رابعاً: سمات ثقافية: Cultural Traits

تسود العلاقات الاجتماعية البسيطة والمباشرة وتقتصر غالبا على داخل النسق الاجتماعي وتتحكم العادات والتقاليد الموروثة في السلوك الاجتماعي ولا يعطى الدور اللازم للمرأة ويبقى مركزها الاجتماعي منخفضا، ولا يتم الانفتاح العقلي على معطيات التغير المتسارع وعلى الأفكار الجديدة ويبقى الأفراد منغلقين على ذواتهم ولا يندمجون في حياة المجتمع (الكبير).

خامساً: سمات سياسية   Political Traits

تتجلى في عدم القدرة على إقامة إطار سياسي واجتماعي مناسب للتقدم وعدم التمكن من إقامة مجتمع تسوده الحرية والديمقراطية والمشاركة في القرار والاتصال بين القمة والقاعدة، وقربة بالتالي من السلطة القائمة على القهر، وتتجلى أخيرا في ضعف سيطرة المؤسسات وسيطرة الفرد (وعبادة الشخصية).

أما السمات التي تعرف بها البلدان المتقدمة فهي تشهد على المستوى الديموغرافي انخفاضاً في معدلات المواليد وفي معدلات الوفيات العامة وانخفاضا في معدلات وفيات الأطفال، ومستواها الغذائي مرتفع وكذلك مستواها الصحي.

وعلى المستوى الاقتصادي فلديها رؤوس الأموال، تستغل مواردها الطبيعية الاستغلال الأمثل، صناعتها متطورة وأساليب إنتاجها حديثة، تأخذ بأسلوب الاقتصاد المتوازن بين كل القطاعات والاتجاهات، نسبة البطالة فيها منخفضة ودخلها القومي مرتفع وبالتالي مستوى الدخل الفردي الذي يؤمن احتياجات الفرد الكمالية منها والأساسية، لديها وفرة في المدخرات فعندها اتجاه كبير نحو الاستثمار، ونحو

أنماط الإنفاق غير الاستهلاكية، تهتم بتصدير التكنولوجيا الحديثة والمواد المصنعة، أسواقها الداخلية والخارجية متسعة جداً وتصدر أكثر مما تستورد - أو على الأقل يكون ميزانها التجاري متوازناً - نظمها المصرفية متقدمة وفعالة، تعتمد على نفسها وتقدم معونات خارجية.

أما على المستوى الاجتماعي فإنها تعرف بمستوى المعيشة المرتفع، وارتفاع نسبة التعليم والتدريب، وانخفاض نسبة الأمية، مناهجها حديثة ومتجددة، تختفي فيها - أو حتى تنعدم- ظاهرة تشغيل الأحداث، والحراك الاجتماعي فيها هو السيد الطبيعي، طبقتاها العليا والدنيا صغيرتان وحجم طبقتها الوسطى كبير، توفر الرعاية الاجتماعية لمواطنيها وتهتم بالبحوث العلمية وتطبق نتائجها على نطاق واسع.

وأما على المستوى الثقافي فتسود العلاقات الاجتماعية المعقدة وتعتمد عادة خارج النسق، ولديها القدرة على الانفتاح العقلي على الأفكار الجديدة والعالم الخارجي وتشهد حراكاً للوحدات البنائية، وأخيراً فإن البلدان المتقدمة تتسم بإقامة مجتمع آمن تسوده الحرية والديمقراطية وتتاح فيه الفرصة الحرة والكاملة لمشاركة المواطنين مشاركة فعالة، وتسوده المؤسسات التي يستند الحكم إليها.(1)

وقد أصبحت مواضيع التخلف ومشاكله والكتابات عنه ليست مقصورة على الاقتصاديين أو المسئولين فقط، بل غدت حديث عامة الناس، بالإضافة إلى أنها أضحت من اهتمامات الدول المتقدمة، كما شغلت العديد من الباحثين بمواضيع تتعلق بالحياة الاقتصادية والاجتماعية والإدارية والبيئية والسياسية والصحية وغيرها، عدا عن النظريات الخاصة بالتخلف والتي تتحدث عن الاستغلال والاستعباد لشعوب الدول المتخلفة.

نظريات التخلف: Underdevelopment Theories

أولا: نظرية الطريقة السطحية في دراسة التخلف: Surface Method Theory

وهي أكثر نظريات التخلف شيوعاً، وتُعرِّف الظاهرة بأهدافها، فيما يتعلق بالأهداف والأبحاث، والنشرات والتقارير الصادرة من جهات رسمية مثل الأمم

المتحدة، و يتميز التخلف من خلال مستوى التعليم، والصحة والإسكان والفقر، والدخل الفردي، وتقسم إلى فئات متعددة، فمثلاً الفئة التي يقل دخل الفرد فيها عن (100) دولار سنوياً، تعتبر متخلفة، والفئة التي يتراوح الدخل فيها ما بين (100 - 300) دولار سنوياً تعتبر نامية، وهي تضم أكبر نسبة من سكان الكرة الأرضية، أما الفئة التي تتجه نحو التنمية فيتراح فيها الدخل ما بين (300-1000)، أما الدول المتقدمة أصحاب الفئة ما فوق (1000) دولار فتعتبر متقدمة، وهنا يتم الحديث عن الدخل الفردي، وليس عن الدخل القومي والذي يضلل لعدم تساوي الدخول وينحصر في معظم الحالات بين فئة معينة من طبقات المجتمع، وخاصة الغنى المفاجئ في بعض الدول النامية، دون أن ينعكس هذا الغنى على عامة الشعب، أو على الحياة التنموية للدولة، حيث أنها دول تعتمد على الاستهلاك والواردات دون تنوع الإنتاج أو تنوع الصادرات.

ويرى بعض الاقتصاديين أن التخلف يتحدد من خلال ثلاثة مظاهر وهي:

(1)   الدخل القومي.

(2)   الوحدات الحرارية المستهلكة في التغذية.

(3)   مستوى التعليم أو انتشار الأمية.

ولكن لا يمكن أن تكون هذه المظاهر الثلاثة متوافقة باستمرار، لأنه من الممكن أن يكون الدخل عالياً ويكون مستوى التغذية سيئاً، والعكس صحيح، ويعتبر البعض أن الجوع هو أخطر علامات التخلف، فهو يميز حالياً مجمل البلاد النامية فثلاثة أرباع البشرية تعاني من سوء التغذية، وتزداد المشكلة خطورة بسبب التفاوت الهائل في المستوى المعيشي والغذائي للسكان، فهناك قلة تستهلك أكثر بكثير مما يجب من الوحدات الحرارية (أي الكمية اللازمة للجسم وتتراوح ما بين 300-3500 وحدة حرارية يومياً) مع أن غالبية الشعوب تعاني من نقص ذريع في الغذاء، بالإضافة إلى ذلك وما يضاعف من خطورته انحسار زراعة المواد المعيشية، وتحول قسم مهم من

الزراعة إلى التصدير الخارجي، مما يحرم غالبية السكان من المواد الغذائية الضرورية، و هنا يتعرض إنسان العالم الخارجي إلى غبن خارجي، يضاف سوء توزيع الثروة والغذاء داخلياً، وهو انعدام التكافؤ في عمليات التبادل الدولي بين المنتجات الزراعية والمنتجات المصنعة لمصلحة الدول المتقدمة.

تعرّف الطريقة السطحية التخلف إذاً كظاهرة دونية أساساً، فالدولة المتخلفة هي أقل مستوى من بقية الدول المتقدمة من حيث تأمين الحاجات الحيوية الضرورية للإنسان، ومستوى إنجازاته الاقتصادية والتقنية منخفض، ولكن هذا التعريف لا يستقيم نظراً لعدم توحيد المعايير من ناحية، ولصعوبة المقارنة بين الدول المتقدمة والنامية من ناحية ثانية، ولوجود دول غنية حالياً، ولكنها متخلفة اجتماعياً من ناحية ثالثة، لا بد إذاً من دراسة نوعية البنى الاقتصادية والاجتماعية والإدارية وغيرها من المجالات التنموية في الدولة كي نحدد التخلف.

ثانيا: نظرية الطريقة الاقتصادية في دراسة التخلف: Economic Method Theory:

حيث ركزّت هذه الطريقة على أدوات الإنتاج ومستواه، ثم تطورت للإهتمام بدراسة البنى الاقتصادية للبلد المتخلف، وهي أعمق وأشمل وذلك على النحو التالي:

- التخلف الصناعي والتقني: Industrial and technological underdevelopment

هنا يكاد التخلف أن يكون مرادفاً لقلة التصنيع وبدائيته، لسوء استغلال الثروات، حيث تتعطل الآلات الموجودة (المستوردة) دون استخدام أو صيانة، وتبقى الزراعة بالوسائل البدائية والأعمال الحرفية ضئيلة المردود هي النشاطات الأكثر انتشاراً.

فالبلد المتأخر يتصف بالطابع السكوني للاقتصاد، ويعني مستوى منخفضاً من القوى الإنتاجية، ووسائل العمل ومهارة اليد العاملة، فوسائل الإنتاج بدائية (أو

يدوية) بشكل عام مما يؤدي إلى إنتاجية ضعيفة ودخل منخفض ويبقى الفقر والبؤس بين السكان على ما هو عليه بل يزداد، والمشكلة هنا ترجع إلى الافتقار إلى التكنولوجيا، واليد العاملة الفنية والتي بدورها تسيِّر التكنولوجيا.

ولكن لا بدّ هنا من التوضيح بأن انخفاض مستوى القوى الإنتاجية، يرتبط أساساً بالبنية الاجتماعية، وبالنظام الاجتماعي السياسي السائد، وهو عادة من النوع الإقطاعي الذي تندر فيه التحولات الرأسمالية، إن ربط المستوى التقني بالبنية الاجتماعية بالإضافة إلى ضرورته، يضع المشكلة في إطارها الصحيح، فالعلاقات الإنتاجية الإقطاعية لا تسمح بالتطوير الاجتماعي الكلي، وهي تعتبر في رأي معظم الباحثين المحدثين المعيق الأساسي لعملية النمو.

وقد قدم "اوسكار لانج" تعريفاً لخصائص الاقتصاد المتخلف على النحو التالي: "إنه اقتصاد لا يكفي مجموع رؤوس الأموال المتوفرة فيه لاستخدام اليد العاملة المتاحة على أساس التقنية الحديثة للإنتاج ولا لإستثمار الثروات الطبيعية".

ويركز التعريف على مشكلة رأس المال من ناحية، وعلى أدوات الإنتاج من ناحية ثانية، ولكن يؤخذ علية أن رأس المال المتوافر أحياناً - كما هو حال بعض الدول النامية الغنية- لا يوظف في غايات إنتاجية، إنما يصرف في أغراض استهلاكية استعراضية، أما مسألة قلة الأطر الفنية، وبدائية وسائل الإنتاج، فهي نتائج لعوامل أعمق منها، تضرب جذورها في بنية المجتمع المتخلف.

ولقد أصبح واضحاً لمعظم الاختصاصيين في التنمية صعوبة السير في الطريق التقليدي، أي الاكتفاء بتأمين رأس المال والتقنية، فالصناعة كما يقول "رستو" لا تكفي وحدها لتصنيع بلد ما، لأن التصنيع ظاهرة أكثر اتساعاً وتعقيداً من الصناعة، فالتصنيع هو مجمل الخصائص الاقتصادية والاجتماعية التي هي أسباب ونتائج النمو الصناعي الذي شهدته البلدان المصنعة منذ القرن التاسع عشر.

إن البلدان النامية لا تفتقر إلى الصناعة المتطورة ولا إلى الزراعة المتطورة كلياً، ولكن التصنيع والتطور الزراعي فيها يتصفان بخصائص مميزة ليس لها سابقة في تاريخ

البشرية، فرغم شغل قطاع الزراعة الذي تشغله النسبة الكبرى من اليد العاملة بين المواطنين، فهو ذو إنتاج هزيل، مع أنه يمثل القطاع الوطني.

أما على المستوى الصناعي، فيرى "لاكوست" وجود تناقض صارخ بين قطاع الحرف ذات الطرق البدائية والقطاع الصناعي المتقدم والحديث، والانفصال الاقتصادي بينهما شبه تام، فالحرف من نصيب سكان البلاد، أما القطاع الصناعي فهو يخص القلة المستعمر، وهو متوجه إلى الخارج أساساً، من حيث الاستيراد والتصدير ومثير الأرباح، هذا القطاع المتقدم يظل معزولاً اجتماعياً، لا تأثير له في تغيير بنية المجتمع وتطويرها، كما أن مردوده المادي لا ينعكس على المستوى الشعبي رخاءً وازدهاراً، ثم إن الصناعة تظل موجهة نحو إنتاج السلع الاستهلاكية، لا لتأسيس صناعة وسائل الإنتاج، وتظل الصناعة معزولة، كما ينعدم التنسيق بين مختلق القطاعات الصناعية، وفي الحالتين لا تؤدي إلى تحريك التصنيع بشكل عام.

أما في البلاد المتقدمة، فالتصنيع ظاهره شاملة، متنوعة، متماسكة وتراكمية، فهي تشمل مختلف قطاعات السكان، وتنعكس عليها وعلى نمط حياتها، وهي متماسكة فيما بينها، فهناك تكامل بين الآلات والمواصلات والنظم الحسابية، وهي تراكمية بمعنى أن نظم الآلات تنتج آلات أخرى، تطورها وتزيد من فعاليتها، ذلك هو الفرق بين الصناعة والتصنيع كما أوضحه "روستو"، وهو الفرق عينه بين البلاد المتقدمة والبلاد المتخلفة.

إن قصور التصنيع واستغلال الموارد والثروات الأولية، لا يترجم إلى القصور في الإمكانات فقط، بقدر ما يترجم تنوع وقوة الكوابح الاجتماعية التي تمنع الرجال من النشاط والفعل، وهنا يلتقي علماء التنمية الغربيون مع الشرقيين في تقرير واقع البلدان النامية، حيث يقول الشرقيون بأن التخلف الصناعي ينتج من ضمن ما ينتج عن بنية اجتماعية متيبسة تشل النمو عن طريق الاستهلاك الترفي، أو الاكتناز الذي لا يوظف في مشاريع منتجة، فالتنمية الزراعية والصناعية على حد سواء، إنما تعني "تغيرات متلازمة في التقنيات وفي مجال العلاقات الاجتماعية، و يبدو أن الجمع الواعي بين العاملين الاجتماعي والتقني، هو الشرط الذي لا غنى عنه لنجاح أي مشروع".

- التخلف الاقتصادي البنيوي: Economic & Structural Underdevelopment

إذا كان البلد هو الذي يتصف ببنية جامدة ساكنة، من وجهة نظر تقنية صناعية، فإنه من وجهة النظر الاقتصادية البنيوية، أبعد ما يكون عن السكون، إنه ديناميكي ولكن هذه الديناميكية تتصف بخصائص مميزة هي في مختلف نقاطها، على النقيض من ديناميكية البلدان المتقدمة، مما يحد من إمكانيات التطوير في الحالة الأولى، بينما يساعد عليه في الحالة الثانية.

تتصف بنية الاقتصاد المتخلف، بسماتٍ أساسية ثلاث هي:

(1) التفاوت الهائل في التوزيع القطاعي للإنتاج

(2) تفكك النظام الاقتصادي

(3) التبعية للخارج

ويضيف إليها "لاكوست" سمات أخرى من أهمها: تضخم قطاع الخدمات على حساب قطاع الإنتاج، وما يتضمنه ذلك من بروز واضح للنشاطات الطفيلية والاستغلال التجاري الفادح على مستوى الإنتاج والاستهلاك معا، ويمكن تنسيق هذه السمات المختلفة في صورة متماسكة تشكل بنية الاقتصاد المتخلف وذلك على النحو التالي:

1- تفاوت التوزيع القطاعي للإنتاج: of Production Uneven Sectoral Distribution

يلاحظ في البلاد النامية، وجود قطاعات إنتاجية متقدمة جداً، في الزراعة والصناعة على حد سواء، ولكنها محدودة لا تتجاوز كونها جزر تطور في محيط من التأخر، يسيطر عليها ويحظى بثرواتها قلة ضئيلة من الوجهاء المحليين، المتحالفين مع الرأسمالية الخارجية أو مع المستعمر، إلى جانب هذه القطاعات هناك غالبية السكان التي لا تحظى إلا بنسبة ضئيلة من الدخل تمارس أعمالا حرفية بدائية، وأساليب زراعية مختلفة، ذات مردود ضئيل، مما يفرض عليها البؤس المادي والحياتي.

هذا التفاوت الهائل يـؤدي إلى تبخيس تـدريجي للعمـل في الريـف، وفي الحـرف، وإلى الهجرة إلى المدينة للتكدس حولها في أحياء الصفيح، التي تشكل أحزمة بؤس حول عواصم البلدان النامية، وبمقدار بوار الأرض وتدهور الحرف التقليديـة، تـزداد نسـبة النشـاطات الطفيليـة التـي يمارسها سكان أحياء البؤس، نشاطات تهـدف إلى الإرتـزاق تبعـا للظـروف، وكـيفما تسير، بشـكل تختلط فيه الأعمال المشروعة بالنشـاطات المخالفـة للقـانون، والنشـاط في الحـالتين ظرفي عـابر تتخلله فترات من البطالة الظاهرة والمقنعة.

وهكذا يتعرض مفهوم العمل، في البلاد النامية، لنوع مـن التشـويه والتبخـيس، فوجاهـة النقود المكتسبة بدون عمل عظيمة جدا والمهن التـي تسـمح بالكسـب السريـع تتمتـع بجاذبيـة كبيرة، مما يفتح السبيل أمام ازدهار مختلف أشكال السلوك الجانح عنـد الكبـار والأحـداث عـلى حد سواء.

2 - تفكك الصلات في النظام الاقتصادي:

The Disintegration of the Links in The Economic System

تتكامل قطاعات النشاط الاقتصادي الثلاثة في البلدان النامية وهي:

(1) قطاع الإنتاج الأولي.

(2) قطاع صناعة الآلات والموادالإستهلاكية.

(3) قطاع التجارة والخدمات.

فقطاع الإنتاج الأولي (معادن، مواد أولية) مرتبط بشكل وثيق ومتناسق مـع القطـاع الثـاني (صناعة الآلات والمواد الاستهلاكية) وكلاهما متوازن ومتكامل مع القطاع الثالث (تجارة وخدمات) وهكذا فكل نمو في احد القطاعات، ينعكس على بقية القطاعات، دافعا إياهـا إلى النمـو بـدورها، نظرا لتكامل دورة الإنتاج والتوزيع داخليا.

أما في المجتمعات المختلفة فيلاحظ التفكـك في الـدورة الإنتاجيـة والاسـتهلاكية، مـما يجعـل الاقتصاد برمته أسير الاقتصاد الخارجي، وهكذا يزدهر إنتاج المواد الأولية

للتصدير، كما تزدهر تجارة الاستيراد خصوصا استيراد المواد الاستهلاكية، ويرتبط قطاع الخدمات (المصارف) أساسا بحركة التصدير والاستيراد هذه، دون توظيف كاف لرؤوس الأموال في مشاريع إنتاجية أو في تصنيع أساسي، و ينحسر قطاع الصناعة كي يقتصر على صناعة المواد الاستهلاكية، التي لا تزيد الثروة القومية، خصوصا وأنه يعتمد على آلات مستوردة ومواد نصف مصنعة في الكثير من الأحيان.

هذا التفكك يؤدي إلى طغيان القطاع التجاري على قطاع الإنتاج الصناعي، ففي البلاد النامية يمتص التجار النسبة الكبرى من فائض رأس المال من أثمان المواد الأولية المصدرة، في استيراد سلع استهلاكية تطغى عليها الكماليات، وذلك ما يسمح للتاجر بتحقيق ربح كبير، كما أن التجار يبتاعون المحاصيل الزراعية بأرخص الأسعار، ويسوقونها بأسعار عالية، كي يبيعوا للمزارعين المواد المستوردة (من آلات ومواد زراعية ومواد استهلاكية) بأغلى الأسعار، وهكذا تتجمع الثروة تدريجيا في أيدي هذه الفئة، بدل أن تنعكس رخاء عاما على جميع فئات السكان في المجتمع.

ويميل التجار وأصحاب الثروة في البلاد النامية حين يفكرون بتوظيف أموالهم محليا إلى قطاع البناء، هذا التوظيف الكبير في قطاع البناء على حساب التصنيع، يعطي انطباعاً بتقدم زائف، حين تنشأ أحياء سكنية فخمة ملفتة للنظر، لتناقضها مع البؤس وسوء التجهيزات السكنية "المساكن الشعبية" المحيطة بها، وتعتبر نشأة المدن الكبرى الجديدة في العالم الثالث مع ما يستتبعها من حركة نزوح كبيرة من الريف وتفريغ سكاني له، هو في رأي "لاكوست"، من مظاهر الخلل في البنية الاجتماعية الاقتصادية للبلدان النامية، ويسبب هذا الأمر مشكلات مأساوية لتلك البلدان غير المؤهلة لتأمين الخدمات الكافية، لهذا التكدس السكاني الكبير في المدن الجديدة (من الأمثلة الصارخة على ذلك القاهرة والخرطوم وبيروت)، هذا الأمر يشجع الأعمال الطفيلية التي أشير إليها في النقطة السابقة. (2)

3 - التبعية للخارج: Dependence on Outside

يؤدي طغيان إنتاج المواد الأولية للتصدير واستيراد المواد الاستهلاكية، وما يجرانه من تضخم لقطاع الخدمات والتجارة، إلى نشوء تبعية للاقتصاد الخارجي، ينتج عن

هذه التبعية إفقار تدريجي للبلد من خلال استنزاف المواد الأولية، ورخص أسعارها من ناحية، والاحتفاظ بأثمانها كتوظيفات مالية في البلد الخارجي، أو استرداد هذه المواد كثمن للمواد المصنعة الاستهلاكية، التي يصدرها البلد المتقدم بأسعار عالية، ثم هناك ظاهرة استنزاف رؤوس أموال البلدان النامية من خلال بيع الأسلحة لها، والتي أصبحت اكبر سوق لنهب ثروات العالم الثالث، بعد ان تفجرت فيه الصراعات الداخلية أو الصراعات بين أقطاره.

وهكذا فإن العلاقات الاقتصادية الأساسية للبلدان النامية هي مع البلدان الصناعية الرأسمالية، بينما النسبة الكبرى لتجارة هذه الأخيرة هي فيما بينها أو داخلية.

وتستنتج دائرة المعارف العالمية من هذا الأمر خلاصة صريحة حول التخلف الاقتصادي: "إن التخلف من الناحية الاقتصادية هو جزء من النظام الرأسمالي العالمي، وإنه يلعب دورا محدودا ووظيفة معينة في هذا النظام، وإن التوزيع الدولي للعمل لمصلحة الرأسمالية العالمية، هو السبب في بروز البلدان النامية، وبهذا فإن نظرية التخلف والتنمية لا يمكن إلا أن تكون نظرية تراكم رأسمال على مقياس عالمي، فالتخلف هو إذاً ثمرة الاستغلال والاستعباد.. ولا بد للتنمية أن توضع في منظور تحرر اقتصادي وطني".

وتأخذ التبعية أشكالاً متعددة من أهمها التبعية التجارية والتبعية التي تتركز في مجال الاستثمار والتبعية التجارية،(3) وسيتم التطرق لهذا الموضوع بشيء من التفصيل في الفصل الثاني عشر.

ثالثا: نظرية الطريقة الاجتماعية في دراسة التخلف: Social Method Theory

بعد فشل محاولات تطبيق نظريات علم اجتماع البلدان المتقدمة على بلدان العالم الثالث، بدأت تظهر ملامح علم اجتماع خاص بالبلدان النامية، اتخذ الأمر أولاً طابع الافتراضات النظرية والأفكار القبلية التي لم تؤديها الحقائق الميدانية، ثم من

خلال الاحتكاك المباشر أخذت الخصائص الاجتماعية للبلدان النامية تتضح تدريجيا.

وهنا أيضاً انطلقت الأبحاث من المستوى السطحي على شكل رصد سمات التخلف الاجتماعية الاقتصادية، ثم سارت شيئاً فشيئاً على طريق النظرة الديناميكية، وسمات التخلف الاجتماعية عديدة أهمها السمات الاقتصادية والإنتاجية، المشار إليها في الفقرات السابقة (الاقتصاد هزيل المردود، تبديد الثروات وسوء استغلالها، سوء استغلال الطاقة العاملة المتوفرة، اختلال البنى الاقتصادية، تصنيع محدود وغير كامل، تضخم وطفيلية القطاع الثالث، وضعية التبعية الاقتصادية)، يضاف إليها سمات خاصة بالسكان، وأخرى متعلقة بالبنى الاجتماعية.

أما السكان فيتصفون بعدة خصائص أولية، أهمها على الإطلاق في نظر "لاكوست": الانفجار السكاني الذي يشهده العالم الثالث بعد الحرب العالمية الثانية، فبعض بلدان العالم المتخلف يتضاعف عدد سكانه خلال خمس عشرة سنة، وبالتالي فسيزيد أربع مرات خلال السنوات العشر ـ التالية، وتنشأ هذه الزيادة الهائلة من خلال عدة عوامل أهمها:

(1)   انخفاض المستوى الثقافي.

(2)   انحسار نسبة الوفيات بين الأطفال نتيجة للقضاء على الأوبئة والأمراض الفتاكة جماهيريا بفضل العقاقير الحديثة رخيصة الثمن.

(3)   صغر سن المرأة عند الزواج، مما يجعل فترة الإخصاب متسعة المدى، حيث يقدر بعض الباحثين مسيرة الأمومة عند المرأة في العالم المتخلف بحوالي عشرة أولاد بينما هي حوالي النصف أو الثلث في العالم المتقدم.

وعلى عكس هذه الزيادة الهائلة فان الموارد الاقتصادية لا تزيد بالقدر نفسه، مما يخلق اختلالا متزايدا في التوازن بين عدد السكان والموارد المتوفرة، ويؤدي إلى مآزق اقتصادية واجتماعية متنوعة تسير نحو تفاقم الخطورة مهددة بالكوارث.

يزداد الاختلال نظراً لقلة الإنتاجية النابعة من الأمية المتفشية ولسوء التغذية، وقلة العناية الصحية والنظافة، هذه العوامل الأخيرة تساعد على تفشي الأمراض

المزمنة التي تهدد الصحة وتستنزف قوى اليد العاملة، مما يجعل إنتاجية العامل متضائلة باضطراد، كما أن غزو الأمراض المزمنة لصحة العامل، تجعله يخرج بسرعة كبيرة نسبيا من دائرة الإنتاج، دافعة إياه إلى الهامش المهني، إلى الطفيلية والبطالة المقنعة.

يضاف إلى ذلك كله، ويضاعف من خطورة اختلال التوازن بين عدد السكان والموارد، انتشار قلة الاستخدام بشكل واسع، وبمظاهر متنوعة. "فالعالم الثالث هو عالم العاطلين المزمنين عن العمل، فالتخلف وانخفاض إمكانيات العمل يسيران معا".

ولا تقتصر قلة الاستخدام أو انخفاضه على العمل اليدوي، بل تشيع في مختلف القطاعات الفكرية والإدارية والاقتصادية، حتى أن مفهوم العمل يصبح صعب التحديد.

ثم هناك الكثير من أشكال البطالة المقنعة، أهمها كثرة عدد الموظفين أو العاملين في مهمات لا تحتاج لهذا العدد، وتضخم عدد الخدم والعناصر الرديفة، المهم الارتزاق وليس الإنتاج، مما يفتح السبيل عريضا أمام الوساطة، دون اعتبار الكفاءة هي المقياس.

هذه السمات السطحية على صوابها، ليست سوى الأعراض الاجتماعية للتخلف، إنها نتائج بنية متخلفة من الضروري النظر فيها لاستشفاف ديناميكيتها.

وعلى مستوى البنية الاجتماعية للتخلف، هناك عدد من بعض السمات انطلاقا من الربط بين التخلف والمجتمع التقليدي، فقد قام "أ.هاجن" بحصر خمس سمات لذلك المجتمع:

1) انتقال العلوم من جيلٍ إلى آخرٍ بشكلٍ جامدٍ إجمالاً
2) تحكم العادات والتقاليد بالسلوك لا القانون
3) نظام اجتماعي تحكمه مرتبة جامدة
4) تحديد المكانة الاجتماعية للفرد ودياً أكثر مما تتحدد من خلال الكفاءة
5) إنتاجية منخفضة جداً

وأهم من ذلك هناك مقاومة للتغير تنبع من تضافر نظرة رضوخية إلى العالم الطبيعي (الرضوخ لسيطرة البيئة والقوى الماورائية)، مع بنى اجتماعية ذات نمط تسلطي تنشا شخصية ذات بنية تسلطية، مما يخلق ويعمم نظاماً من العلاقات يتصف بالسيطرة والرضوخ.

رغم أن هذا الباحث يؤكد على خصائص هامة للبلدان النامية من حيث تحكم المرتبية الجامدة فيها، وانتشار بنى التسلطية الرضوخية، فإن الكثيرين يأخذون عليه ردّ هذه البنى إلى التقليد والسلفية، إن في ذل الردّ نوعاً من التستر على حقيقة المشكلة التسلطية التي تتحكم ببلدان العالم الثالث، ولا تعود إلى التقليد بقدر ما تعود إلى تحالف قوى معاصرة داخلية وخارجية ضد القطاع الأكبر من السكان، إنها ظاهرة سياسية في نهاية المطاف، تتميز بالقهر المفروض على مجمل السكان في البلدان النامية.

يتحدث "لاكوست" عن هذه الظاهرة تحت عنوان " البنى الاجتماعية القامعة والمولدة للشلل"، فمن الخصائص الأساسية قطعيا للبلاد النامية، التعارض الحاد بين الغنى المفرط لقلة من السكان، وبؤس غالبيتهم الساحقة، هذا التفاوت العنيف مميز لكل البلاد النامية.

بين هذه القلة ذات الامتيازات المفرطة، والغالبية البائسة، تقوم علاقات إقطاعية أو شبه إقطاعية، والعلاقات الاقتصادية بين المستخدم ورب العمل لا تقوم على العقد، بل تتصف بالتبعية، يرتبط الفلاح بمالك الأرض، والعامل بصاحب رأس المال، في علاقات شبه عبودية تفرض علية الرضوخ، إذا أراد ضمان قوته والاطمئنان ليومه وغده، مالك الأرض هو السيد بالنسبة للفلاح، يجد هذا الأخير عنده الحماية - من خلال الرضوخ - من بعض غوائل الطبيعة والناس.. مصير الفلاح أو العامل مرهون برب عمل واحد، ليس له حرية الحركة في عمله أو في إقامة اتفاقياته، إنه رهن اعتباط قانون السيد، ولا بد له إذا أراد تجنب التشرد أو الاضطهاد من البقاء في حالة التبعية للمرابي الذي يقيد بالديون المزمنة.

هذه التبعية تنتقل من الريف الى المدينة، ومن مجال العمل الزراعي واليدوي أو الصناعي إلى مجمل العلاقات الإنسانية، العلاقات التسلطية نفسها في كل مكان،

وترسخ السلطة الرسمية علاقات التبعية هذه من خلال أنظمة الحكم، ذات الطابع الاستبدادي إجمالا (ديكتاتورية، تسلط فردي وثيوقراطية(*)، الخ...) فليس هناك ديمقراطية (أي علاقات مساواة وتكافؤ) في البلدان النامية، كما ترسخها الإدارة الفاسدة التي تخدم أغراض وامتيازات القلة، ويتوج الكل جهاز شرطة وجيش قمعيين أساسا، هذه القلة متوجهة نحو الخارج إجمالا، ومتحالفة تقليديا مع الاستعمار، القديم منه والحديث.

ولقد أدى هذا التحالف إلى توليد أنظمة اجتماعية اقتصادية هجينة ذات سطوة كبيرة، فلقد تحالفت قوة رأس المال والتكنولوجيا مع قوة الإقطاعي المستمدة من استعباد الفلاح والعامل، وهكذا تحول الصناعي الأوروبي إلى رأسمالي قامع مستعبِد، وتحول الإقطاعي إلى رأسمالي مهيمن بشكل مزدوج بشرياً ومالياً، و اكتسب كلاهما قوة ندر أن تمتعا بها قبل قيام هذا الحلف، هذه القوة المهيمنة على الإنسان والإنتاج، هي لب البنية الاجتماعية المختلفة، وهي المعطل الأول لنمو البلدان المختلفة، لأنها المسؤولة عن الحد من الخدمات والتقدميات الحيوية، (التعليم والصحة والتجهيزات الحضرية والريفية) مما يفاقم مشكلة التخلف.

تلتقي النظرة الاجتماعية للتخلف إذاً مع النظرة الاقتصادية كما تلتقي كلتاهما مع النظرة التقنية، وحتى السطحية كما رأينا من العرض السابق، في أن لب مسألة التخلف هو بنية تتصف بحرمان الإنسان من إنسانيته عن طريق:

(1)   القمع

(2)   القهر

(3)   التسلط

(4)   الرضوخ

رابعا: المنظور النفساني للتخلف: Psychological Perspective

المنطلقات التقنية والاقتصادية والاجتماعية، السطحية منها والديناميكية، أكدت على نوعية وتركيب البنى المختلفة، ولكنها جميعاً، فيما عدا إشارات عابرة،

أهملت البنى الفوقية (النفسية، العقلية، القيم الموجهة للوجود)، التي لا بد أن ترافق البنى الاجتماعية الاقتصادية، وتنتج عنها وتكملها، ولذلك فلا يستقيم الحديث عن التخلف، ولا يمكن لصورته أن تكتمل إلا إذا أعطينا لهذه البنى الفوقية مكانتها، فهي وإن كانت في الأصل نتاجا للبنى الاجتماعية الاقتصادية، وما يحكمها من قيم ومعايير التنشئة وأنماط التربية والعلاقات، وما يحكمها من قيم ومعايير وأساطير، قوة قائمة بذاتها متفائلة جدليا مع البنى التحتية، إنها تتحول إلى عامل يرسخ هذه البنى التحتية ويعزز وطأتها، فإذا كان تحالف القلة المحظوظة مع القوى الأجنبية يشكل، أكبر عقبة في طريق التطوير لأنه السبب الأهم في بروز ظاهرة التخلف وتضخمها، فان البنية الفوقية النفسية التي تتلخص في خلق أنماط من الوجود المتميز بطابع التسلط و عدم الوضوح، تشكل مصدراً هاما لمقاومة التغيير.

والمثل الأوضح على ذلك هو المرأة، التي يقع عليها عادة الغرم الأكبر ويفرض على كيانها القسط الأوفر من الاستلاب، من خلال ما تتعرض له من تسلط وما يفرض عليها من رضوخ وتبعية وإنكار لوجودها وإنسانيتها، هذه المرأة المستلبة اقتصاديا وجنسيا في البلدان النامية، تعاني من استلاب أخطر بكثير وهو الاستلاب العقائدي، ويقصد بالاستلاب العقائدي تبني المرأة لقيم سلوكية، ونظرة إلى الوجود تتمشى مع القهر الذي فرض عليها، وتبرره جاعلة منه جزءاً من طبيعة المرأة، وبذلك فهي تقاوم تحررها، وترسخ البنى التسلطية المختلفة التي فرضت عليها. وأكثر من هذا تعممها على الآخرين، من خلال نقلها إلى أولادها، وبناتها على وجه الخصوص.

وإذا كان التخلف في جوهره، هو استلاب اقتصادي اجتماعي من الناحية المادية، فإنه لا بد أن يولّد استلاباً نفسياً على المستوى الذاتي، لا بد إذاً من الخوض في هذا الاستلاب الذاتي، حتى تكتمل الصورة، ويمكن السيطرة على كل القوى الفاعلة في ظاهرة التخلف، مما يشكل شرطا ضروريا لأي عملية تغيير، لأي مشروع تنمية يؤمل أن يكون له من النجاح نصيب معقول ومتناسب مع مقدار الجهد الذي وظف فيه.

التخلف هو ظاهرة كلية ذات جوانب متعددة، تتفاعل فيما بينها بشكل جدلي، تتبادل التحديد والتعزيز، مما يعطي الظاهرة قوة وتماسكا كبيرين، ويمدها بصلابة ذات خطر كبير في مقاومة عمليات التغيير.

ومتى كان التخلف التقني والصناعي والاقتصادي والاجتماعي واضحاً في خصائصه ومحطاته، فإن التخلف النفسي الوجودي ما زال بحاجة إلى جهد كبير لاستجلاء غوامضه.

التخلف نفسياً هو - فوق هذا أو ذاك - من السمات المادية، نمط من الوجود، أسلوب في الحياة ينبت في كل تصرف، في كل ميل أو توجه، في كل معيار أو قيمة، إنه نمط من الوجود له خرافاته وأساطيره ومعاييره التي تحدد للإنسان موقعه، نظرته إلى نفسه، نظرته إلى الهدف من حياته، أسلوب انتمائه ونشاطه ضمن مختلف الجماعات، أسلوب علاقاته على تنوعها، إنه موقف من العالم المادي وظواهره ومؤثراته، وموقف من البنى الاجتماعية وأنماط العلاقات السائدة فيها، على المستوى الذاتي الحميم، كما على المستوى الذهني، هناك مجموعة من العقد التي تميز الوجود المتخلف، نمط الوجود المتخلف غير محتمل فهو يولد آلاما معنوية تهدم التوازن النفسي ولذلك تبرز أولويات دفاعية ضد هذه الآلام وذلك الخطر المهدد للتوازن، أولويات تجعل تحمّل وضعية الاستلاب ممكنة.

هذا النمط من الوجود المتخلف، يبرز كهدر لقيمة الإنسان، إنه الإنسان الذي فَقدت إنسانيته قيمتها، قدسيتها، والاحترام الجديرة به، فالعالم المتخلف هو عالم فقدان الكرامة الإنسانية بمختلف صورها، العالم المتخلف هو الذي يتحول فيه الإنسان إلى أداة أو وسيلة، إلى قيمة بخسة، ويتخذ هذا التبخيس وهذا الهدر لقيمة الإنسان وكرامته صوراً تتلخص في صورتين اثنتين أساسيتين: عالم الضرورة والقهر التسلطي.

أما عالم الضرورة فهو تعبير عن الاستلاب الطبيعي الذي يتعرض له الإنسان والبلد المتخلف، إنه أسير الاعتباط حين يرضخ لعوامل الطبيعة التي تهدده في صحته، وأمنه، وقوته، وسلامته، إنسان العالم المتخلف منذ أن يولد يخرج إلى الحياة بشكل شبه اعتباطي، إنه يولد كمصادفة أو عبء، أو أداة لخدمة أغراض ورغبات أهله أو الآخرين، إنه لا يولد لذاته ولا يعيش حياته لذاته، ثم هو يتعرض لغزو المرض، ولسيطرة الامية والجهل، ولقسوة الطبيعة وغوائلها بدون حماية أو سلاح كافيين، يتعرض لسوء التغذية وفقدان فرص العمل، وصعوبة المأوى، ويقف عاجزا أمام عالم الضرورة هذا، لا يعلم أي نوع من الضحايا يمكن أن يكون، أين ومتى؟

وأما عالم القهر التسلطي، فهو عالم سيادة القلة ذات الحظوة التي تفرض هيمنتها على ألغالبية بالتحالف مع قوى خارجية استعمارية صريحة أو مقنعة، خالقةً نموذجاً عاماً من علاقة التسلط والرضوخ، تمارس فيها أنواعاً متعددةً من العنف المادي والمعنوي، علاقات التسلط والعنف هذه تميز مختلف المستويات المرتبية وتتغلغل في نسيج الذهنية المتخلفة، مكونةً الشبكة الاجتماعية للتخلف، هناك دائماً علاقة سيطرة من طرف، ورضوخ وتبعية من طرف آخر، سيطرة تفرض من خلال لغة العنف أساساً، ويلاحظ هذا النمط من أعلى قمة الهرم إلى أدناها، من الحاكم الأول إلى مرؤوسيه ومن هؤلاء إلى مرؤوسيهم، ومنهم إلى غالبية السكان، وبين هؤلاء من الأقوى إلى الأضعف، من الرجل إلى المرأة، من الكبار إلى الأطفال، وبين الإخوة من الأكبر سناً إلى من ينوبهم، وأما قمة الهرم فهي ترضخ لنمط مقنع من السيطرة يفرض من خارج الحدود.

إن علاقة التحالف بين القلة ذات الامتياز والقوى الخارجية المالية والسياسية والعسكرية التي تدعمها، ليست علاقة تكافؤ ومساواة، بل علاقة سيادة وتبعية، هناك استلاب لقيمة الإنسان يفرض بالتسلط والعنف، حيث أبدع "فرانز فانون" في عرضه وتحليله في كتاباته المتعددة حول ظاهرة الاستعمار، فالسيد المستعمر يقوم يومياً بإدخال العنف على عقول وبيوت المستعمَرين وهو يُدخل في وعيهم أنهم ليسوا بشراً وإنما مجرد أشياء".

وفي رسالة استقالته الشهيرة التي وجهها إلى الحاكم الفرنسي في الجزائر من منصبه كطبيب في مستشفى الأمراض العقلية، إبان حرب التحرير يقول: "إن الإنسان العربي في الجزائر، يحس بالغربة والوحشة في بلده، إنه يعيش في حالة تجريد من آدميته، إن البناء الاجتماعي الذي فرضته فرنسا على الجزائر يعادي كل محاولة لانتشال الفرد الجزائري من حالة عدم الآدمية، وإعادته إلى حالة الآدمية التي هو بها جدير".

واعتُبر الاستعمار معول هدم مستمر ويومي لشخصية الفرد الجزائري، لقد تكشفت "لفانون" من خلال عمله العلاجي، عقد النقص التي غرسها وعمقها الرجل الأبيض في الفرد الجزائري، تكشفت له الأساليب الأوروبية في امتصاص دماء الكرامة من شرايين الفرد الجزائري، وإحلال الخوف والمذلة والمهانة مكانها، بدل

الفهم والحوار الذي لا يقوم إلا في حالة التكافؤ الإنساني، هناك لغة السوط القمعي، بدل الإقناع هناك الإخضاع، وليس المستعمر الصريح فقط هو من يفرض هذا الاستلاب الذي يستغل الإنسان، بل قوى التسلط الداخلي على مختلف مراتبها، وليس العنف الصريح أو القمع الظاهر فقط هو الذي يمارس، بل هناك العديد من أشكال العنف المبطن والقمع المستتر تمارس على نطاق أوسع انتشارا وأكثر تغلغلا، وتحت أكثر الشعارات بريقا ونبلا.

والأمر ليس وقفاً على البلدان النامية تقنياً وصناعياً، بل يطال العديد من المجتمعات التي وصلت قمة التقدم التقني، ويضم كل المجتمعات التي تصدر العنف إلى خارج حدودها، التقدم الصناعي إذا كان يخلّص الإنسان من قهر عالم الضرورة، ما زال في الكثير من أحواله عاجزاً عن إعطاء الإنسان كل قيمته واعتباره، في تلك المجتمعات ما زال الإنسان أداة إنتاج واستهلاك، كل ما يقدم له، أو الكثير مما يقدم له على مستوى الخلاص من عالم الضرورة، لا يعدو كونه نوع من الصيانة التي تعطى للأداة كي تستمر في عملها بشكل جيد.

هذا هو سبب بروز تيارات الرفض وثورة الشبيبة في البلدان المتقدمة، إنها ثورة على الاعتداء الحاصل على قيمة الإنسان وضد تحويله إلى مجرد أداة إنتاج واستهلاك، ثورة الشباب، كثورة المرأة من أجل استعادة الإنسان لذاته ومقاومة عمليات استلابه، إنها ثورة من أجل استعادة كيانه واحترامه من خلال فضح أساليب القمع الخفية (التشريط والتدجين وتزيين قيم حياتية وهمية ذات طابع استهلاكي).

التخلف بالمنظور النفسي- العريض يتجاوز إذاً إلى حد بعيد مسألة التكنولوجيا والإنتاج، ليتمحور حول قيمة الحياة الإنسانية والكرامة البشرية، كل هدر لها أو تحويل إلى أداة هو تخلف، سيكولوجية التخلف، هي في رأينا، سيكولوجية الإنسان المقهور، معيار التخلف ومستواه يبرزان من خلال بحث حالة وحجم أقل فئات الناس حظاً في المجتمع الواحد، وأقل المجتمعات حظاً على مستوى كوني، ذلك هو المعيار الحقيقي، وأما التقدم المادي مهما بلغ مستواه فليس سوى مظهر جزئي لا يجوز أن يخفي المشكلة الحقيقية.(4)

الهوامش

1. محمد مصطفى الأسعد، "التنمية ورسالة الجامعة في الألف الثالث"، بيروت، المؤسسة الجامعية للدراسات والنشر والتوزيع، 2000م

2. مصطفى حجازي، "**التخلف الإجتماعي: مدخل إلى سيكولوجية الإنسان المقهور**"، الدار البيضاء، المركز الثقافي العربي، الطبعة الثامنة، 2001.ص 21- 27

3. عبد المنعم السيد علي، **العولمة من منظور اقتصادي وفرضية الاحتواء**، أبوظبي، مركز الإمارات للدراسات والبحوث الاستراتيجية، 2003، ص34

4. كلمة **ثيوقراطية** معناها "حكم الله"، وهي مركبة من كلمتين يونانيتين: الأولى كلمة ثيو، وتعني إله، والثانية كلمة قراط وتعني الحكم، والتي شكلت (نظرية التفويض الإلهي عند الكنائس الغربية).

5. مصطفى حجازي، "**التخلف الإجتماعي:مدخل إلى سيكولوجية الإنسان المقهور**"، مرجع سابق، ص ص 28- 36

الفصل الخامس

التخطيط للتنمية

The Planning for Development

تمهيد: Preface

إن الإنسان في حياته وتعامله في المجتمع الحديث أصبح يحتاج إلى التخطيط، فموارده المحدودة لا تستطيع أن تسد جميع احتياجاته، وعليه أن يجد أفضل وسيلة يقيم بها توازنا بين ما يحتاجه وبين ما يستطيع أن يحصل علية من موارد مستعملا عقله ومنطقه في أن يختار من احتياجاته أكثرها أهمية وحيوية وأن يؤجل مستقبلاً إشباع أقلها ضرورة.

وكذلك المجتمع لا يستطيع مهما أوتي من موارد أن يوفر جميع احتياجات مواطنيه لأنها بطبيعتها لا تنتهي عند حد، ولكن هناك حاجات أساسية لا غنى لأفراد وجماعات المجتمع عنها، وهناك مطالب أقل أهمية يستطيع أن يؤجلها إلى أن تتوافر له الموارد البشرية والمادية ليتسنى له إشباعها.

إن رب الأسرة لديه من القدرات العقلية المتجمعة في مكان واحد ما يمكنه من تبين احتياجاته واحتياجات أفراد أسرته بحيث يستطيع أن يقدر:

- ماذا يصرف؟

- وماذا يدخر؟

- وكيف يستفيد من موارده أقصى استفادة ممكنة لمواجهة احتياجات أسرته الحالية والمستقبلية؟

ولكن المجتمع ليس له هذا العقل الشامل - المتمثل بالأجهزة التنفيذية والتشريعية - والتي في مجموعها تقوم بما يقوم به عقل رب الأسرة، فهي تستثمر موارد المجتمع وتنفق على الاحتياجات والمرافق بهدف تحقيق أقصى- إشباع ممكن لاحتياجات الناس في نطاق ظروف وإمكانيات المجتمع، وتدخر وتوظف بعض مواردها لتضمن استمرار تدفق الموارد في المستقبل، وكما يستعمل رب الأسرة حسن تقديره في رعاية شئون أسرته، كذلك الدول تستعمل العقل والمنطق مستعينة بالوسائل العلمية الحديثة

لاستغلال مواردها وإمكانياتها في تهيئة حاضرها لخدمة أجيالها المستقبلية، وهو ما نعبر عنه بالتخطيط.

وعلى ذلك، فالتخطيط في أبسط صوره هو اتجاه علمي لتحقيق النظام والمنطق في حياة الناس، أي أنه جهد إنساني يتسم بالواقعية والوعي ويستهدف تهيئة الحاضر لخدمة المستقبل مستعينا بالعلم والمعرفة.

إنه بهذا المعنى تدبير إرادي مقصود، تلجأ إليه الدول للوصول إلى أفضل توازن بين مواردها واحتياجاتها الحاضرة والمستقبلية، وهو على مستوى الدولة جهد علمي كبير، حيث تبين أن احتياجات الناس الحقيقية ليست أمرا ميسورا، فضلا عن أن ترتيب هذه الحاجات في سلم التفضيل والأولوية جهد يحتاج إلى معرفة شاملة بموارد وإمكانيات المجتمع والحلول البديلة لكل مشكلة تواجهه، والآثار والنتائج الاقتصادية والاجتماعية التي يمكن أن تترتب على اختيار أي من هذه الحلول البديلة، فضلا عن المعرفة الشاملة بالقوى الاجتماعية التي تتبادل التفاعل والتأثير وما يترتب على ذلك من نقاط القوة والضعف في كيان المجتمع ونظمه.

كما أن المجتمع كيان حي متحرك متغير، فاحتياجاته ومشكلاته تتطور وتختلف عبر الزمن، والتخطيط له يحتاج إلى إدراك عميق بمكونات وعلاقات نسيجه المتشابك، وعلى ذلك، فالتخطيط هو سمة العصر الحديث، لأن المجتمع الكبير المعقد هو نتاج الحياة التكنولوجية الحديثة، كما أن التخطيط هو وسيلة وأسلوب العلم في التفكير والتدبير والتنفيذ في تنظيم الحياة الاجتماعية في المجتمع الجديد، ودفعها بخطى ثابتة موجهة نحو تحقيق أهداف الناس والمجتمع في حياة أفضل، أي أن هذا التخطيط هو كل نشاط مرسوم منظم هادف، يقوم به الفرد أو الجماعة لإشباع رغبات، وتستغل فيه تجارب الماضي وواقعية وتجارب الحاضر وتتضح فيه آمال المستقبل، ولذا كان من الضروري أن ينبع من احتياجات وآمال الناس، وأن يرتبط بواقعهم الحقيقي حتى يضمن استقطاب مشاركتهم وحماسهم ومبادأتهم.

إن الإيمان بالتخطيط كوسيلة علمية للتعامل مع الاحتياجات والمشكلات الإنسانية قد أصبح محور الارتكاز في المجتمعات الحديثة المعقدة، بغض النظر عن

94

الأيديولوجيات والمبادئ والقيم التي تعتنقها، والفروق بين الدول التي أخذت بالتخطيط، فروق في الدرجة والمدى، ولكن الاتجاه إلى التخطيط يصدر في هذه الدول جميعا عن إيمان عميق بقدرة الإنسان على أن ينظر إلى أبعد من مواطئ قدميه، وأن يواجه قدره، ويسيطر على مصيره، وأن يتوقع ثم يحدد المستقبل الذي يريده في حدود الظروف والامكانيات المتاحة له.

من هنا، يجب توضيح ما هو المقصود بالتخطيط؟ وما هو المقصود بالتغيير المخطط؟(1)

مفهوم التخطيط: Planning Concept

يقال أن أول من أدخل لفظ التخطيط في تعريفه للنشاط المبذول في المجتمع هو الاقتصادى شويندر في مقال طبع له عام 1910م، ثم أخذ المفهوم شكلا تطبيقيا فنيا، ظهرت آثاره من خلال انجازات الإدارة العسكرية في ألمانيا أثناء الحرب العالمية الأولى، ولكن لم تصل شهرة هذا المفهوم وتذاع في مختلف بقاع العالم إلا بعد أن استخدم في الاتحاد السوفيتي عام 1928، ولما كان التخطيط وسيلة لتحقيق غرض، ونظرا لأنه لا يوجد اتفاق تام على أغراضه وأهدافه، فقد نشأ عن ذلك اختلاف في التعريفات نعرض من أمثلتها ما يلي:

(1)   ويعتبر عادل الهواري التخطيط تدبير إرادي مقصود، تلجأ إليه الدول للوصول إلى أفضل توازن بين مواردها واحتياجاتها الحاضرة والمستقبلية، وهو على مستوى الدولة جهد علمي كبير، حيث تبين أن احتياجات الناس الحقيقية ليست أمرا ميسورا.(2)

(2)   وقد عرف "أورويك" Urwick التخطيط بأنه عملية ذكية وتصرف ذهني لعمل الأشياء بطريقة منظمة، للتفكير قبل العمل، والعمل في ضوء الحقائق، بدلا من التخمين.(3)

(3)   كما أن التخطيط هو بداية الطريق نحو الهدف المحدد، فهو كنشاط ذهني مستمر، يسبق كافة الأنشطة الإدارية، وعليه يتوقف كل نشاط آخر في

المنظمة، كما أنه يعتمد على جمع البيانات والمعلومات والدراسات وتحليلها للوصول إلى النتائج التي تساعد المدير في تحديد ما يجب عمله وتوقيت البدء فيه، والأشخاص الـذين يقومون بـه، وذلـك في ظروف وأحـداث مستقبلية يتوقع حدوثها.(4)

(4) إن كلمـة التخطيط مـن الكلمـات ذات المعنى الواسـع، فبالنسبة للبعض يعتبرالتخطيط اصطلاحاً شاملاً له منفعته المؤكدة والذي يمتد مضمونه العام من الإعتبارات الفلسفية الواسعة إلى التفاصيل الدقيقة المحددة، وهنـاك مـن يفكر في التخطيط كنشاط محدد، بينما البعض الآخر يعتقد أنه جزء من كل شيء تقريبا يقوم به الفرد، يضاف إلى ذلك أن التوسع في استخدام التخطيط أدى إلى ظهور الكثير من الأنواع المختلفة من التخطيط.(5)

ولكل نوع من أنواع التخطيط فلسفته الخاصة به كما يلي:

1- التخطيط الاقتصادي: ترتكز فلسفته على تحقيق الرفاهية الاقتصادية.

2- التخطيط الثقافي: ترتكز فلسفته على توفير أسباب تكافؤ الفرص في الحصول على الغذاء الفكري والعقلي.

3- التخطيط الاداري: ترتكز فلسفته على توفير أقصى ـ أسباب المنفعة للبيئة المحلية.

4- التخطيط التعليمي: ترتكز فلسفته على توفير خدمة التعليم بكافة مراحلـه ولكافة أبناء المجتمع دون أي اعتبار لجنس أو دين أو عرق أو جماعة.

5- التخطيط الاجتماعي: ترتكز فلسفته على مجموع هذه الفلسفات بمعنى تحقيـق العدالة الاجتماعية مـن جانـب وتوفير التربية الأخلاقية لمجموع المواطنين من جانب آخر.

وهناك أنواع أخرى متعددة للتخطيط حسب النشاط الذي تتعرض له الخطة كالتخطيط المالي والتخطيط الصناعي والتخطيط الزراعي. (6)

وللتخطيط سمات محددة وهي:

1) أن التخطيط عملية مقصودة موجهة تستند إلى إعلاء وسيطرة الإرادة الإنسانية الجماعية على جميع الإمكانات الاقتصادية والاجتماعية للأفراد والمجتمع.

2) أن التخطيط له جانبين أساسيين أحدهما نظري يعتمد على الأسلوب العلمي، والثاني تطبيقي يعتمد على تحليل الواقع.

3) من سمات التخطيط الشمول والتنسيق واستشراف المستقبل.

4) يسعى التخطيط إلى تحقيق أهداف محددة بوسائل اقتصادية واحصائية، وسياسات اجتماعية ملائمة.

5) يقوم التخطيط على أساس تعبئة جميع الموارد الطبيعية والبشرية والفنية والاستثمار الأمثل لهذه الموارد، لإحداث أقصى نمو وفي أقصر وقت ممكن.

6) الاهتمام بالحاجات الاجتماعية لاشباعها، وتحقيق مستوى معيشي- مناسب، مع ضرورة المشاركة الشعبية، وتحقيق العدالة التوزيعية، واقرار مبدأ تكافؤ الفرص.

وقد جرت العادة بأن يتناول الدارسون أنواع التخطيط المختلفة مفصلة إلى تخطيط اقتصادي وتخطيط اجتماعي - للتبسيط العلمي - في علاج مشكلات كل منها بالتفصيل والدراسة والتحليل الضروري والاختلاف حول طبيعة المشكلات في كل من هذين الفرعين، وليس معنى هذا الفصل أنه يمكننا التمييز المطلق بين التخطيط الاقتصادي والتخطيط الاجتماعي بحيث نستطيع أن نضع بينهما الحدود، لأنهما وجهان لحقيقة واحدة، والاثنين يستهدفان غاية واحدة، وهي التطور المتوازن الهادف لجوانب الحياة المختلفة في المجتمع، وكلاهما يسعى في النهاية إلى تعبئة الموارد المادية والبشرية لمواجهة الصعوبات والمشكلات والاحتياجات التي تواجه المجتمع، وكل منها يتأثر ويؤثر في الآخر، فالصلة وثيقة بينهما كالصلة التي تربط جوانب حياة الإنسان الذي لا نستطيع أن نفصل بين احتياجاته وعلاقاته ومشاكله إلا بفرض التبسيط والدراسة والتحليل.

97

كذلك فإن التداخل بين الوسيلة والهدف بين التخطيط الاقتصادي والتخطيط الاجتماعي قد خلق تشابكا بينهما إلى الدرجة التي جعلت العلماء يتشككون في إمكانية الحديث عن أيهما منفصلا عن الآخر، فالهدف الاقتصادي وحده يتجرد من معناه إذا لم يخدم أهدافا اجتماعية.

فبرامج التنمية الاقتصادية تستهدف الارتفاع بالمستوى المعيشي ـ للناس بقصد تحقيق الرفاهية الاجتماعية، وبرامج التنمية الاجتماعية تؤدي إلى رفع مستوى الكفاية الانتاجية للمجتمع وهو هدف اقتصادي، وتحقيق مستوى صحي وثقافي أفضل، وهو هدف اجتماعي يرفع من قدره وكفاية الناس ويزيد من الإنتاج القومي، وهو هدف اقتصادي.

أهداف التخطيط: Planning Objectives

عند التطرق لأهداف التخطيط فإن ذلك يعني التعرض إلى سؤالين رئيسين هما:

(1)   لماذا نخطط؟

(2)   لأجل من نخطط؟

ولو بحثنا عن إجابة ذلك فإننا نلتقي بعديد من الإجابات، فقد يقال: إن المجتمع الذي يتغير - بصورة تلقائية - يسير ببطء لا يمكن معه الانتظار حتى يؤتي التغير ثماره، وقد نجد تفسيرا آخر يقوم على أساس أن العدالة الاجتماعية تتطلب التدخل لصالح الضعفاء وتتطلب تغييرا إراديا، وأن هذا التعديل لمسارات التغير هو الذي ترمي من ورائه الخطط.

وهناك من يذهب إلى أبعد من ذلك، وهو القول بأن التحديد الواقعي والتحديد المثالي لقوى هذا المجتمع واحتياجاته هو الهدف الحقيقي للتخطيط، بمعنى أن للناس تطلعات وهذه التطلعات قد تتجاوز حدود الحاجات وتنطلق إلى آفاق الرغبات، وهو ما يمكن أن يدخل في إطار المثالية، في حين أن القدرات والإمكانات والاستعدادات القائمة بالفعل لا يمكن أن تلبي كافة هذه التطلعات، ولهذا فمن الضروري إيجاد نوع

من التوافق بين ما هو واقعي وبين ما هو مثالي حتى يتسنى توجيه البناء الاجتماعي والعلاقات الاجتماعية صوب صورتها المثمرة السوية.

لم يعد البشر في مجتمعنا الحديث مجرد رقم كمي أو أحداث اجتماعية لا حول لها ولا قوة وإنما لها شخصيتها وفاعليتها ودورها في إحداث التغيير أو في إعاقة هذا التغيير، ولهذا فإن أهداف التخطيط لا يمكن إلا أن تقوم على أساس تمكين هذا الإنسان من أداء دوره بصورة يتحقق معها أكبر قدر من الفعالية، ويحس فيها بأنها لبنة حقيقية في الجهاز المجتمعي، ومن وحداته الصغيرة إلى بنائه الكلي الواسع، بصورة تتحقق معها العدالة الاجتماعية في أفضل صورها.

إن الإنسان هو هدف التخطيط، وإذا استطاعت الخطة أن تتعرف على طاقات الإنسان وقدراته وموارده، سواء العقلية أو الجسدية أو النفسية أو الخلقية أو الروحية، وفي الوقت ذاته تمكنت من تحديد احتياجات هذا الإنسان ومطالبه -حتى تلك المطالب التي تعتبر مجرد رغبات وآمال قد يبدو أنها بعيدة المنال - وترتيبها وفقا لوجهة نظر هذا الإنسان بحسب أهميتها النسبية فتأتي أشد الحاجات إلحاحا في البداية، ثم الأقل منها وهكذا .. حتى تنتهي الحاجات الملحة، وبعدها الحاجات التي تشعر الإنسان بآدميته وتحقق له اكبر قدر من الرفاهية. ويتدرج هذا السلم حتى يصل الى التطلعات الإنسانية المجردة، على شاكلة التطلع إلى الوحدة والتطلع إلى الوئام الإنساني والتطلع إلى مجتمع تسوده العالمية ولا تفرقه الطائفية.

من هنا يمكن تحديد أهداف التخطيط في ثلاث نقاط أساسية هي:

1- الاستثمار الأمثل للقوى والموارد، سواء كانت هذه القوى والموارد في شكلها الملموس أو في صورتها المعنوية المجردة.

2- الترتيب النوعي للحاجات - وفقاً للتطلعات الجماعية والمجتمعية- بما يتطلبه ذلك من تمييز بين الحاجات والرغبات.

3- الوعي والإقناع الجماهيري الذي يعتبر دعامة لا غنى عنها في التخطيط بعيد المدى.

أولا: الاستثمار الأمثل للموارد:

ويرتكز على الدعائم التالية:

1- تحديد القوى البشرية المستعدة للعمل والكشف عن عوامل التسرب أو التعويق التي تحول دون الاستثمار الكامل لهذه القوى.

2- تحديد موارد الثروة والطاقة القائمة بالفعل والممكن استثمارها مثل:

أ- الأرض الصالحة للزراعة والممكن استصلاحها.

ب- موارد المياه والأمطار والأنهار والمياه الجوفية.

ت- الثروات المعدنية من ذهب أو فضة أو حديد أو نحاس أو ثروات بترولية وغاز طبيعي.

ث- الثروة السمكية والثروة الحيوانية.

ج- الموارد المادية التي تتحقق عن طريق الترانزيت وصناعة السياحة بشتى أشكالها.

ح- سياسة الضرائب والجمارك في الدولة.

3- القوى الفنية المتاحة، بما تتضمنه من الأيدي العاملة بمختلف مستوياتها، والخبرات الفنية في أشكال التخصص المطلوبة لمواجهة احتياجات التنمية إلى جانب الآلات والأدوات وغيرها من مستلزمات الاستثمار الأمثل للموارد الفنية والتكنولوجية.

4- العادات والتقاليد والأعراف والآداب الشعبية والمأثورات الجماعية وما ينعكس منها في المعاملات وفي أنماط الحياة بصورة مباشرة أو غير مباشرة.

5- القوى التشريعية، إن للدين أهمية كبرى في الحياة الإنسانية والاجتماعية، إذ أنه يشبع حاجة من حاجات المجتمع بوضع القواعد والقوانين التي تنظم علاقة الأفراد بعضهم مع البعض الآخر، ولا يتم للمجتمع تكوينه وكيانه إلا بالدور الذي يقوم به الدين في المجتمع.

ثانيا: التسلسل النسبي للحاجات:

إذا كان الإستثمار الأمثل للموارد يعتبر هدفاً أساسياً من أهداف التخطيط للتنمية، فإن درجة كفاية هذه الموارد وملاءمتها لمطالب التنمية تستلزم تحديد الحاجات التي تتطلع الجماعات والمجتمعات إلى إشباعها ثم ترتيب هذه الحاجات في سلم حسب الأهمية بحيث تتفاوت أهميته النسبية من جماعة لأخرى ومن مجتمع لآخر، ويمكن تصور مجموعة من الحاجات على النحو التالي:

أ- حاجات تتعلق بتلبية العقائد، والوجدان الروحي، التعبير الديني.
ب- حاجات تتطلب الوفاء بالغذاء والكساء والمسكن.
ت- حاجات تتعلق بالصحة والتعليم والمرافق والخدمات.
ث- حاجات تتعلق بالأمان المادي، وحماية الأرواح والأموال وموارد الرزق.
ج- حاجات تتعلق بالأمان النفسي ومواجهة مخاطر الزمن والتفكك الأسري.
ح- حاجات تتعلق بإشباع الدوافع الحيوية إلى التملك والتكاثر.
خ- حاجات تتعلق بالتحرر من الخوف والظلم بكافة صوره.

إن الحاجات الإنسانية لا تقف عند حد، وهذه النماذج لا تغطي - بطبيعة الحال - كافة الحاجات، ولا يمثل عرضنا لها بالصورة السابقة تسلسلا نسبيا لأهميتها، فالتسلسل النسبي الذي نعنيه يتفاوت من مجتمع لآخر ومن زمان لآخر، فعلى الرغم من أن هناك ما يعرف بمجموعة الحاجات الأساسية- وهي التي لا يمكن استمرار الحياة بدونها، ومن أهمها الغذاء والكساء والمسكن ويضيف بعض علماء النفس الأمان النفسي والتحرر من الخوف والقلق، ومنها ما يتصور أنه يهبط إلى مستوى الرغبات، إلا أن إصدار حكم مسبق على ترتيب هذه الحاجات يعتبر أمرا تعسفياً إلى جانب أن هناك تفاوتاً في داخل كل مجموعة وفقاً للاهتمامات النوعية لفئات وطبقات المجتمع سواء أخذ هذا التصنيف شكلاً ثقافياً أو مهنياً أو اقتصادياً وما إلى ذلك.

ثالثا:الوعي والإقناع الجماهيري:

إن التغير الاجتماعي قد أصبح من سمات المجتمع المعاصر، وقد ازدادت سرعة هذا التغير بصورة واضحة في الوقت الحاضر، من هنا بدأ الاهتمام بكيفية إثارة الوعي والإقناع الجماهيري وإجراء البحوث حول الاهتمام بهذا العنصر مثل إجراء البحوث في البدو والريف عن انتشار المعلومات الزراعية والرعي والإقناع بالأخذ بأساليب الزراعة الحديثة.

كما تم الإهتمام بعملية تشكيل الرأي العام في مجالات الصحة والإسكان والتعليم للتأثير على الناس وإقناعهم بضرورة تقبل المستحدثات والعادات الجديدة، من هنا ظهرت أهمية وسائل الإعلام من إذاعة وتلفزيون وصحف ومجلات في التأثير على الناس وتغيير بعض العادات وتقبل الأفكار بالنماذج الحديثة.

ولقد تأكد أن أية محاولة لإحداث أي تغيير مخطط سواء المادي أو المعنوي تتطلب توافر ثلاثة عناصر رئيسية هي:

- الوعي
- الاقتناع
- التقبل الفردي والتقبل الجماعي الجماهيري

وقد يكون تقبل الجماعة أسبق من تقبل أفرادها،كما قد يكون الوعي الجماهيري هو الذي يضغط على الجماعات والأفراد لتأخذ مكانها في عملية التغير المطلوب.

وعلى هذا فإن التغيير المخطط بوصفه عملية تعاونية يقوم على إرادة الجماهير المنبثقة عن وعيها وتقبلها لإحداث التغيير، سواء كان ذلك في صورة تحول عن عادات معينة أو توجيه للسلوك الإنساني والموارد المادية والفنية وجهة منظمة تساعد في إشباع الحاجات والعمل على الموازنة بين الموارد والحاجات بصورة تعمل على النهوض والتقدم.

ويقوم التخطيط الاجتماعي على فلسفة اجتماعية محددة، أي يشمل كل من التخطيط الاقتصادي والتخطيط العمراني والتخطيط الثقافي والتخطيط التعليمي

والتخطيط الصحي، ما دام أن كل نوع منها يرتكز على فلسفة اجتماعية لها غاياتها وأهدافها.

وتواجه عملية التخطيط مجموعة من المعوقات والتحديات التي تقلل من فعالية النسق الاجتماعي للمجتمع في تحقيقه للأهداف المجتمعية المنشودة، ونقصد بالمعوق obstacle الحاجز أو العائق المادي الذي يحول دون تحقيق الهدف، أما التحدي challenge فهو نوع من المناهضة الثقافية التي تواجه المخططين في مجال التخطيط والتنفيذ.

أي أن المعوقات تمثّل اتجاهاً سلوكياً سلبياً وتحكمياً وذلك في مواجهة عملية التخطيط ومن أمثلتها:

(أ) الاعتماد على نماذج تخطيطية مستوردة من مجتمعات لا تتوافق ظروفها المادية مع ظروف المجتمع.

(ب) زيادة حجم السكان الذي يعتبر خطيراً إذا لم يقابله زيادة في الطاقة الانتاجية لأفراد المجتمع.

(ت) قلة الموارد وضعفها وعدم قدرتها على المساهمة في إعداد الموارد البشرية وزيادة فعاليتها.

وتلعب التحديات دوراً خطيراً في عملية التخطيط إذ أنها تتعلق بالجانب الثقافي للمجتمع .فالمخطط هو الذي يرسم الطريق للتغيير الذي يؤدي إلى تحقيق أغراض المجتمع، أو بمعنى أدق تشكيل سلوك الأفراد بحيث يصبح قادراً على تحقيق أغراضه .وإذ يحاول المخطط ذلك يصطدم بحقيقة أساسية وهي أن السلوك الحالي لأفراد المجتمع لا يساعده على تحقيق أغراضه.

فسلوكهم هذا نابع من مجموعة من القيم الثقافية والاجتماعية وأنها محصلة التفاعل بين التقاليد والعادات والعرف، ولا شك أن المخطط يواجه تلك التحديات سواء في مرحلة التخطيط أو التنفيذ ويحاول التغلب عليها، إما ببناء الهياكل المادية والتنظيمية التي تساعده على تغيير أنماط المجتمع، أو بإشعار أفراد المجتمع بضرورة هذا

103

التغيير وأنه مفيد لهم ونابع منهم مع إحداث بعض التغيرات الهيكلية التي تساعدهم على ممارسة أنماط السلوك المرغوب فيها.

مستويات التخطيط: Planning Levels

تتفاوت مستويات التخطيط من الضيق إلى الاتساع وتتعدد بحسب الهدف الذي ترمي إليه الخطة، فقد تبدأ على مستوى المشروع أو مستوى قطاع كامل أو على مستوى المجتمع المحلي - سواء كان قرية أو حي أو مدينة - وقد يأخذ شكلاً إقليمياً أو قومياً ويبلغ أقصى درجاته مع التخطيط العالمي.

وعلى الرغم من أنه كلما اتسع نطاق الخطة فإن معالجتها للاحتياجات المجتمعية والنوعية تكون أكثر تكاملاً وشمولاً، إلا أنه في كثير من الحالات تظهر الأهمية الأساسية للتخطيط على المستوى النوعي أو المحلي وخاصة في المجتمعات التي لا تزال على مدارج النمو.

ويصنف التخطيط وفق المستويات التالية:

أولا: التخطيط على المستوى المحلي: The Local level

ويقوم هذا التخطيط على أساس الاهتمام بالوحدات الصغيرة في المجتمع وتحقيق الاستخدام الأمثل لموارد المجتمع المحلي، والاستفادة من مشاركة أهالي ذلك المجتمع في وضع وتنفيذ الخطة. ومن أكثر مزايا هذا النوع من التخطيط إمكانية الوقوف على الحاجات الفعلية ومراتب إلحاحها من وجهة نظر أبناء المجتمع أنفسهم ، إلى جانب إمكانية التعبئة المثلى للموارد وخاصة الموارد البشرية والخبرات الفنية من أهل المجتمع المحلي.

وهكذا تتحقق أهداف التخطيط بتوافر العنصرين التاليين:

العنصرالأول: التسلسل النسبي للحاجات وفقاً لتطلعات أصحاب المصلحة المباشرين في إعداد وتنفيذ الخطة.

العنصر الثاني: الاستثمار الملائم للموارد القائمة.

ومن مميزاته أيضاً امكانية استقطاب القوى البشرية والفنية مـن أبنـاء هـذا المجتمع المقيمين به أو المقيمين خارجه للاسهام في مشروعات التنمية المحلية، ولكن هـذا لا يتوافر في كل المجتمعات المحلية وخاصة التي لا يتهيأ لأبنائها القدر الكـافي مـن التخصصـات والخبرات الملائمـة لاحتياجات التنمية أو تفتقر إلى الامكانيات المادية والفنية الملائمة لاحتياجات التنمية.

ومن الصعب تحقيـق التخطيط أو التنفيـذ على المسـتوى المحـلي بمعـزل عـن التعـاون والتكامل مع المجتمعات المحلية الأخرى وعلى الأخص في وسـائل الطرق ووسـائل النقـل وبـرامج الانعاش الاجتماعي.

ثانيا:التخطيط على المستوى القومي: The national level

يعتبر هذا النوع من التخطيط من أكثر مستويات التخطيط شيوعاً وواقعية، على اعتبـار أن المجتمع القومي - على الرغم مما قد يضمه من أقاليم ومجتمعات محلية ومتباينة في ظروفها وفي ثرواتها وعلى الأخص إذا امتدت رقعة المجتمع القومي بحيث تشمل أقاليم غـير متجانسـة- يمثل وحدة واحدة بحكم ما تتميز به سلطة الدولة الواحدة على أراضيها وبحكم وحدة النظم التي تأخذ بها والتي تنعكس في التشريع والدين والجيش والنقود.. مما يكسب المجتمع القومي وحدة فكرية أيديولوجية وتنظيمية إلى حد كبير.

ويتميز التخطيط على المستوى القومي بما يلي:

1)   معرفـة العوامـل التـي تلعـب دوراً في المشـكلات القائمـة وفي الحاجـات المختلفـة للمجتمع ككل.

2)   تحديد الاحتياجات المحلية لجميع أفراد المجتمع

3)   تتجمع الموارد الكلية والانفاق الكلي في ميزانية واحدة بغـض النظـر عـن القـدرات النسبية والاحتياجات النسبية لكل مجتمع على حدة.

4) تتهيأ الفرص لتجميع الطاقات القادرة على العمل والمستعدة لأدائه والخبرات الفنية المتوافرة وتوزيعها بصورة عادلة على موقع التنفيذ في المستويات المحلية بدون الاعتبارات الخاصة بالتزام خدمة الموطن الاصلي فحسب.

ومن أكثر الصعوبات التي تواجه التخطيط على المستوى القومي هو تباين الاحتياجات والتطلعات المحلية، ويمكن التغلب على هذه الصعوبة عن طريق اللامركزية في التنفيذ، وبهذا يتيهيأ لكل مجتمع محلي أن يرتب حاجاته وفقاً لسلم هرمي يتناسب مع نموه الحضاري ومع تطلعاته وفي إطار الخطة العامة للتنمية التي تصمم على المستوى القومي.

ثالثا:التخطيط على المستوى العالمي: The International Level

ويجسد هذا المستوى من التخطيط المثل الأعلى الذي تنشده الانسانية في تعاونها من أجل تحقيق مجتمع الرفاهية لبني البشر على اختلاف الوانهم وجنسياتهم ومعتقداتهم، ويعتبر تحقيق هذا المستوى من التخطيط واحد من العوامل الفعالة لتخفيف حدة الصراع بين الشعوب وتجنب الحروب بينها وفق نماذج هذا النوع من التخطيط كمنظمة اليونسكو ومنظمة العمل الدولية ومنظمة الأغذية والزراعة ومنظمة الصحة العالمية ومنظمة حقوق الانسان، وكل منظمة تسعى للوقوف على الاحتياجات العالمية في إطار تخصصها وتعبئتها للموارد الدولية لمواجهة هذه الاحتياجات.

ويتطلب ذلك توفير العوامل التالية:

أولاً: تعاون كل من جميع الدول الأعضاء من حيث الامكانيات والأرقام الصحيحة

ثانياً: وعي كامل من جانب الدول الأعضاء بمصالح الإنسانية العالمية

ثالثاً: الاستعداد لتنفيذ التوصيات ونتائج البحوث التي يظهرها التخطيط على المستوى العالمي

رابعاً: الاستعداد لتطوير التخطيط على المستوى القومي لكي يسهم في تحقيق أهداف التخطيط على المستوى العالمي.

وعن الصعوبات التي تواجه هذا التخطيط فقدان الثقة الكاملة بين الدول وخاصة فيما يتعلق بعناصر الأمن القومي والتسلح واختزان بعض الموارد الطبيعية، وسوف تظل هذه المعوقات قائمة إلى أن يتحرر المجتمع العالمي من الخوف ومن تسلط الدول الكبرى على الشعوب المتطلعة إلى التنمية، وهو مطلب ليس بعيد المنال، فقد نجحت المنظمات الدولية في دورها مثل منظمة اليونيسف التي تخدم الطفل في كل مكان بغض النظر عن اللون والعنصر والجنس والدين.

أساليب التخطيط: Planning Methods

تتباين الأساليب التخطيطية وتختلف تبعاً لاختلاف المتغير الذي يسعى المخطط لادخاله في المجتمع، وهناك تمييز بين الأسلوب والأداة على أساس أن الأسلوب هو المعرفة الإنسانية التي يمكن أن يستخدمها الإنسان لتغيير القيم، أما الأداة فهي مجموعة الموارد التي تستخدم على شكل سلع أو خدمات لتطبيق أساليب تغيير قيم المتغيرات الحيوية أو الطبيعية أو المحافظة على هذه القيم.

ويمكن تقسيم أساليب التخطيط إلى ثلاثة أساليب بالنسبة لتأثير استخدامها على المتغير الحيوي وهي:

(أ) الأساليب الوقائية: Preventive Methods

وتهدف إلى منع حدوث التفاعل بين المتغير الحيوي للطاقة المجتمعية والوسط الذي يتواجد فيه، أو تخفيف أثر هذا التفاعل بالدرجة التي لا يظهر معها انحرافات أو خروج عن المدى المسموح به، فمثلاً في عملية مكافحة الجريمة يستخدم الأسلوب الوقائي حتى يمكن منع أو التقليل بقدر الامكان من حدوث الجريمة وذلك بزيادة نسبة التعليم وبتوجيه طاقات المجتمع البشرية إلى مجالات مفيدة ونافعة.

(ب) الأساليب العلاجية: Remedial Methods

ويتحدد دور التخطيط هنا في معالجة أو تصحيح الانحراف الحادث بحيث تعود قيمة المتغير الحيوي إلى القيمة السابقة لحدوث المشكلة، ويتخذ التدخل باستخدام الأسلوب العلاجي صورتين أساسيتين هما:

تدخل سببي: ويكون ذلك بالقضاء على الأسباب التي تكمن وراء المشكلة حتى يعود المتغير إلى قيمته الأصلية.

تدخل عرضي: ويهدف إلى التخفيف من حدة الأعراض الناجمة عن الانحراف في قيمة المتغير الحيوي والتغير في طبيعته، ويحدث ذلك عندما لا تكون أسباب المشكلة وعواملها غير معروفة أو لا تكون في قدرة المجتمع معالجة المشكلة، ويستخدم الاسلوب العلاجي في ميدان الجريمة أيضاً عن طريق وسائل الدفاع الاجتماعي.

(ت)   الأساليب التأهيلية: Qualifying Methods:

ويُلجأ إليها عندما تفشل الأساليب الوقائية والعلاجية، وتهدف إلى مجرد المحافظة على قيمة المتغير الحيوي ومساعدته على الانتاج بأقصى ـ حد ممكن بمستوى أدائه المنخفض الذي سببته المشكلة، فالأسلوب التأهيلي في مجال الجريمة يأخذ صورة رعاية المسجونين والمفرج عنهم بعد إنقضاء فترة العقوبة وإعدادهم لكي يكونوا مواطنين مخلصين.(7)

البحوث الميدانية وأهميتها لتخطيط برامج التنمية

The Importance of Field Researches for Development Programs Planning

اتجهت الدول النامية إلى تحقيق التنمية الإجتماعية والإقتصادية بكل ما لديها من طاقات وإمكانيات، وعملت على دفع عجلة التطور في القطاعين الريفي والحضري لضمان تحقيق التكامل والتوازن بين أجزاء الوطن الواحد.

وقد أخذت أغلب الدول النامية بأسلوب التخطيط لتعمل على تحقيق معدلات سريعة للنمو في أقصر وقت ممكن وبأقل تكلفة مستطاعة وبأدنى قدر من الضياع في الموارد المادية والبشرية مع ضمان التكامل بين أجزاء الوطن الواحد.

وتعتبر البحوث العلمية الإجتماعية ضرورة أساسية من ضرورات التخطيط للتنمية، فعن طريق تلك البحوث يمكن وضع الخطط على مستوى النطاقين القومي

والمحلي على أساس واقعي، وذلك بحصر الإمكانيات القائمة وتقدير الإحتياجات الضرورية والحقيقية للأفراد والجماعات والمجتمعات والتعرف على الظواهر والمشكلات والمعوقات التي تعترض سبيل التنمية، كما يمكن الإستعانة بالبحوث العلمية في متابعة المشروعات وتقويمها.

وكذلك يمكن الاستفادة من الأبحاث في وضع نظريات عامة تتعلق بالتغير وعوامله وعوائده وبالقيادة والإتصال والعمل مع الأفراد والجماعات المختلفة، وتعتبر المجتمعات الريفية في البلاد النامية من أكثر المجتمعات إحتياجا لهذه البحوث الاجتماعية. إذ أنها لم تحظ بنفس الإهتمام الذي حظيت به المناطق الحضرية.

ولذا فإن البحوث الميدانية التي أجريت في هذا المجال ما تزال قليلة العدد ومن هنا تأتي أهمية البحوث الإجتماعية في مجالات التنمية الريفية وفي غيرها من مجالات الحياة الاجتماعية.

بعض أنواع البحوث في مجال التخطيط للتنمية:

يمكن تصنيف البحوث المطلوبة في مجالات التنمية إلى أربعة أنواع رئيسية:

أولا: المسوح العامة: Public Surveys

وتتضمن ما يلي :

1- المسح المكتبي:

يفيد المسح المكتبي في تكوين فكرة شاملة عن البحوث السابقة التي أجريت في المجالات المختلفة للتنمية. وتفيد الكتب والرسائل العلمية والنشرات التي تصدرها الهيئات المختلفة والمجلات الدورية في مثل هذا المسح.

2- تحليل البيانات الديموغرافية والإحصائية المتعلقة بالبيانات المختلفة:

يحدث في كثير من الأحيان أن تكون البيانات المطلوبة مدونة في سجلات حكومية أو أهلية ويمكن الإستفادة منها والاعتماد عليها لتحقيق أغراض البحث في

هذه الحالة يستطيع الباحثون أن يحصلوا من السجلات على كل ما يحتاجونه من بيانات وبذلك يتم توفير الوقت والجهد والمال. لذا فإن من الضروري في هذه المرحلة أن يقوم الباحثون بتحليل البيانات السكانية والإحصائية على أساس أنها تسجل ظواهر مجتمعية معينة.

ويتطلب التخطيط للتنمية سواء كانت في المجتمعات الريفية أو الحضرية الإعتماد على الإحصائيات التالية:

− إحصائيات السكان.

− إحصائيات المواليد والوفيات.

− إحصائيات القوى العاملة.

− إحصائيات التعليم.

− الإحصائيات الصحية.

− إحصائيات السكان.

− إحصائيات الخدمات الاجتماعية.

3- تنميط المناطق الريفية داخل المجتمع الواحد:

من الضروري الاستعانة بالمسوح الاجتماعية في تنميط المناطق الريفية داخل المجتمع الواحد وتصنيفها من حيث درجة التجانس في فئات محدودة حتى يمكن وضع برامج ومشروعات موحدة في المناطق المتشابهة.

وتصنف البيئات الريفية يتم عادة وفقا لتكوينها الديموغرافي وحجم الملكية الزراعية ونظام العمل ومستوى الدخل وأدوات الإنتاج ونسبة الأمية ومعدل الوفيات والمواليد ومقدار الخدمات المتوفرة إلى غير ذلك من مؤشرات.

ثانيا: البحوث المتعمقة: Deeply Researches

يتطلب التخطيط للتنمية إجراء بحوث متعمقة تفيد في التوصل إلى المعلومات والحقائق التي لا يمكن معرفتها أو التوصل إليها بالرجوع إلى السجلات.

ونعرض في السطور القادمة لبعض موضوعات وميادين البحث المتعمق والمتعلق بالتخطيط للتنمية خاصة في المجتمعات الريفية:

1- دراسة البناء الاجتماعي للمجتمعات الريفية:

لما كانت مشروعات التنمية تهدف إلى إحداث التغير، فإنه من الضروري إجراء بحوث قبلية تدرس البناء الإجتماعي للمجتمعات الريفية، وذلك للتعرف على أنماط العلاقات الإجتماعية السائدة فيها والخصائص الجوهرية للنظم الإجتماعية الموجودة بها، وما يقوم بين تلك النظم من ترابط وتساند وظيفي.

فإذا حدثت تنمية إقتصادية في مجتمع ريفي معين، فإنه من المتوقع نتيجة لذلك أن تحدث تغييرات في التنظيم الإقتصادي للمجتمع وخاصة فيما يتعلق بالإنتاج والإستهلاك والأسعار والأجور وتقسيم العمل، وغيرها من الظواهر التي تتصل بالجانب الإقتصادي، ونتيجة لحدوث هذه التغيرات في الجانب الإقتصادي فإننا نتوقع حدوث تغيرات أخرى ترتبط بالنظام الأسري. فالأسرة التي كانت تنتج كل ما تحتاج إليه لن تتمكن من ذلك وتتحول من هيئة منتجة إلى هيئة مستهلكة، وكذلك نتوقع أن يستقل الأبناء عن الأسرة استقلالا اقتصاديا وتظهر الأسرة النووية البسيطة.

لذلك فمن الضروري دراسة البناء الإجتماعي قبل إحداث التغير في المجتمع للتعرف على آراء الناس والإهتمام بالقيم والمثل التي يعتنقها الأفراد ذلك لأن إغفال القيم الإجتماعية كثيرا ما يضع العوائق والعراقيل في سبيل نجاح المشروعات وقد يؤدي إلى فشلها تماما.

2- دراسة وسائل إحداث التغير في المجتمع الريفي:

من البحوث التي يمكن إجراؤها في هذا المجال محاولة التعرف على الكيفية التي يمكن أن يتم بها التغير، ويرى البعض إمكانية تطوير المجتمع عن طريق تغيير وسائل الإنتاج فيه، في حين يرى آخرون أن تغيير المجتمع لابد وأن يبدأ بتغيير الأفكار والمفاهيم المختلفة.

ومن الممكن دراسة التأثير الذي تحدثه عوامل الإتصال بين الريف والحضر، أو الخدمات التي تقدمها المنظمات الاجتماعية التي تنشأ في المجتمعات الريفية كالوحدات المجتمعية والمؤسسات الإجتماعية المختلفة.

وتستلزم دراسة التغيير الإجتماعي، دراسة المجتمعات أو النظم في فترتين مختلفتين لإمكان المقارنة بينهما لمعرفة عوامل ونتائج التغير.

3- قياس الاحتياجات المطلوبة:

لما كان الهدف الأساسي من مشروعات التنمية الإجتماعية تقديم الخدمات للمواطنين حسب احتياجاتهم وقدراتهم من ناحية وحسب ما يتفق مع ظروف المجتمع الذي يعيشون فيه من ناحية أخرى، فإنه من الضروري قبل تقديم أي خدمة البدء بالبحوث التي تهدف قياس الإحتياجات المطلوبة قياسا دقيقا.

ولما كانت احتياجات الأفراد والجماعات والمجتمعات متعددة ومتطورة، فإنه من الضروري الإستمرار في قياس هذه الحاجات وإدخال تعديلات جديدة وتغيرات مستمرة على تلك المقاييس.

4- قياس الخدمات:

يجب قبل تقديم الخدمات للأفراد والجماعات والمجتمعات تحديد نوع الخدمات المطلوبة، وإذا كان هناك أكثر من برنامج أو مشروع يمكن تقديمه فيجب المقارنة بين هذه البرامج والمشروعات عن طريق البحث العلمي لمعرفة أي من هذه البرامج أو المشروعات أكثر إرتباطا ووفاء بالإحتياجات المطلوبة.

ثالثا: بحوث المتابعة: Continuity Researches

تقتضي خطط التنمية التعرف على سير العمل واتجاهاته ومعدلات أدائه، وضمان تنفيذ المشروعات وفقا للزمن المحدد. والتكلفة الموضوعة والكشف عن مواطن الضعف وجوانب القصور في تنفيذ المشروعات لذا ينبغي متابعة سير الإجراءات التنفيذية منذ المراحل الأولى لتنفيذ المشروعات.

وللحصول على بيانات كافية لعملية المتابعة يمكن الإعتماد على مجموعة من المصادر من بينها المصادر الإحصائية والبيانات المدونة في دفاتر التسجيل بالأجهزة التنفيذية، وكذلك البحوث العملية التي يقوم بها المتخصصون.

وتصنف بحوث المتابعة إلى:

- المتابعة النوعية: وتعنى بحصر الوحدات التي تم إنشاؤها كالمدارس والمستشفيات والوحدات الصحية والأندية والساحات الشعبية وتقدير عدد المترددين على كل وحدة، وتفيد بحوث المتابعة النوعية في التعرف على ما تم إنجازه من مشروعات والوقوف على عوامل الضعف والقوة في تنفيذ مختلف البرامج، ثم العمل على معالجة النقص أو تدارك الخطأ أو الإستزادة من جوانب القوة وتنسيق البرامج والمشروعات أو إعادة تخطيطها بصورة توفر للدولة الكثير من الجهد والمال مع ضمان تحقيق تلك البرامج والمشروعات لأهدافها.

- المتابعة المالية: ويقصد بها حساب ما تتكلفه برامج ومشروعات التنمية من نفقات. وتفيد المتابعة المالية في حساب التكلفة الإقصادية للمشروع للعمل على تجنب الإسراف في الإنفاق وضمان تنفيذه وفقا للتقديرات المالية التي سبق تحديدها في إطار الخطة.

رابعا:البحوث التقويمية: Corrective Researches

التقويم منهج علمي يستهدف الكشف عن حقيقة التأثير الكلي أو الجزئي لبرنامج من برامج التنمية الإجتماعية أو الإقصادية على المستويين القومي والمحلي، ووسيلة التقويم لتحقيق هذا الهدف هي الكشف عن حقيقة التغيرات المادية والمعنوية، وعندما يقوّم الباحث مشروعا من مشروعات الخطة قد تم تنفيذه فإن ذلك يعني المقارنة بالنتائج التي تحققت من تنفيذ هذا المشروع بما كان مستهدفا له.(8)

التحديات التي تواجه التنمية   Development Challenges

طرحت قضية التنمية نفسها على شعوب العالم النامي بعد الحرب العالمية الثانية وبانتهاء هذه الحرب حدث أهم تغير في العلاقات الدولية كان من شأنه تفكك النظام

الإستعماري القديم وتخلص العديد من الدول من السيطرة الاستعمارية، وحصولها على الإستقلال السياسي وبالتالي تطلعت للإستقلال الإقتصادي الذي يركز على الإهتمام برفع مستوى المعيشة والقضاء على التخلف لعلها بذلك تستطيع اللحاق بغيرها من الدول الصناعية المتقدمة التي سبقتها في هذا المضمار وأصبح الإختبار الحقيقي لشعوب العالم النامي هو التخلص من الناحية الإقتصادية من التبعية الأجنبية وفي تحقيق معدلات سريعة للتنمية في أقصر ـ وقت مستطاع وبأقل تكلفة ممكنة.

ومنذ ذلك الوقت (انتهاء الحرب العالمية الثانية) والشعور يتزايد بين مختلف الدول بانقسام العالم إلى مجموعتين من الدول، دول متقدمة إقتصاديا بلغت مستويات مرتفعة من التطور الإقتصادي وأصبحت تستأثر بنصيب كبير من الدخل العالمي يمكنها من الإنتفاع بمختلف الخدمات وسلع الإستهلاك الضرورية والكمالية، والمجموعة الثانية من الدول، دول نامية تحصل على نصيب محدود من الدخل العالمي جعلها تعيش في ظروف إقتصادية وإجتماعية ولا تصل إلى مستوى الإنتفاع بالسلع والخدمات الضرورية والحيوية ومن ثم فقد واجهت مشكلة تنمية إقتصادياتها والقضاء على التخلف في أقل وقت ممكن وبالتالي كرست جهودها من أجل التنمية الإقصادية والإجتماعية خصوصا بعد حصولها على الإستقلال السياسي الذي ساعد على إستثارة وعيها القومي.

ولقد شعرت شعوب الدول النامية بأن الإختبار الحقيقي لمقدرتها وامكانياتها إنما يكمن بعد الإستقلال السياسي في قدرتها على تخليص إقتصادياتها من التبعية الأجنبية، وعلى تحقيق التنمية الإقتصادية والإجتماعية بمعدلات سريعة وعلى دفع عجلة التطور بسرعة فائقة من ناحية، ومن ناحية أخرى فقد كانت أغلب الدول النامية تعيش في ظل أوضاع طبقية متخلفة، وتنتشر فيها كثير من الآفات الإجتماعية ولذلك ما كادت هذه الدول تحصل على حريتها السياسية حتى جعلت الإستقلال والتقدم الإجتماعي غايتها الكبرى ومطلبها الأساسي فاتجهت إلى التنمية الإقتصادية والإجتماعية بكل ما لديها من طاقات وامكانيات لتقليل الفجوة الهائلة بينها وبين الدول المتقدمة.

وسوف يتم التعرض في السطور القادمـة لمجموعـة مـن التحـديات التـي تواجـه عمليـة التنمية في البلاد النامية باعتبار أن التنمية هي الهـدف والغايـة لأي عمليـة تخطيطيـة، وتنقسـم هذه التحديات التي تمثل في نفس الوقت صعوبات تواجه التنمية إلى:

أولا: التحديات الخارجية: External Challenges

1- الإستناد إلى نماذج مستوردة لتفسير مشكلة التخلف في البلاد النامية:
تعتبر النماذج التي ترد إلى بلدان العالم النامي والتي تفسر ـ الواقع المتخلـف لهـذه البلاد من التحديات التي تواجه عمليـات التنميـة داخلهـا. ذلك لأن هـذه النمـاذج استندت إلى واقع تاريخ مختلف كل الإختلاف عما هو قائم بالبلاد النامية.
والتنمية في البلاد النامية تحتاج إلى فهم موضوعي للواقع التاريخي وكذلك للواقـع المعاصر الذي تعيشه هذه البلاد وذلك للوصول إلى نظرية قادرة علـى تشخيص الواقع المتخلف وتفسيره تمهيدا للوصول إلى الأساليب الملائمة للتطبيق، ويعتبر عـدم الأخذ بمجموعة الخبرات العملية المتخصصة من الواقع الفعلي بمثابة التحديات التـي تحد من تحقيق الأهداف النهائية للتنمية.

2- الحصول على معونات مشروطة:
عقب الحرب العالمية الثانية نشأت فكرة تقديم المعونات للدول المنكوبة في الحرب منذ ذلك الحين، تطورت فكرة المعونات مـن مجرد مسـاعدة للـدول الحليفـة في الحرب لتشمل أغلب دول العالم النامي التي تشكل الغالبيـة العظمـى مـن الـدول التي تحصل على مساعدات.
وتعتبر هذه المساعدات والمعونات التي تحصل عليها الـدول الناميـة مـن الـدول المتقدمة من العوامل التي تسبب مشاكل بالنسبة لهذه الدول منها:

- تأثير ميزان المدفوعات بهذه المساعدات.

- ارتباط المعونة بشروط معينة لقصر استخدامها على شراء بضائع من الدول المانحة لها، أو صرفها على أوجه محددة من قبل الدول التي تمنحها.

- تحديد حجم المعونة ومدتها والفائدة عليها من قبل الدولة التي تمنحها.

3- نقص رؤوس الأموال:

يعد نقص رؤوس الأموال من المشكلات الهامة التي تواجه البلاد النامية وترجع الأسباب الرئيسية لهذه المشكلة إلى:

— نقص المدخرات.

— وجود أساليب غير إنتاجية تمارسها الطبقات الثرية.

— توجيه المدخرات في حالة وجودها إلى إكتنازها بدلا من إستثمارها.

وتواجه الدول النامية وهي بصدد القيام بالمشروعات المختلفة مشكلة نقص رؤوس الأموال المطلوبة حتى تتمكن من إقامة هذه المشروعات، ومن هنا تبدو أهمية رؤوس الأموال المطلوبة لذلك.

4- عدم كفاية المدخرات:

تواجه الدول النامية تحديا أساسيا يتمثل في عدم كفاية المدخرات المطلوبة لتنفيذ برامج ومشروعات التنمية.

وترجع أسباب عدم كفاية المدخرات إلى:

— انخفاض مستوى معيشة الغالبية العظمى من سكان البلاد بالدرجة التي لا تفي بالإحتياجات الأساسية.

— ضعف القدرة على الإستفادة بالتكنولوجيا الحديثة.

— عدم ترشيد الإنفاق وتصميم السياسات المطلوبة لضغط هذا الإنفاق وتحديده.

— قلة الموارد والإمكانيات المتاحة لدى الدول النامية.

— تعطيل الموارد الإنتاجية وضعف الإنتاج.

— عدم البحث عن موارد جديدة يمكن الإستفادة منها.

— تزايد الإستهلاك بمقارنته بالناتج المحلي.

5- عدم القدرة على استيعاب التكنولوجيا:

التكنولوجيا هي فن الإنتاج أي الأساليب والوسائل المستخدمة في عمليات الإنتاج، والبلاد النامية في حاجة إلى التكنولوجيا لحل مشكلاتها الإقتصادية بهدف زيادة الإنتاج وتحقيق مستويات أفضل ومعدلات أسرع في النمو عن طريق تطوير تلك الفنون والأساليب بما يحقق خفض نفقات إنتاج السلع، وإنتاج سلع جديدة باستمرار وكذلك تحسين طرق العمل.

وتواجه الدول النامية العديد من المشكلات المرتبطة بالتكنولوجيا منها:

− عدم انتقاء واختيار للتكنولوجيا، أي أن الدول النامية تقوم بنقل التكنولوجيا الغربية كما هي دون تطويعها لتلائم ظروفها.

− عدم توافر التعليم الفني والكوادر الفنية القادرة على إستيعاب التكنولوجيا الحديثة.

− عدم توافر رؤوس الأموال اللازمة لشراء معدات التنمية التكنولوجية.

− الضغوط التي تمارسها الدول صاحبة التكنولوجيا الحديثة على الدول المحرومة من هذه التكنولوجيا.

6- عدم تنويع الصادرات:

تعتمد كثير من الدول النامية في إقتصادياتها على منتج واحد يمثل النسبة العالية من صادراتها وبالتالي تخضع اقتصاديات هذه البلاد لتقلبات الأسعار العالمية لهذا المنتج، وتميل الموارد الأولية التي تصدرها البلاد النامية إلى الإرتفاع النسبي البسيط في أسعارها بينما تميل أسعار السلع المصنوعة التي تقوم تلك البلدان النامية باستيرادها إلى الإرتفاع بدرجة أكبر.

وبذلك تصبح الدول النامية معتمدة على الخارج في الحصول على تلك السلع ما يجعلها في حالة تخلف إقتصادي ومصدر لتصدير المواد الأولية بجانب كونها سوقاً لتصريف منتجات الدول المتقدمة.

ثانيا: التحديات الداخلية: Internal Challenges

سوف يتم شرح أهم التحديات الداخلية كما يلي:

1- التحديات السكانية:

أصبحت المشكلة السكانية اليوم تمثل تحديا هاما لجهود التنمية الإقتصادية والإجتماعية في بلدان العالم النامي نظرا لأن التزايد السكاني الرهيب يشكل عبئا ثقيلا على الموارد الإقتصادية في تلك البلاد.

وهناك علاقة تأثير متبادل بين الزيادة السكانية والتنمية الإقتصادية والإجتماعية والحد من زيادة السكان يدعم التنمية في رفع المستوى العام للمعيشة.

ومن أهم الخصائص الديموغرافية والتي تؤدي إلى الزيادة السكانية الإرتفاع الكبير في معدلات المواليد. وتتراوح معدلات المواليد في البلاد النامية ما بين 4% - 4.5% سنويا بينما ينخفض هذا المعدل في البلاد المتقدمة ويتراوح ما بين 1% - 2%.

ويرجع المعدل المرتفع للمواليد في البلاد النامية إلى مجموعة أساسية من العوامل:

– الزواج المبكر خاصة للفتيات.

– سيادة الإنتاج الزراعي الذي يعتمد على العمل اليدوي وبالتالي إعتبار الأطفال قوة مساعدة في العمل.

– الرغبة في إنجاب طفل ذكر

– تعدد الزوجات في بعض المجتمعات النامية

– عدم انتشار وسائل تنظيم الأسرة بالدرجة الكافية

– انتشار الأمية

– التأثر بالعادات والتقاليد والقيم الموروثة

ويترتب على هذا الإرتفاع في معدل المواليد تحدٍ كبير بالنسبة للبلاد النامية حيث يتسبب عنه:

- إنخفاض في مستوى دخل الفرد.

- ارتفاع نسبة الإعالة.

- زيادة أعباء الدولة ومسئولياتها في توفير الخدمات المختلفة: (صحة، تعليم، إسكان، مواصلات، ترفيه....)

- تحول النشاط الإقتصادي إلى نشاط إستهلاكي لمواجهة إحتياجات الأعداد المتزايدة من السكان.

والزيادة السكانية في الدول التي تعاني أساسا من الموارد الطبيعية المحددة يؤدي إلى مجموعة من الظواهر المجتمعية.

- انخفاض متوسط نصيب الفرد من الدخل القومي وبالتالي انخفاض مستوى المعيشة.

- انتشار البطالة السافرة منها والمقنعة في مختلف القطاعات زيادة الضغط على وسائل الخدمات كالمدارس والمرافق العامة والمواصلات والسلع الغذائية والمواصلات وغيرها وهذا بالتالي يقلل من أهميتها ويخفض من مستوى أدائها مما يهدد بخلق سلسلة من المشاكل الناجمة عن عجز هذه الأجهزة الخاصة بالخدمات عن أداء مهمتها على الوجه الأكمل.

2- التحديات الاجتماعية: (العادات والتقاليد والقيم الموروثة)

تتفشى العادات والتقاليد الضارة بالمجتمعات النامية، والعادات تعتبر ألوانا من السلوك تنشأ وتنتشر تلقائيا بين الجماعات المختلفة وبعضها يسود في مناطق معينة أو يصبح عاما في مختلف المناطق ثم تتناقله الأجيال فيصبح تقليدا وجانب من هذه العادات يعتبر إيجابي فهو يوثق الصلات والروابط بين الأفراد والجماعات ويمكنهم من قضاء أمورهم في يسر وسهولة مثل الكرم والتعاطف واحترام الوالدين ومساعدة الغير، والجانب الآخر من العادات ضار وسلبي ويعمل على إشاعة التفكك والتخلف والتنافر ومن شأنه إعاقة النهوض بالمجتمع وإضعاف أنظمته الاجتماعية ومن أمثلة ذلك المغالاة والإسراف ومخالفة آداب السلوك العام واحتكار العمل اليدوي وغيرها من أمور.

ويمكن القول بأن تحرير المجتمع من هذه العادات الضارة مع التأكيد والتثبيت على العادات الصالحة، يؤدي إلى توفير كثير من الأموال التي يمكن أن تصرف في الأوجه النافعة للحياة.

ويعتبر هذا التأكيد على القيم والعادات الصالحة ممكناً ومتاحاً إذا ما انتشرت وسائل الإتصال بين الجماهير على نطاق واسع عن طريق الإذاعة والصحافة والسينما والنشرات والمطبوعات

3- مشاكل الهجرة من الريف إلى المدن:

كثيرا ما يكون الدافع وراء الهجرة من الريف إلى المدن هو الحصول على فرص عمل أفضل وأجر أعلى وحياة اجتماعية أكثر جاذبية.

وترتبط الهجرة عادة بالنهضة الصناعية بالمدن وارتفاع مستوى الحياة الحضرية وتوفر مختلف الخدمات بها، الأمر الذي ينتج عنه تكدس في المناطق الحضرية وفي نفس الوقت نقص في الأيدي العاملة في النشاط الزراعي.

هذا إلى جانب أن هجرة القيادات المتعلقة لمجتمعاتها الريفية يفقد هذه المجتمعات عناصرها الأكثر صلاحية ومقدرتها على الارتفاع بمستوى الحياة الإقتصادية والاجتماعية.

بالإضافة إلى ذلك فإن سكان الريف الذين يهاجرون إلى المناطق الحضرية في الغالب غير مؤهلين فنياً لأنواع العمل المتاحة في الأنشطة الإقتصادية بالمدن مما يجعلهم يقبلون الأعمال التي لا تحتاج إلى كفاءة فنية، وبأجور منخفضة، وهذا يترتب عليه إنخفاض مسوى معيشتهم في أماكن إقامتهم الجديدة وبالتالي يخلق مشاكل إجتماعية مرتبطة بهذه الفئات المهاجرة إلى المدن.

4- الجمود الاجتماعي بالريف يعرقل مسيرة التنمية الاقتصادية:

ويرجع ذلك لما يلي:

— هناك تناقض واضح بالريف في البلاد النامية بين القديم بعاداته وتقاليده وبين الجديد بتطوراته وقيمة المستحدثة وهذا التناقض له أثره الواضح في شتى الميادين.

- إن الانتقال من مجتمع زراعي ريفي إلى مجتمع التصنيع الزراعي لا يعتمد فقط على إنشاء المصانع وتركيب المعدات والآلات واستخدامها بل لا بد أن يصاحب ذلك تغييرات جذرية عميقة تساعد على التحول من العقلية الزراعية التقليدية إلى عقلية ذات كفاءة إنتاجية تشعر الفرد بقيمة الإنتاج وبقيمة الوقت.
- النمو الإقتصادي الحديث يستلزم التخلص من السلبية والتواكل التي تمثل معوقا أمام التنمية الإقتصادية التي تستلزم تنمية الطموح والتجديد والمثابرة لدى الأفراد.
- احتقار العمل اليدوي والبعد عنه واعتباره من الأمور التي لا تتناسب والمكانة الإجتماعية الرفيعة، يعتبر من بين المعوقات التي تعترض طريق التنمية الاقتصادية والتي تقلل من كفايتها وكفاءتها.

5- تحدي التعليم:

لا شك أن التعليم يلعب دوراً مهماً وحيوياً في التنمية لأن التعليم والتدريب لهما علاقة قوية في زيادة إنتاجية الفرد من أجل حصوله على دخلٍ عالٍ، مما يحدّ أو يقلّل من الفقر، وهذا ما يسمى برأس المال البشري وتتّبعه اليوم معظم الدول وأصحاب الأعمال، من أجل زيادة توعية المواطن، علاوة على أن الفرد المتعلم يساهم في التنمية أفضل من غير المتعلم.(9)

وتتمثّل تحديات التعليم بعدة أبعاد أهمها:

(أ) انتشار الأمية وارتفاع نسبتها:

- فالأمية مشكلة معقدة وترتبط بكثير من المشكلات الاقتصادية والسكنية والصحية، وأية جهود تبذل، إنما هي في ذات الوقت جهود تبذل أيضاً للتغلب على المشكلات الأخرى، إن الأمية موزعة بين الذكور والإناث، ونسبتها بين الإناث أعلى من نسبتها بين الذكور.

— إنها موزعة بين سكان الريف وسكان المدن، والنسبة بين سكان الريف أعلى منها بين سكان المدن.

— إنها موزعة بين الفئات العمرية المختلفة لكلا الجنسين وإن كانت تتركز بصفة في الفئات العمرية الإنتاجية أي ما بين 15-55 سنة.

وقد أثبتت الدراسات التي أجريت عن الأمية وعلاقتها بظواهر الحياة المختلفة النتائج التالية:

— يزيد الدخل القومي في الدولة بانخفاض نسبة الأمية بها والعكس صحيح.

— يؤدي انتشار الأمية إلى سيادة أنماط سلوكية سلبية حيث يكون مجال تفكير الأفراد وسلوكهم محدودا بالجماعة الصغيرة التي ينتمون إليها.

— تنخفض نسبة الأمية في البلاد التي وصلت إلى مستوى رفيع في مجال الصناعة وتزيد هذه النسبة في البلاد التي تسود فيها الزراعة والرعي والصيد.

— تنخفض نسبة الوفيات بين الأطفال الرضع إذا إنخفضت نسبة الأمية وتزيد بزيادتها.

— تقل الرغبة في تعليم الأبناء كلما زادت نسبة الآباء الأميين.

— تقل القدرة على إستيعاب أساليب التدريب وتنخفض الكفاءة الإنتاجية بارتفاع نسبة الأمية بين العاملين.

(ب)   عجز التعليم عن إستيعاب جميع الأطفال تحت سن العمل.

بالإضافة إلى كون التعليم في البلاد النامية ذو نوعية غير فعالة فهناك قصور في الإنفاق على التعليم بحيث يجعله غير قادر على إستيعاب جميع الأطفال الذين وصلوا إلى سن الإلزام.

وتعتبر أزمة التعليم في كثير من الدول العربية مركبة ومتعددة الأبعاد كما يتضح من الشكل التالي:

شكل رقم (1) يوضح أبعاد أزمة التعليم

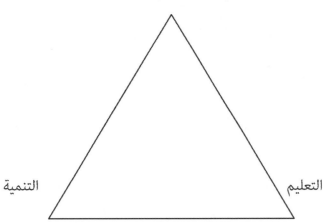

المصدر: عبدالعزيز محمد الحر، التربية والتنمية والنهضة، بيروت، شركة المطبوعات للتوزيع والنشر، 2003، ص43

إذ أن التعليم يعد نظاماً فرعياً أساسياً من النظام الاجتماعي، ويؤكد وجود خلل حقيقي في خطط التنمية ومشروعاتها التي تمت في كثير من البلدان العربية وفشلها في إحداث التنمية المنشودة والنهضة الحقيقية المرجوة.(10)

6-   المشاكل المتعلقة بالاستيطان:

تعمل كثير من الدول النامية جاهدة إلى زيادة عدد ملاك الأراضي الزراعية بتحويل أكبر عدد ممكن من الأجزاء المعدمين من سكان الريف إلى ملاك. ويقابل المواطنون المنقولون والمستوطنون في الأراضي الجديدة العديد من المشاكل الاقتصادية والاجتماعية من أهمها:

—   انعزال الأراضي الجديدة عن باقي أجهزة الدولة.

—   تفتيت الملكية.

—   ضعف خصوبة التربة.

مدخـــل إلى عـلــم التنمـــية

− التمويل والتسويق.

− عدم ربط الإنتاج بنوع التربة وحاجة السوق.

− تغيير الوضع السياسي للمستأجر.

− عدم تجانس المواطنين الجدد.

7-   الصحة والرفاهية الاجتماعية:

تتحكم الخلفية الثقافية والاجتماعية والاقتصادية للناس في مدى إستعدادهم لتحسين مستواهم الصحي الذي يتأثر بالتحسن في مستوى معيشة الأفراد وفي البلاد التي يعاني سكانها من نقص التغذية تكون أكثر قابلية للإصابة بالأمراض المزمنة والطفيلية، وتترك هذه الأمراض أثرها على السكان فتضعف قواهم وينخفض معدل الإنتاج القومي.

وبالرغم من تحسن المستوى الصحي في البلاد النامية الذي يتضح في انخفاض نسبة الوفيات إلا أن المناطق الريفية على وجه التحديد في هذه البلاد ما زالت تعاني من مشاكل كثيرة أهمها:

− انتشار الأمراض المعدية ويرجع ذلك إلى نقص عدد الأطباء وعدم كفاءة الذين يقومون بالخدمات الصحية في هذه البلاد وتقدر نسبة الأطباء إلى عدد السكان في بعض من هذه المناطق بطبيب واحد لكل 9000 نسمة.

− عدم كفاية الوجبة الغذائية في كميتها ومكوناتها. ولندرة المواد الغذائية في بعض المواسم دور كبير في ذلك كما أن العادات والتقاليد دورها أيضا في هذا الشأن.

8-   القيادة وطرق الاتصال ومؤسسات التنمية:

إن نجاح برنامج يهدف إلى تنمية المجتمعات لا يعتمد فقط على نمو الموارد المادية بل يعتمد أيضا على نمو المهارات بين الأفراد ومشاركة المجتمع بأكمله في عملية التنمية. فوعي الأفراد بمشاكل المجتمع وتحمسهم لحلها بالجهود الذاتية يحملهم على التصدي

لأي مقاومة داخلية ضد عملية التنمية. ولا يتحقق ذلك إلا عن طريق تنمية وتدريب قيادات محلية ناضجة وواعية تقود عملية التنمية محليا.

والقيادة المحلية إذا اتصفت بصفات معينة كالموضوعية والإحلال والولاء لأهداف المجتمع، وتوفرت لديها القدرة على التعبير والإقناع استطاعت أن تقوم بدور فعال وكبير ومؤثر في تغيير ثقافة المجتمع وإحداث التغيير المطلوب في حياة الأفراد، وخلق الرغبة لديهم للإقبال على المؤسسات الإجتماعية التي تعمل على هذا التطوير، وخاصة وأن المجتمع يمكن أن يقبل تغيير عاداته وتقاليده ونظمه إذا تم ذلك بطريقة ديموقراطية تتيح لأفراد المجتمع فرصة المناقشة والتعبير عن الرأي.

والقيادة المحلية في المجتمعات النامية تعترضها العديد من المشاكل نعرض منها على سبيل المثال:

— القيادة مكانة موروثة أكثر مهاراتها مكتسبة، ففي كثير من الدول النامية يقوم تنظيم المجتمع على دور ومكانة فئة قليلة من الأفراد في هذه المجتمعات حيث لا تعتمد القيادة على الصفات الشخصية بل تعتمد في المقام الأول على النفوذ والجنس والسن والإمتيازات الموروثة.

— عدم مشاركة أعضاء المجتمع القادرين على التأثير، في كثير من البلاد النامية يوجد الكثير من الأفراد القادرون على التأثير في الرأي العام، ولكنهم نظرا لمكانتهم الموروثة في المجتمع لا يقبلون على تقلد المراكز القيادية.

— عدم الإنسجام بين القادة الرسميين والمعينين من قبل الحكومة كالمدرسين والأطباء والزراعيين وبين القادة المحليين في المجتمع.

9- العنصر البشري:

حين نقوم بتنفيذ المشروعات الخاصة بالتنمية تبدو الحاجة الملحة والضرورية لفهم الكثير من الدوافع الإنسانية الكامنة وراء سلوك أهالي المجتمع، فخلال الخبرة التاريخية للمجتمع المصري على سبيل المثال، اتضح أنه على الرغم من تنفيذ مشروعات متعددة

شملت ميادين متنوعة في الإقتصاد والصحة والتعليم، تلك المشروعات التي غالبيتها لم تحقق أهدافها في إحداث النتيجة المطلوبة لمشروعات كان هدفها تغيير الواقع، فما هي دوافع وأسباب هذا الإخفاق في تحقيق الهدف المطلوب؟ وهل يرجع ذلك من ناحية إلى عدم تناسب الأهداف الرئيسية لهذه المشروعات مع الدافع الفعلي المرتبط بالظروف البيئية والإجتماعية التي يعيش في إطارها الأهالي؟

إن للعنصر البشري دوراً هاماً في تحقيق التنمية والتي تجعله محوراً لها، وليس أدل على ذلك أن الدول المتقدمة تعتمد في الوقت الحاضر على المهارات الإنسانية أكثر من إعتمادها على رأس المال والإنسان ذو الكفاءة الإنتاجية العالية الذي ينال قسطا كافيا من التعليم، والذي يستمتع بصحة جيدة ويعيش في مسكن مريح، وتوفر له الضمانات الكافية للحياة الآمنة في حاضره ومستقبله، وهو الذي يستطيع أن يساهم بإيجابية في بناء المجتمع وتنميته، أي أنه ليس هناك تنمية إقتصادية كانت أو اجتماعية، إلا وكان الإنسان هو المحور الأساسي لها.

من ناحية أخرى نجد في بعض المواقف أن الكثير من المشروعات والبرامج يقدر لها الفشل لأنها تتعارض مع قيم الأفراد واتجاهاتهم، أو لأن الناس يرفضون الجديد ويميلون للتمسك بالقديم الذي ألفوه واعتادوا عليه أو لأن النظام القديم يشبع حاجة معينة لدى أفراد المجتمع، لذلك نجد كثيرا من المقاومة للتجديد التكنولوجي لاقتباس أساليب جديدة عن أفضل وسائل الإنتاج، وذلك كنتاج لوجود كثير من المعوقات المرتبطة بالبناء القيمي السائد في المجتمع، والذي يقف حجر عثرة أمام منجزات التنمية، مما يتطلب معه بذل الكثير من الجهود من أجل التوعية والإقناع من أجل إحداث التغييرات السلوكية التي تزيد من قدرة المجتمع على الإستفادة من طاقاته البشرية وموارده المادية في تحقيق أعلى مستوى من الرفاهية لأفراد المجتمع عن طريق زيادة الدخل القومي، على أن تتصدى التنمية لتغيير القيم والعادات والتقاليد التي تشكل أنماط السلوك داخل المجتمع والتي تمثل محصلة التراكمات والتفاعلات الثقافية عبر تاريخ المجتمع.

وتعتبر مشاركة المجتمع بأكمله في عملية التنمية ونمو وعي الأفراد بمشاكل المجتمع

وتحمسهم لحلها بالجهود الذاتية كل هـذا يسـاعدهم عـلى التصدي لأي مقاومـة داخليـة ضـد عملية التنمية، ولا يتحقق ذلك إلا عن طريق تدريب وتنمية قيادات محلية ناضجة وواعية تقود عملية التنمية محليا وتواكب حركة التغيير في إتجاه التجديد المسـتهدف لتطوير المجتمـع مـن وضع إلى وضع آخر أفضل وأحسن.

كما يعتبر وجود الحافز للتغيير عـاملا أساسيـا في إنجـاح مشـروعات التنميـة ووسائل خلـق وتقوية هذه الحوافز حيث تستحق مزيدا من العناية والإهتمام خاصة في البلاد النامية.

وفي هذا المجال (مجال العنصر البشري)، نذكر أيضا أن كل الناس لا ترغب أبدا في السير في نفس الإتجاه أو بنفس السرعة أن تمضي لنفس المسافة، فاتجاهات الحركة تتباين في أهميتها بالنسبة لمختلف الناس، وعلى ذلك نجد أنه في مجال التنمية يجب على العاملين فيه أن يتيحوا للناس فرصا عديدة للسير في اتجاهات مختلفة، وكذلك الاهتمام بأن يسير العمل بالسرعة التي يحتملها المجتمع فلا يسرعوا بالشكل الذي يجعل الناس يتركون لهم المسئولية أو يُبطئوا بشكل يجعل بعض الناس يفقدون حماسهم للعمل وينفضّون عن المشروع، أي يجب على العاملين في مجالات التنمية أن يسيروا بسرعة وبطء متناسبة مع إمكانيات كل أهالي المجتمع.(11)

الهوامش:

1. عادل مختار الهواري، "**التغير الاجتماعي والتنمية في الوطن العربي**"، الكويت، مكتبة الفلاح، 1988م، ص ص173- 175
2. عادل الهواري ، مرجع سابق، ص 174
3. زياد رمضان وآخرون ، "**المفاهيم الإدارية الحديثة**"، عمّان، مركز الكتب الأردني، الطبعة السادسة، 2003، ص ص 85-89
4. محمد السبعاوي، "**تطور الفكر الإداري**"، غزة، فلسطين، دار نشر "بدون"، 2003، ص ص 56-57.
5. بشير العلاق ، "**الإدارة الحديثة: نظريات ومفاهيم**"، عمّان، دار اليازوري العلمية للنشر والتوزيع، 2008، ص 119
6. أحمـد خـاطر و سـميرة محمـد، "**التخطـيط الاجتماعـي، مـدخل إلى القـرن الواحـد والعشرـين**"، الاسكندرية ، المكتب الجامعي الحديث، 1998، ص ص 162- 168

7. عادل الهواري، مرجع سابق، ص ص 189- 190.
8. أحمد مصطفى خاطر وسميرة كامل محمد، "**التخطيط الاجتماعي، مدخل إلى القرن الواحد والعشرين**"، الاسكندرية ، المكتب الجامعي الحديث، 1998، ص ص162- 168
9. Soubbtina، Tatyana, P. & Sheram, Katherine, A.(2000), Beyond Economic Growth: Meeting the Challenges of Global Development, WBI Resources Series, The World Bank, Washigton D.C, P35
10. عبد العزيز محمد الحر، **مرجع سابق**، ص42-43
11. أحمد خاطر، وسميرة محمد، **مرجع سابق**، ص ص169- 188

الفصل السادس

رؤية بيئية حول التنمية المستدامة

Environmental Vision on Sustainable Development

Concept

مفهوم التنمية المستدامة:

عند الحديث عن التنمية المستدامة، لا يمكن تجاهل الأجيال القادمة، وكيفية استغلال موارد الأرض في الفترة الحالية والمستقبلية: الفقر، البيئة، التعليم، الأوضاع الحالية والمستقبلية في مجالات السياسة والاقتصاد والاجتماع وغيرها من مجالات التنمية الأخرى.(1)

تُعرّف التنمية المستدامة بأنها: عملية التنمية الاقتصادية التي تلبي أماني وحاجات الحاضر دون تعريض قدرة أجيال المستقبل على تلبية حاجاتهم للخطر.(2)

كما عُرّفت أيضاً: بأنها تحسين في نوعية الحياة الإنسانية وقدرتها على تحمل الأنظمة البيئية.(3)

وكذلك تعرف بأنها: التنمية التي تلبي احتياجات الحاضر دون المساس بقدرة الأجيال المقبلة على تلبية احتياجاتها، والتي تركز على تحسين نوعية الحياة لجميع المواطنين في الأرض دون الزيادة في استخدام الموارد الطبيعية، بحيث تعمل على اتخاذ الإجراءات، وتغيير السياسات، والممارسات على جميع المستويات، بدايةً من الفرد وانتهاءً بالأسرة الدولية.(4)

ويمكن القول أن للتنمية المستدامة عدة أهداف أهمها ارتقاء الإنسان وسد احتياجاته، من صحة وتعليم وإسكان ومعاملة وبنية تحتية وحرية رأي، ونوعية حياة، والتسهيلات المتوخاة من الحكومة والشعب، مع المحافظة على حقوق وموارد الأجيال القادمة في التنمية، وألا تتعرض حياتهم للخطر، من خلال تدمير أو استهلاك موارد وخيرات الأرض.

والتنمية المستدامة -كمفهوم واسع- فإن قلة من الناس الذين لديهم وعي وقابلية لتطبيقها، بحيث يتم استخدام وسائل مختلفة تحافظ على البيئة والثروة الغابية، والحيوانية، والسمكية، والنباتية، والمعدنية، مع المحافظة على استمرار عطاء هذه الثروات لسد حاجات الأجيال القادمة والمحافظة على التنوع الحيوي.

فالتنمية هي سد احتياجات الناس من صحة وتعليم وإسكان وعمل وبنية تحتية وشوارع وتسهيلات في الأمور الحياتية جميعها، وتتم من خلال تضافر جهود كل من القطاع العام والقطاع الخاص والمشاركة الشعبية.

مبادىء التنمية المستدامة: Principles of Sustainable Development

تستمد التنمية المستدامة قوتها من العلاقة التكاملية بين النمو والترشيد في استغلال الموارد، والمحافظة على البيئة، من خلال التنسيق الفعال ضمن برنامج معين يعتمد حماية البيئة، والموارد، واحتياجات المجتمع معاً، بشرط عدم استنزاف الموارد والمحافظة على استمراريتها، لكي تتحقق المبادىء التالية:

(1) استخدام أسلوب النظم عند إعداد الخطط وتنفيذها Systems Approach:
يعتبر هذا الأسلوب شرطاً أساسياً لإعداد الخطط وتنفيذها في التنمية المستدامة، من منطلق أن البيئة الإنسانية لأي مجتمع بشقيها الطبيعي والبشري ما هي إلا نظام فرعي صغير من النظام الكوني ككل، و أي تغيير يطرأ على محتوى وعناصر أي نظام فرعي مهما كان حجمه ينعكس ويؤثر تأثيراً مباشراً في عناصر ومحتويات النظم الفرعية الأخرى، ومن ثم في النظام الكلي للأرض، لذلك تعمل الاستدامة بهذا الأسلوب على ضمان تحقيق توازن النظم الفرعية بمختلف أنواعها وأحجامها، من أجل ضمان توازن البيئة بشكل عام.

(2) المشاركة الشعبية: عبارة عن ميثاق يقر مشاركة الجماهير والحوار، ووضع السياسات وتنفيذها، وبمشاركة جميع الأهالي والهيئات الرسمية وإتباع أسلوب اللامركزية، أي اعتماد أسلوب التنمية من أسفل إلى أعلى بداية من المستوى المحلي، والإقليمي، لما لدور الحكومات والمجالس البلدية والقروية، في المحافظة على البيئة من التلوث، وترشيد

الاسـتـهـلاك، والمـحـافـظـة عـلـى الـمـوارد، وتوعيـة الشـعب والمسـاواة بـين المـواطنين، والاستقرار في عدد السكان، وكيفيـة التوزيـع السكاني في كافة مناطق الوطن بمـا يتناسب مع مصلحة وخدمة الـوطن في التنمية، واستخدام التكنولوجيا، وتشجيع البحث العلمي والتطوير، من خلال المؤتمرات والجامعات، وجميع المراكز التعليمية، وتحسين نوعية الحياة، والتخلص من النفايات، أو عمل برامج لها، مثل تصنيعها، أو تقليلهـا، لخلق بيئـة نظيفـة، بالإضـافة إلى تحسـين الخدمات والمرافـق الصحية، والتعليمية، والإسكان، والمواصلات، بحيث تحد نوعية وسائل المواصلات المستخدمة من التلـوث قدر الإمكـان، والاعتماد عـلى المـوارد المتجـددة وتطويرها وتحسـينها باستمرار، وعدم الاعتماد على الموارد غير المتجددة.(5)

وحدة النظام البيئي: Echo System Unity

تشير وحدة النظام البيئى إلى ثبات أو كمال النظام ووجوده في حالة كلية شاملة دون أن يفسد شيء، كمـا يشير أيضا إلى كـل مـن بنية النظام ووظيفتـه، وإلى صيانة مكونات النظام، والتفاعل الذي يحدث فيما بينها وديناميكية النظام البيئى الناجم عن ذلك.

ومع ذلك وكما يقول "كينج": "ينحاز مفهوم وحدة النظام البيئى التقليدي بدرجة كبيرة إلى وحدة الوظيفة، وحالة عدم الفساد".

وبالإضافة إلى ذلك يعتمد التقويم الفعلي لوحده النظام البيئى على رؤية المراقب، فرؤى الناس بالنسبه لمؤشرات مثل الاقتصاد والنواحي الجمالية وفهم الوظيفة المعنية للنظام البيئي، تؤدي إلى إصدار أحكام متحيزة بشـأن وحدة النظام البيئي، ولا ينبغي اسـتبعاد أحكام القيم الإنسانية الخاصة بالاقتصاد والجمال مـن أي تقـويم لوحـدة النظام البيئي لأغـراض طبيعيـة أو أيكولوجية أو علمية.

وعـلى أي حـال ينبغي أن يكـون هنـاك منهاج متوازن عند تحديد ماهيـة التنمية المستدامة، وينبغي أن يلعب المنظور الايكولوجي دورا هاما في أي تقويم كهذا.

ويعد المقياس الزماني والمكاني عنصران أساسيان في تقويم وحدة النظام البيئي، ويجب أن يكون المقياس الزماني طويلا بدرجة تكفي لتحديد الحالة "الطبيعية" التي ينبغي أن يكون عليها النظام البيئي، وتحديد ما إذا كان الخروج عن الحالة "الطبيعية" يمثل بالفعل مؤشر أم أنه مجرد تغيرات عشوائية، ويحتاج اكتشاف التغيرات البطيئة التي تحدث في أحد عناصر النظام الذي يكون ثابتا أثناء ملاحظته لفترة قصيرة، إلى ملاحظة هذه التغيرات لفترة طويلة، وبالمثل فإن عملية الملاحظة التي تتم لمساحة مكانية كبيرة قد تكشف عن تغاير الخواص التي لا تظهر من خلال الملاحظة المحلية محدودة النطاق.

رؤى خاصة بالتنمية المستدامة: Visions of Sustainable Development

لماذا نحافظ على الموارد الأيكولوجية؟(*)

من المهم قبل فحص أية رؤية خاصة بالتنمية المستدامة، أن نعرف ما الذي نحافظ عليه؟ ولماذا نريد الحفاظ عليه؟ وإجابة هذين السؤالين تتعلق في المقام الأول بقضايا تحقيق الأهداف التي نستطيع التعايش معها مع الوضع في الحسبان رؤيتنا الشخصيه للعالم.

ومن المهم أيضا إدراك تكاليف الأضرار البيئية والايكولوجية، وإدراجها في وقت مبكر بقدر الإمكان في عملية اتخاذ القرار، وكما يشير "نوس" في معرض إشارته إلى الموارد الغابية المستدامة، أن مهمتنا ستكون سهلة لو أن هدفنا هو الحفاظ على التدفق شبه المتعادل للمنتجات الخشبية بالمقارنة باهتمامنا بالفعل ببقاء شبكة ودورات التغذية التي تحافظ على إنتاجية التربة في النظم البيئية الغابية.

وينظر البعض إلى صيانة البيئة، من منظور زراعي أيكولوجي أيضاً، على أنها امتداد للمخاوف الراهنة الخاصة بالأمن الغذائي في المستقبل، بمعنى أنه إذا تم الحفاظ على معدلات إنتاجية الغذاء يعد مؤشراً ضرورياً للاستدامة الزراعية، فمن الجلي أيضاً أن إنتاج محاصيل الغذاء التجارية وحده لا يعد مؤشراً كافياً للاستدامة الخاصة بالنظم البيئية الزراعية.

134

ومع الوضع في الاعتبار أن الناس هم القوة المؤثرة في تغيير النظام البيئي باطراد، خاصة في النظم البيئية الأرضية، فإننا نرى أنه يتعين علينا أن نحافظ على أكبر قدر ممكن من النظم البيئية البكر بحيث تؤدي وظيفتها بشكل طبيعي بالاضافة الى إدارة النظم البيئية اللازمة لبقاء الإنسان ورفاهيته.

وتتمثل المعضلة الرئيسية بالطبع في أن هناك القليل من النظم البيئية الأصلية أو حتى التي يمكن تبديلها تبديلاً هامشياً وأن النظم البيئية الأرضية في مناطق كثيرة من العالم قد تحولت وعلى نطاقٍ واسعٍ الى نظم بيئية مخصصة للزراعة والغابات والمراعي بهدف توفير المأكل والملبس والمأوى للإنسان في المقام الأول.

ويهتم كثيرون بالحفاظ على أنواع النباتات والحيوانات الأصلية والأنواع الجرثومية في الكثير من المناطق المختلفة وغير النامية، وداخل المحميات الطبيعيه، ومع ذلك فالواقع أنه برغم ما يصفه "كرسبى" بأنه استعمار ايكولوجى، فإن مساحات كبيرة من أراضي المنطقة المعتدلة قد تحولت بالفعل إلى (اوربات جديدة) ، وتستمر عملية التنمية في المناطق الاستوائية من العالم والحساسة بيئيا بمعدلات متسارعة.

ويمكن تعميم وجهتي النظر المحتملتين اللتين يستعرضهما "تومان" في سياق تعريفه للتنمية الغابية المستدامة مما يساعدنا في الإجابة على تلك التساؤلات الخاصة بأسباب رغبتنا في الحفاظ على الموارد الايكولوجية.

وتتمثل وجهة النظر الأولى الخاصة بالاستدامة في أن جميع الموارد - ممثلة في الموارد الطبيعية، ورأس المال الطبيعي والمعرفة والقدرات البشرية - تعتبر مصادر للرفاهية قابلة للاستبدال نسبيا بأخرى مماثله لها، واستنادا إلى هذا الرأي فإن الأضرار التي تلحق بالنظم البيئية بسبب عوامل مثل تدهور جودة البيئة أو فقدان تنوع الأنواع أو ارتفاع درجة الحرارة على مستوى العالم تكون مقبولة بشكل فعلي. وبدلا عن ذلك يصبح السؤال المطروح هو ما إذا كانت الاستثمارات التعويضية لأجيال المستقبل التي تتخذ أشكال أخرى لرأس المال مثل المعرفة الإنسانية والتنظيم الاجتماعي والتقني قابلة للتحقيق وتنفذ بالفعل.

وثمة وجهة نظر أخرى تعتمد على الأيكولوجيا بدرجة كبيرة، تتمثل في أن هذه الاستثمارات التعويضية تكون غالباً غير قابلة للتنفيذ ولا يمكن أحياناً الدفاع عنها أخلاقياً حينما تهدد النظام البيئى بالتدهور، فالقوانين الطبيعية تحد من مدى إمكانية استبدال الموارد بالتدهور والتفسخ الأيكولوجى وقد لا يكون هناك بديل عملى لنظم دعم الحياة الطبيعية، وقد تكون الاستثمارات التعويضية عديمة المعنى إذا بلغ تدهور النظام البيئى حداً لا سبيل إلى إصلاحه.

وتوجد وجهتا نظر بديلتان تبرران السبب وراء الرغبة في الحفاظ على التنوع الحيوى، الذي يعد عنصراً من عناصر الإستدامة الأيكولوجية، وتشيران أيضاً إلى تنوع الرؤى واختلافها، ترى أولاهما أن التنوع الحيوي يوفر مستودعاًجينياً نستطيع أن نسحب منه جميع أنواع المنتجات المفيدة، أما وجهة النظر البديلة الأخرى فتتمثل في ضرورة الحفاظ على التنوع الحيوى لأنه هدف في ذاته.

والإهتمام واضح بالحفاظ على السلسلة الكاملة للأنواع، والمادة الجينية والنظم الايكولوجية على ظهر الأرض لأن لها قيمة متأصلة تفوق أي استخدام أو فائدة قد تجنى من ورائها، وتدعم وجهة النظر الأولى مفهوم التنمية المستدامة، بينما تركز الثانية أكثر على صيانة النظم البيئية والحفاظ عليها.

التنمية المستدامة توازن بين القيم الأيكولوجية والاقتصادية والاجتماعية

Economic and Social Values،Sustainable Development as Balance between Ecological

توجد وجهات نظر عديدة تتعلق بالتنمية المستدامة. وهذه التوجهات أو الرؤى ليست مستقلة عن بعضها البعض ولكنها بالأحرى متداخلة معا بحيث تعرض وجهة نظر شخصية خاصة بشأن التنمية المستدامة، ويعد المنظور الايكولوجي بمثابة وجهة نظر أساسية، وهو يمثل مع ذلك وجهة نظر واحدة من التوجهات العديدة الهامة وينبغي النظر إليه في سياق يمكن فهمه فهماً تاماً.

وقد خلص "نيهر" neher من الدراسة التي أجريت لوضع تعريف لمصطلح "الاستدامة الزراعية" الى وجود ثلاث موضوعات مشتركة بين هذه التعريفات هي:

(1)   إنتاجية النبات والحيوان

(2)   الجودة البيئية والثبات والاستقرار الايكولوجي

(3)   قابلية النظام الاجتماعي الاقتصادي للتطبيق

وتوجد ثلاثة تعريفات للإستدامة الزراعية توضح هذه الموضوعات:

-   تعرف الإستدامة الزراعية بأنها قدرة أى نظام ايكولوجى زراعي على الحفاظ على الانتاجية طوال الوقت في مواجهة القيود البيئية والضغوط الاجتماعية والاقتصادية طويلة الأمد.

-   الإستدامة الزراعية مصطلح معقد يجسد الاستقرار الايكولوجي وكل ما يمكن التعويل عليه (مثل الحفاظ على الموارد وتخفيض الآثار المضرة بالبيئة) والقابلية للتطبيق الاقتصادي وجودة الحياة والرفاهية البشرية.

-   تعمل الاستدامة الزراعية في الأمد البعيد على تدعيم وتعزيز الجودة البيئية وقاعدة الموارد التي تعتمد عليها الزراعة وتوفر الحاجات الأساسية للإنسان من مأكل وملبس، وتكون قابلة للتطبيق من الناحية الاقتصادية، وتدعم جودة الحياة بالنسبة للفلاحين وللمجتمع برمته.

ويعتبر التعريف الثالث بمثابة الوصف الجيد للنظم الأيكولوجية الزراعية المستدامة، ويمكن إضافة عنصر الحياة البرية إلى هذا التعريف، وينبغي أيضا الإقرار بان الزراعة قد ظهرت كمشروع من مشروعات النشاط البشرى لموازنة المخاطر الاقتصادية والبيئية مع الحفاظ على قاعدة الانتاجية طوال الوقت.

ويعد المنظور الايكولوجي واحداً من القضايا أو مجموعة الأهداف الثلاثة الرئيسية الخاصة بالمفهوم والتي تنطوي على مضامين عملية هامة كاملة للتنمية المستدامة، وقد بذلت جهود متواصلة لتأكيد المضامين المتأصلة في العناصر الثلاثة للتنمية المستدامة.

137

ويركز الأيكولوجيون من خبراء البيئة على الحفاظ على تكامل النظم الايكولوجية اللازمة للاستقرار الكلى لنظامنا العالمى والاهتمام بقياس وحدات الكيانات الطبيعية والكيميائية والبيولوجية.

ويسعى الاقتصاديون لزيادة الرفاهية البشرية إلى أقصى درجة في ظل الموجودات الرأسمالية والتكنولوجيا الراهنة واستخدام الوحدات الاقتصادية (مثل المال أو القيمة المتحققة) باعتباره معيار للقياس.

ويركز علماء الاجتماع على أن العوامل الأساسية الفعالة فى التنمية المستدامة هم الناس ومدى احتياجاتهم ورغباتهم واستخدام الوحدات غير الملموسة أحياناً، مثل الرفاهية والتمكين الاجتماعي.

والحلول الدائمة اللازمة لتنميه النظم الارضية تقع في مفترق الطرق بين المجالات التي تمثل العناصر الثلاثة الرئيسية للتنمية المستدامة، ولا تتحقق التنمية المستدامة إلا حينما تكون أهداف الإدارة وإجراءاتها قابلة للتطبيق من الناحية الأيكولوجية وأن تكون عملية من الناحية الاقتصادية ومرغوبة اجتماعياً، مما يشير الى الكمال البيئى وتقبلها سياسياً، وعلم التنبؤ ذاته لا يقدم أيه أسس للأحكام القيمية، بل يوفر بالأحرى مصدرا أساسيا للمعلومات التي تتخذ على أساسها القرارات الاقتصادية الاجتماعية، وفقا للشروط التى تفرضها قيم الناس.
وتتحقق التنمية المستدامة من خلال التقاء العناصر الثلاثة الرئيسية التي تشمل وجهات نظر الأيكولوجيين والاقتصاديين وعلماء الاجتماع.

ومع ذلك فإن عدم التوازن بين العناصر الثلاثة أو إعادة صياغة التوازن ليعكس تفوق إحدى وجهات النظر على ما عداها قد يسفر ذلك عن فشل تحقيق صيانة البيئة بسبب تعرض أحد المجالات أو أكثر للإخفاق.

فإذا أخذت على سبيل المثال إحدى وجهات النظر الأساسية في الحسبان بحيث تبرز الأهداف الاقتصادية فقط مثل النمو والكفاءة، وترجع في الوقت نفسه الأهداف البيئية إلى إدارة الموارد الطبيعية وحدها، فإنه لا يمكن تحقيق توازن دائم في الأمد البعيد.

وبالمثل يكون استمرار النظم الأرضية (مثل الغابات) متدثرا في عباءة القيم والمؤسسات الإنسانية دون الاعتماد على الوظائف الايكولوجية وحدها، هذا ناهيك عن أن المشكلات الطبيعية الحيوية والتقنية الظاهرية وما يصاحبها من تدهور الموارد وفقدان الإمكانات الكامنة في النظم مثل النظم الايكولوجية الزراعية، يكون لها في واقع الأمر جذور أصلية في المشكلات الاقتصادية والاجتماعية والسياسية.(6)

ولتحقيق التنمية المستدامة يجب أن تتلاقى العناصر التالية كما هو موضح في الشكل التالي:

شكل رقم (2)

يوضح ضرورة تلاقي العناصر المهمة لتحقيق التنمية المستدامة

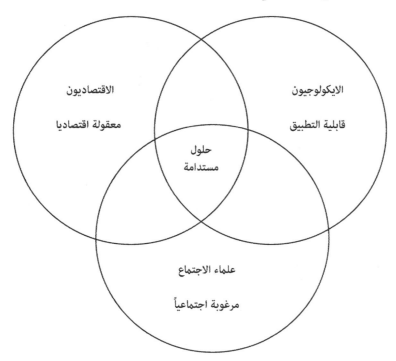

المصدر: موسشيت ، ف . دوجلاس ، "مبادىء التنمية المستدامة"، مرجع سابق، ص73

ولتوضيح مجموعة الأهداف الأيكولوجية فإن الشكل التالي يبين تلك الأهداف ومدى ارتباطها مع بعضها.

شكل رقم (3)

يوضح مجموعة الأهداف الأيكولوجية ومدى ارتباطها مع بعضها

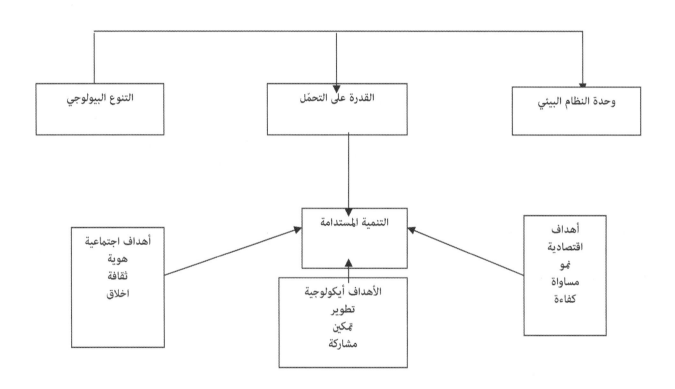

المصدر: موسشيت ، **ف** . دوجلاس، **"مبادىء التنمية المستدامة"، مرجع سابق، ص72**

الهوامش

1. United Nation University, **Effective Pathways to Sustainable Development**, Report to the Second Preparatory Session for the 2002 World Summit on Sustainable Development,United Nation, New York,28.1- 6.2.2002. P.6
2. Holmberg, Johan, (1994), **Making Development Sustainable: Policies For A small Planet from the International Institute for Environment and Development**, London, Earth scan Publication, pp. 321-322.

3. Quaddus, Mohammad and Siddique, Mohammad,.(2004), **Handbook Of Sustainable Development Planning**, Northampton MA, Cheltenharn, UK, Edward Elgar, p4
4. Sengupta, Roshni, The Earth's 11: Climate Heroes Who are Keeping the Sustainability Debate Alive, **Terragreen, Earth Matters Magazine**, New Delhi, India, Terra Institute, Volume 1ssue 12 , March 2009, p29
5. Brenke, S, Church. D, Hansell. W, Vine. E, and Zelinsk, (1998) **Building Sustainable Communities - the Historic Imperative for change**, pp.1-5.

أيكولوجية: وهو مصطلح معرب عن كلمة **Ecology** والتي تعني العلم الذي يدرُس العلاقات بين الكائنات الحية وبيئتها

6. موسشيت ف. دوجلاس ، "**مبادىء التنمية المستدامة**"، ترجمة بهاء شاهين، القاهرة، الدار الدولية للإستثمارات الثقافية، 2000م.

الفصل السابع

التنميــة الاجتماعيــة

Social Development

فلسفة التنمية الاجتماعية: Social Development Philosophy

تقوم فلسفة أي علم على مجموعة الحقائق والركائز التي يقوم عليها هذا العلم، وتقـوم فلسفة التنمية الاجتماعية على مجموعة الحقائق التي تعتمد عليها في تحقيق الأهداف المنشودة للمجتمع.

وتتمثل مجموعة الحقائق التي تقوم عليها فلسفة التنمية الاجتماعية في النقاط الآتية:

1- إن الإنسان هو هدف التنمية وهو بؤرة التركيز في كل عملياتها.

2- احترام كرامة الفرد والإيمان بقـدرة الفـرد والجماعـة عـلى تحقيـق مسـتوى معيشي- أفضل.

3- محور التنمية هو شخصية الإنسان ذاتـه وشخصـية المجتمـع مـن جميـع النـواحي، فالتنمية عملية متكاملة.

4- إن المشاركة في السلوك الحقيقي للديمقراطية - المشاركة في الحكم والعمل وتحقيـق الاتجاهات - هي أساس التنمية الاجتماعية الشاملة.

5- الاعتماد على النفس كوسيلة للتعبير عن إيمان الفرد بنفسه وبالمجتمع الذي يعيش فيه.

6- التنمية الاجتماعية عمل إنساني ينسجم وطبيعة الإنسان كمخلوق اجتماعي سـياسي يسـعى دائـما إلى البقـاء والاستمرار مستعينا في ذلك بمـا يتمتـع بـه مـن صفات اجتماعية.

7- إن أهداف ومبادىء التنمية تنبع أساساً من مبادىء وأهداف الأديان السماوية مـن حيث احترام كرامة الإنسان والالتزام بكل ما يفيد التكامل الاقتصادي.

145

8- إن التنمية هي الترجمة الحقيقية والتعبير الإنساني لمفهوم الاشتراكية حيث تحقيق العدالة والمساواة والإخاء والمشاركة الفعلية بمعناها السليم في تحمل المسئولية الاجتماعية والتي بها يتحقق تقدم المجتمع.

9- الإيمان بفاعلية التخطيط الموجه نحو عمليات التعامل الاجتماعي بين الأفراد والجماعات والهيئات داخل المجتمع بشكل يسهم في معالجة مشاكل هذا المجتمع.

10- ترتكز الدعوة إلى بناء مجتمع سليم يحقق لأبنائه توافقهم الاجتماعي، فالتنمية الاجتماعية هي محصلة الفضائل التي عرضها الإنسان منذ بدء الخليقة وعلى مر العصور والأجيال، والتي تتمثل بعلاقة الإنسان بخالقه وبنفسه وبأسرته وجماعته ولتحقيق هذه العلاقات يتجلى دور التنمية الاجتماعية في ذلك من خلال العمل على تغيير النظم بما يتفق واحتياجات الإنسان.

11- تؤمن التنمية الاجتماعية بأن المجتمع بناء وكيان اجتماعي يتكون من عناصر وأجزاء ونظم متماسكة ومترابطة وأن أي خلل في أي جزء منه يؤثر في الأجزاء الأخرى، وكذلك أي تغيير في أي جزء منه يعود على الأجزاء الأخرى بالأثر القومي والتطور.

أهمية التنمية الاجتماعية ووظائفها:

إن للتنمية الاجتماعية أهمية خاصة وضرورة حيوية لكل من الأفراد والمجتمع نفسه والتي تتمثل في الاعتبارات التالية:

أ- يشعر الأفراد في ظل التنمية والإنعاش الاجتماعي شعوراً حقيقياً بوجود الدولة، حيث إن الرعاية تساهم في تحقيق المجتمع أو الدولة، وهي تؤكد في نفوس الأفراد الشعور بالوجدان الجماعي أو المشاركة الوجدانية الجماعية، لأن الدولة تكتسب كيانها الحقيقي إذا أرتبط مواطنوها بوعي جماعي وحساسية جماعية واكتسبوا قسطاً من التحرر.

أما المجتمعات التي تقوم على التسلط واستعباد الفرد لأخيه أو استعباد المجتمع لغيره من المجتمعات فلن يكون لوجودها معنى ايجابي، وهذه النقطة متعلقة بوجهة نظر الدولة في طبيعتها ووظيفتها الأساسية، والتي لم تعد تتمثل في الأمن والنظام والحماية فقط بل إلى تحقيق الرفاهية الاجتماعية وتحرير المواطنين من المشاكل والآلام، والارتقاء بهم إلى مستويات معيشية كريمة، والسمو بأفكارهم ومعتقداتهم إلى نماذج إنسانية من القيم الإنسانية.

ب- تظهر أهمية التنمية الاجتماعية في تحقيق وتأمين المجتمع أو الدولة وضمان استقراره وعدم جنوحه إلى الانحراف أو الاتجاه نحو المبادىء الهدامة التي من شأنها أن تشيع الفرقة بين أفراده وتحقق في النهاية وحدة المجتمع المادية والمعنوية.

إن سلامة الدولة واستقرارها لا يقومان على قوة مفروضة على الأنظمة والقوانين الداخلية أو على اتفاقات ومعاهدات دولية، وإنما يقومان على قوة الروابط والعلاقات التي تربط بين الأفراد وتوحّد بين أفكارهم ومشاعرهم وتعمل على تكامل وظائفهم واتحاد مواقفهم.

ت- تعتبر التنمية والإنعاش الاجتماعي عاملا من عوامل تحقيق الارتقاء بالإنسانية ومعاييرها وتقريب وجهات النظر بين أفراد الدولة الواحدة بل وتحقيق التقارب الاقتصادي والاجتماعي بين شعوب العالم.

ث- إذا أمعن النظر إلى فكرة التنمية والإنعاش من الناحية الأخلاقية والمثالية والمعاني الإنسانية الرفيعة فإنها تغرس في نفوس أفراد المجتمع الفضائل الروحية التي من شأنها الرقي بوعي المجتمع وحساسية الأفراد وأذواقهم، لأن المشاركة في برامج الإنعاش والمساهمة في ميدان الخدمات والإصلاح الاجتماعي يخرج الفرد من حدوده الضيقة وحياته الخاصة إلى آفاق أوسع نطاقا تدربه على مشاعر وانفعالات مجتمعية أساسها الإيثار وحب الغير والتضحية بالذات، وتعتبر هذه المشاعر ضرورية لتعزيز الشعور الجمعي، أما الأنانية وحب الذات فهي مبادىء منفردة لا تتفق مع هذا الوجود.

مقومات التنمية الاجتماعية: Elements of Social Development

إن مقومات النجاح لعملية التنمية الاجتماعية لا يمكن تحقيقها ما لم تشتمل على الأمور الثلاثة التالية:

1- التغيير البنياني (البنائي): Structural Change

يقصد بالتغيير البنائي ذلك النوع من التغيير الذي يستلزم ظهور أدوات اجتماعية تختلف اختلافا نوعيا عن الإدارة والتنظيمات القائمة في المجتمع ويتطلب هذا النوع من التغيير حدوث تغيير كبير في الظواهر والنظم والعلاقات السائدة في المجتمع، والتغيير البنائي هو الذي يرتبط بالتنمية الشاملة، والمقصود أن تحدث تنمية في مجتمع متخلف اجتماعياً دون أن يتغير النمط الاجتماعي لهذا المجتمع طبقاً لخصائص الدول النامية والتي تمثل تحديات بالنسبة لها فإن تحقيق معدلات نمو سريعة لهذه البلاد لا يمكن أن يحقق إحداث تغيرات بنائية لها صفة العمق ولها طابع الشمول.

2- الدفعة القوية: Big - Push

لا بد للمجتمعات النامية من سلسلة من الدفعات يتسنى بمقتضاها إحداث تغيرات كيفية في المجتمع، وذلك لأن هناك حد ينبغي بذله قبل أن يتسنى التغلب على عوامل مقاومة التخلف.

ويمكن أن تحدث الدفعة القوية في المجال الاجتماعي بتأمين العلاج والتوسع في مشروعات الإسكان ومحو الأمية والتدريب المهني.

وقد انقسمت الآراء نحو أهمية الدفعة القوية في المجال الاجتماعي كما يلي:

(أ) فيرى البعض أن الدفعة القوية للتنمية الاجتماعية لا ضرورة لها في المراحل الأولى للتنمية، وأرجعوا ذلك إلى أن الدولة النامية لا تستطيع أن تحمل عبء الإنفاق على التنمية الاقتصادية والاجتماعية ولذا تؤثر التركيز على التنمية الاقتصادية.

(ب) ويرى فريق أخر أهمية برامج التنمية الاجتماعية بحيث توجه إلى البرامج التي لها تأثير مباشر على زيادة الكفاءة الإنتاجية مثل تنمية المجتمع المحلي والصحة الوقائية.

(ت) ويرى فريق ثالث أن الدفعة القوية لبرامج التنمية لها تأثير ضار على برامج التنمية الاقتصادية فالتوسع في زيادة التعليم مثلا قد يؤدي إلى زيادة عدد الخريجين الذين لا يجدون عملا وإلى زيادة الأيدي العاملة غير الماهرة، ومن ثم ارتفاع نسبة البطالة بأنواعها الكلية والجزئية.

ونود الإشارة في هذا المجال إلى أن الدفعة القوية التي تحدث في المجال الاقتصادي والتي لا تصحبها دفعة قوية مماثلة في المجال الاجتماعي يترتب عليها فجوة ثقافية كبيرة ومشكلات اجتماعية، ولذا فانه من الضروري إيجاد نوع من التكافل الكلي بين الجانبين الاقتصادي والاجتماعي بحيث تخرج الخطط متكاملة ومتوازنة في أهدافها ومتفاعلة نحو هدف مشترك.

-3 الإستراتيجية الملائمة: Suitability Strategy

ويقصد بها الإطار العام التي تضعه السياسة الإنمائية في الانتقال من حالة التخلف إلى حالة النمو الذاتي، ومن مستلزمات السياسة الاجتماعية السليمة أن هناك خططا استراتيجية تساعد على تعيين الأهداف الكبرى والمعالم الرئيسية، أما الخطط التكتيكية فإنها تنشأ لمواجهة المواقف العملية والتصرف تصرفا سليما في المواقف سواء أكانت متوقعة أو غير متوقعة.

وينبغي أن تُبنى التنمية الاجتماعية وفق خطط استراتيجية على أساس التكامل والتوازن بين التنمية الاقتصادية والاجتماعية بحيث يكون واضحا للمخططين أن التنمية الاجتماعية لها وظيفتان أساسيتان تختصان بالتنمية الاقتصادية، إحداهما التغيير الاجتماعي والأخرى تنمية الموارد البشرية.

وترتكز الاستراتيجية على العديد من الاعتبارات أهمها:

أ) الظروف والأوضاع السائدة للبلد المتخلف

ب) طبيعة النظام الاقتصادي

ت) نوعية التركيب الطبقي للسكان

وهناك أهداف استراتيجية وأخرى تكتيكية، ويلاحظ أن الأهداف الاجتماعية التي تصنف عليها معظم الخطط في البلاد النامية هـي تـوفير فرص العمل للأعداد المتزايـدة مـن السكان وتقليل التفاوت في توزيع الثروة.

وللنهوض بالتنمية الاجتماعية ونجاحها فمـن الضروري أن تتحـول إلى بـرامج تفصيلية محددة تحديدا كميا واضحا حتى يمكن تنفيذها على جميع المستويات وفي حدود زمنية معلومة، كذلك فإنه عنـد تحديـد الاستراتيجية الملائمـة للتنمية لا بـد مـن تحديد دور الحكومـة ودور المجتمعـات الأهليـة والتطوعيـة في عمليـات التنميـة في البـلاد الناميـة وترتيبها حسب أولويتها وفي ضوء السياسة العامة للدولة.

مبادىء التنمية الاجتماعية: Principles of Social Development

يعرف المبدأ بأنه "قاعدة أساسية له صفة العمومية يصل إليه الإنسان عن طريق المعرفة والتجربة والقياس"، وتستند التنمية كمفهوم حديث إلى بعض المبادئ الأساسية لتحقيق الأهـداف المطلوبة، وهي مبادئ ضرورية مترابطة ومتكاملة بعضها مع بعض، ولا يمكن التخطيط للتنميـة وتنفيذ مشروعاتها إلا إذا وضع في الاعتبار هذه المبادئ، ويمكن اعتبارهـا مبادئ أساسية للتنمية سواء على المستوى القومي أو المحلي.

150

ويمكن تلخيص مبادىء التنمية الاجتماعية على النحو التالي:

(1) اشتراك أعضاء البيئة المحلية في التفكير والعمل لوضع وتنفيذ برامج التنمية:

وذلك عن طريق إثارة الوعي إلى مستوى أفضل من الحياة يتخطى الحدود التقليدية وعن طريق إقناعهم بالحاجات الجديدة وقدرتهم على استعمال الآلات الحديثة في الإنتاج وتعويدهم على أنماط جديدة من العادات الاقتصادية والاجتماعية.

إن المشكلة الحقيقية التي تواجه عمليات التنمية في المجتمعات النامية هي ضعف استجابة هذه المجتمعات لها وعدم اشتراك الأهالي مع القيادات العامة، فجهود تركيبها الاجتماعية والاقتصادية تقف عقبة صلبة أمام التغيرات المفروضة التي تتناول في كثير من الأحيان قيمهم وتقاليدهم الخاصة.

(2) تكامل مشروعات الخدمات والتنسيق بين أعمالها بحيث لا تصبح متكررة أو متضادة:

لا بد من إحداث هذا التكامل بين المشروعات وذلك لأنها أقيمت أساساً من أجل علاج مشكلات المجتمع فيجب مواجهة هذه المشكلات بخطة متكاملة.

وهذا المبدأ يشير إلى حقيقة أولية في الدراسات الاجتماعية وهي مبدأ تكامل اجتماعي فهي تعتمد على بعضها البعض وتتبادل التأثر والتأثير.

ويمكن القول أن العوامل غير الاقتصادية لا تقل قوة (إن لم تزد) عن تأثير العوامل الاقتصادية، فنظام الملكية ومفهوم العمل ومفهوم رأس المال والادخار والاستهلاك.....الخ كل هذه العوامل الاجتماعية حضارية ذات صلة مباشرة بعمليات التنمية الاقتصادية.

(3) مبدأ المساعدة الذاتية:

يعتمد مبدأ المساعدة الذاتية أساسا على إتاحة الفرصة لأعضاء المجتمع لمساعدة أنفسهم بالاعتماد على الذات واستثارتهم لتنمية مجتمعهم، وهذا لا يتحقق إلا في

إطار مجتمعهم المحلي بحيث يكون الهدف تنمية ذاته، فتنمية المجتمع المحلي تعتمد أساسا على مجهودات أفراده وتعاونهم وتضافر جهودهم.

واستثارة أعضاء المجتمع هدفها القضاء على الجمود التقليدي الذي يسود المجتمعات المحلية المنعزلة لأفراد المجتمع، حيث ينبغي إعدادهم لتقبل الأفكار الجديدة ومساعدة أنفسهم لتحقيق ذلك.

وإن مبدأ المساعدة الذاتية يركز على تغيير الاتجاهات وتعويد أفراد المجتمع على الممارسة الديمقراطية، لأن التغيير الذي تحدثه مشروعات وبرامج التنمية يقوم على هذا المبدأ الذي يتضمن تغييرا لنظرة أعضاء المجتمع أنفسهم وأسلوب حياتهم وإحساسهم بالقدرة على تحديد احتياجاتهم وحل مشاكلهم، وتتغير اتجاهاتهم بنفس القدر الذي يتم فيه تغيير أحوالهم المادية والمعيشية.

ويعتمد نجاح عملية المساعدة الذاتية على مدى المساهمات الحكومية والهيئات الأهلية، سواء كان ذلك على مستوى التخطيط أو التغيير في برامج تنمية المجتمعات فنيا.

(4) مبدأ الوصول إلى نتائج مادية محسوسة:

تتطلب التنمية الاجتماعية ضرورة الإسراع بالوصول إلى نتائج مادية محسوسة ذات النفع العام للمجتمع، ولهذا فان بعض العاملين في ميدان التنمية الاجتماعية يرون أن يكون المدخل إلى هذا الميدان متمثلا في برامج تتضمن الخدمات الطبية، وإذا حدث وبدأ المخطط بوضع مشروعات اقتصادية في خططه الإنمائية فيجب اختيار تلك المشروعات ذات العائد السريع لاستعادة التكاليف ما أمكن والتي تسد في الوقت نفسه حاجة اجتماعية قائمة.

وهذا المبدأ يهدف إلى كسب ثقة أبناء المجتمع، والثقة هي رأس المال في أي مجتمع وتعطي فائدة أو منفعة محسوسة يحصلون عليها جراء مشروع اجتماعي أو اقتصادي في مجتمعهم، فالثقة في فعالية برامج التنمية ضرورية وجوهرية لإنجاحها باعتبار أنها عملية بشرية لا غنى عنها في أي مجال اجتماعي.

(5)   مبدأ الاعتماد على الموارد المحلية:

ترتكز التنمية الاجتماعية على الاهتمام بالموارد المحلية للمجتمع سواء كانت مادية أو بشرية، ويؤدي ذلك بالطبع إلى نفع اقتصادي حيث أنه يقلل من تكلفة المشروعات ويعطيها مجالا وظيفيا أوسع.

وتعتبر عملية الاعتماد على الموارد المحلية للمجتمع من أساليب التغيير، ويتم ذلك عن طريق إدخال الأنماط الحضارية الجديدة من خلال الأنماط القديمة وذلك باستخدام الموارد المتاحة في المجتمع، فاستعمال الموارد المألوفة في صورة جديدة أسهل على المجتمع من استعمال موارد جديدة.

وينطبق ذلك أيضا على الموارد البشرية، فالقادة المحليون أكثر نجاحا في تغيير اتجاهات أفراد المجتمع والتبشير عندهم بالأفكار الجديدة من الشخص الغريب الذي يكون أكثر كفاءة وقدرة، ولكنه هو نفسه شيء جديد يحتاج إلى قبول من المجتمع قبل أن تقبل الأفكار التي يبشر بها.

(6)   مبدأ تحديد الاحتياجات:

تهدف التنمية عموما إلى إشباع مطالب وحاجات الإنسان الأساسية والتي تتمثل في الحاجات البيولوجية والحاجات النفسية والاجتماعية والاقتصادية، ويتم إشباع هذه الحاجات الأساسية من خلال التنظيم والمؤسسات الاجتماعية التي تقوم في المجتمع وما يصاحبها من قيم ومعايير تحدد نوع العلاقات التي تسود بين أفراد المجتمع وحاجاتهم.

فالتنمية الاجتماعية تهدف إلى إيجاد نظم اجتماعية جديدة في المجتمع ويقوم كل نظام بإشباع حاجة أو مجموعة من الحاجات الاجتماعية الأساسية للإنسان، كما تهدف أيضا إلى تطوير النظم القائمة في المجتمع حتى تتفق وظروف الحياة في العصر الحاضر.

وتتمثل هذه النظم بالنظام الاقتصادي والنظام الأسري والنظام الديني والنظام السياسي والنظام التعليمي والنظام الصحي والنظام الأخلاقي ونظام الرعاية

الاجتماعية وغيرها من النظم اللازمة لإشباع كافة حاجات ومتطلبات الأفراد والجماعات في المجتمع النامي وغيره من المجتمعات.(1)

أهداف التنمية الاجتماعية: Social Development Goals

يمكن إجمال أهداف التنمية الاجتماعية بالنقاط التالية:

1) تشير كثير من الدراسات وتقارير المنظمة الدولية إلى أن الهدف النهائي للتنمية هو "تحسين مستوى الإنسان بما يوسع قاعدة الانتفاع من الخدمات"، كما أن من بين أهدافها أيضا " محاربة المزايا السلبية التي لا مبرر لها، وكذلك العدالة في امتلاك الثروة التي يتمتع بها البعض دون غالبية السكان"، أي أن التنمية الاجتماعية تهتم برفاهية الإنسان والعدل الاجتماعي.

2) إن التنمية تعمل على استغلال الموارد المتاحة والتي يمكن إتاحتها

3) إن التنمية الاجتماعية تعمل على دفع الأفراد والجماعات والمجتمعات باستمرار لتحقيق التقدم الاجتماعي والاقتصادي.

4) إن التنمية الاجتماعية هي عملية تغيير مقصود وموجه نحو إشباع الحاجات الإنسانية، وتعتمد هذه العملية على مبدأ أساسي تتلخص في أنه من الممكن توجيه هذا التغيير والتحكم في مضامينه واتجاهاته وسرعة ذلك في كل عناصر المجتمع.

وقد حدد وزراء الشئون الاجتماعية لدول افريقيا في مؤتمرهم المنعقد في القاهرة في الفترة من 10-12 أبريل عام 1967م أهداف التنمية الاجتماعية وفقاً لمجالاتها على النحو التالي:

) التعليم:

أ- محو الأمية

ب- تطوير وتحسين التعليم

- ت- رفع مستوى التعليم المهني والعام على جميع المستويات

- ث- توفير الإمكانيات والتسهيلات التعليمية والثقافية لكافة قطاعات المجتمع

2) العمالة:

- أ- ضمان حق كل مواطن في إيجاد عمل

- ب- القضاء على البطالة

- ت- رفع مستويات العمالة في كل من الريف والحضر

- ث- توفير الظروف والإمكانيات الملائمة للعمل

3) الصحة:

- أ- النهوض بالمستوى الصحي

- ب- توفير الإمكانيات الصحية اللازمة لسد احتياجات السكان في الجانب الصحي

4) الإسكان:

النهوض بالظروف السكنية والعمل على إنشاء المساكن الاقتصادية للفئات ذات الدخل المحدود.

5) الخدمات الاجتماعية:

- أ- القضاء على العوامل التي تؤدي إلى الجريمة والانحراف

- ب- القضاء على الجوع "الفقر" ورفع مستوى التغذية

- ت- توفير خدمات الرعاية الاجتماعية والبرامج الشاملة للضمان الاجتماعي حتى يمكن المحافظة على مستوى معيشة السكان ثم النهوض بها.

- ث- تشجيع التوسع في التصنيع واتخاذ اللازم نحو المشاكل الناتجة عن التوسع الاقتصادي.

- ج- مساعدة الأفراد والجماعات على تلبية احتياجاتهم ومطالبهم المتغيرة حتى

يمكنهم القيام بأدوارهم على الوجه الأكمل في رفع عملية التنمية الاقتصادية.(2)

هذا ولا يمكن إغفال دور التنمية الاجتماعية في رفد مجالات التنمية الأخرى مثل التنمية الاقتصادية والإدارية وغيرها، ففي مجال التعليم وعلاقته بالتنمية الاجتماعية - على سبيل المثال لا الحصر- فإن الفرد إذا كان لديه مستوى تعليم جيد، فحتماً سيتبع ذلك تطوير في المستوى الاجتماعي والسلوك الذي سيساعد في تحسين التصرفات والتعامل مع أفراد المجتمع، ومن خلال التنمية الاجتماعية يزيد وعي الإنسان ويختار مشاريع استثمارية تعمل على تشغيل الأيدي العاملة التي تصب في مصلحة البلد، كما تحسن من نوعية الحياة والإبداع.

كما تسهم التنمية الاجتماعية في تفعيل التنمية الاقتصادية من خلال تحسين نوعية الموارد البشرية، نظراً لأهميتها المتزايدة كأحد عوامل الإنتاج، ومن ثم فإن القدرة على مقابلة الحاجات الأساسية وتجنب التفاوت الكبير يوفر شروط الاستقرار الاجتماعي والسياسي وهي مطلب مسبق للاستثمار المحلي والأجنبي وتحقيق التنمية.(3)

الهوامش

1. محمد عبد الفتاح محمد، **الأسس النظرية للتنمية الإجتماعية في إطار الخدمة الإجتماعية**، الإسكندرية، المكتب الجامعي الحديث، 2005م، ص ص62-97

2. سامية محمد فهمي وآخرون، **"مدخل في التنمية الإجتماعية"، الإسكندرية**، المكتب الجامعي الحديث، 1986م، ص ص47-49

3. United Nations Economic and Social Commission for Asia and the Pacific, Development Research and Policy Analysis Division, **Social Impact of the economic Crisis, Regional Meeting on Social Issues Arising from the East Asia Economic Crisis and Policy Implication for the future,** Bangkok, 21-22 Jan, 1999. P3.

الفصل الثامن

التنمية الإقتصادية
Economic Development

تمهيد:

ما زالت نظرية التنمية الإقتصادية غير محددة الجوانب ومعظم الآراء والأفكار التي تناقشها لم تتفق على اتجاه معين، واختلفت وجهات النظر بين الاقتصاديين، وقد أثار تعريف التنمية الإقتصادية مثلما أثار تعريف التخلف الإقتصادي والإجتماعي جدلاً نظرياً كبيراً بين الباحثين بصفة عامة، كما ترتب عليه اختلاف وجهات النظر بصفة خاصة بين الإقتصاديين الرأسماليين، والإقتصاديين الإشتراكيين، واقتصاديي العالم الثالث، وكذلك في الفكر الإقتصادي الإسلامي.

وغالبية الإقتصاديين وخاصة الرأسماليين عادةً يركزون على العوامل الإقتصادية، غير أن التنمية هي في حقيقة الأمر ظاهرة اقتصادية واجتماعية وسياسية وعلمية، وعمل جماعي يشترك فيه الجميع، ويقتضى إعادة تنظيم المجتمع وتغيير هيكله، كما أن الإقتصاديين غالباً ما يستخدمون بعض الإصطلاحات كل منها محل الآخر دون تمييز وكأنها مترادفة تُعطي نفس المعنى وهي:

- النمو Growth
- التنمية Development
- التطور Evolution
- التطوير Developing

في حين أن هناك فروقاً واضحةً بين تلك الاصطلاحات.

وقبل تقديم مفهوم التنمية الإقتصادية والإجتماعية الشاملة التي تؤدي إلى الخروج من التخلف، وتحقيق الاستقلال والتقدم والتطوير الإقتصادي من خلال استراتيجية عامة للتطوير الإقتصادي والإجتماعي سوف يتم التعرض لمجموعة من التعاريف والمفاهيم الخاصة بالتنمية لدى الاتجاهات المختلفة للوقوف على حقيقتها ومحتواها:

أولا: مفهوم التنمية الاقتصادية في الفكر الإقتصادي الرأسمالي:

Economic Development Concept of the Capitalist Economic Thought

يمكن توضيح مفهوم التنمية الاقتصادية في الفكر الاقتصادي الرأسمالي من خـلال النقـاط التالية:

1) يرى غالبية الإقتصاديين الرأسماليين أن التنميـة هـي العمليـة التـي يـزداد فيهـا الـدخل القومي الحقيقي لمجتمع معين "الناتج القومي" خلال فترة زمنية معينة "عادة عام" على أن يكون معدل النمو الإقتصادي المتحقق "أى معدل نمو الـدخل" أكبـر مـن معدل نمـو السكان.

وهذا يؤدى إلى زيادة في متوسط دخل الفرد مع الإشارة إلى أن الزيادة في الدخل القومي يجب أن تكون مستمرة عبر مراحل التنمية الاقتصادية، لذلك فإن الزيادة التي تطرأ على الدخل القومي في الأجل القصير لسبب من أسباب التغيرات الطارئة أو الفجائية يجب أن لا تدخل ضمن مفهوم التنمية الاقتصادية فالمهم هو الاتجاه التصاعدى في صافي النـاتج القومي.

وإذا كان صحيحاً أن زيادة الدخل القومي الحقيقي يعد جانباً هاماً من جوانب التنمية الإقتصادية فإنه لا يمكن الإكتفاء بـه كمفهـوم للتنميـة الإقتصاديـة والإجتماعيـة، لأنـه ببساطة شديدة يغفل الجوانب الأخرى الأساسية سواء المتمثلة في تحقيـق الإسـتقلال الإقتصادي، والقضاء على التبعية بكل أنواعها- فضلاً عن العدالة التوزيعية لهـذا الـدخل القـومي بـين الطبقـات الإجتماعيـة المختلفـة التـي تسـاهم في خلـق وإشباع الحاجـات الأساسية والإجتماعية للمنتجين المباشرين (من عمال وفلاحين... وغيرهم ممن يساهمون في النشاط الإقتصادي) فإذا فرضنا ارتفاعا في متوسط دخل الفرد الحقيقي نتيجه سياسـة تنمية معينة، فقد يؤدي ذلك إلى أن يصبح

الأغنياء أكثر غنى والفقراء أكثر فقراً وليس هذا هدف النمو الاقتصادي المتسم بالعدالة.

2) وهناك بعض الاقتصاديين الذين ينظرون إلى التنمية الإقتصادية على أنها دخول الإقتصاد القومي الذاتي مرحلة الإنطلاق نحو النمو الذاتي، أما مرحلة الإنطلاق فهي المرحلة التي يكتسب فيها الإقتصاد القومي مقومات النمو الذاتي، ويشبه الكتّاب دخول الاقتصاد مرحلة الانطلاق بانطلاق الطائرة من سطح الارض، واذا كانت الطائرة تحتاج لتنطلق في الفضاء إلى حد أدنى من السرعة الأرضية قبل الإنطلاق، كذلك فإن عملية التنمية تحتاج إلى حد أدنى من الموارد ليدخل الاقتصاد القومي مرحلة الانطلاق أو مرحلة النمو السريع، ويتمثل ذلك الحد عند "روستو" Walt Rostow بارتفاع معدل الإستثمار ارتفاعاً كافياً لتوليد معدلٍ لنمو الدخل يفوق معدل نمو السكان.

وهذه النظريات في تحديدها لشروط عملية التنمية تقوم أساسا على فكرة المراحل، وبالتالي تتضمن أن التخلف مرحلة تاريخية يمر بها كل مجتمع يعقبها مرحلة الإنطلاق والنمو الذاتي وما يلي ذلك من مراحل، وهذه النظريات قد دحضتها دراسات التطور الاقتصادي للمجتمعات الصناعية المتقدمة وتاريخ الدول المتخلفة، حيث أن التخلف يعتبر عملية ووضع وليس حالة أو مرحلة، وقد نشأت هذه العملية نتيجة عوامل متعددة نشأت في ظل ظروف تاريخية محددة.

وبالنسبة لشرط الإرتفاع بمعدل الإستثمار القومي إلى 12- 15% فإنه وإن كان شرطاً ضرورياً وجوهرياً إلا أنه ليس كافياً، فتحقُّق هذا الشرط لن يضمن بذاته الدخول في مرحلة الإنطلاق ووضع الإقتصاد القومي في طريق النمو الذاتي - وهذا ما تشير إليه خبرة العالم الثالث في العقدين الماضيين.

إذن فالقضية الأساسية ليست هي المستوى الذي يرفع إليه معدل الإدخار والإستثمار، وإنما المهم هو وجود الإمكانية لدفع هذا المعدل نحو الزيادة والارتفاع بصفة مستمرة، فضلا عن نمط وكيفية استخدام هذا الحجم من الإستثمار، وكل ذلك لن يحدث إلا في إطار تغييرات جذرية في الهيكل الاقتصادي.

ثانيا: مفهوم التنمية الإقتصادية في الفكر الإشتراكي:

Economic Development Concept in the Socialist Thought

ينبع هذا المفهوم من الفلسفة الإشتراكية نفسها، ومن الأبعاد الإقتصادية والسياسية والتاريخية لهذه الفلسفة، فهو جزء لا ينفصل عن هذه الفلسفة ولا يمكن دراسته بعيداً عن الإشتراكية ذاتها.

وقد كان "كارل ماركس" Karl Marx هو أول من وضع الخطوط العريضة لهذا المفهوم في دراساته وأبحاثة التي أرسى بها أسس التنظيم الإشتراكي وكيفية تحول المجتمع من الرأسمالية إلى الإشتراكية وخاصة في كتابة "رأس المال" إلا أن هذه الدراسات لم تخرج عن الحيز النظري، وعندما قامت الثورة الإشتراكية في روسيا عام 1917م وأخذ لينين زمام السلطة وبدأ يطبق سياسة اقتصادية واضحة لتنمية ثروة البلاد والنهوض بها ومن ثم أخذ لفظ التنمية الإقتصادية مدلولاً علمياً وأسلوباً تطبيقياً، أي أنه أصبح لمفهوم التنمية الإقتصادية في الفكر الإشتراكي مدلولان الأول مدلول نظري وينسب إلى ماركس، والثاني مدلول تطبيقي وعملي وينسب إلى لينين، ولعل هذا المفهوم هو أكثر المفاهيم إلتصاقا بمبدأ التنمية الإقتصادية لدى الفكر الاشتراكي وخاصة المعاصرون منهم فقد ساهموا بدرجة كبيرة في دراسات التنمية والتخطيط.

1) التنمية الإقتصادية عند "ماركس": Economic Development of Karl Marx

يبدأ "ماركس" بتحليل علمي للنظام الرأسمالي باعتباره نظاماً رجعياً بالياً لا يلائم التطور البناء، وإنما هو نظام لا يمكن أن تتحقق في ظله التنمية الإقتصادية لجماهير الشعب، ومن هنا تصبح الخطوة المنطقية في التنمية عند ماركس هي في القضاء على هذا النظام ثم التحول بعد ذلك إلى الإشتراكية باعتبارها النظام الإقتصادي والإجتماعي والسياسي الأمثل والكفيل بجعل صرح التنمية الاقتصادية متيناً وعالياً.

فطالما استولى الرأسماليون على خيرات المجتمع ممثلة في فائض القيمة لـن تجد فئة العمال التي تمثل الأكثرية إلا أجر الكفاف، وهنا مكمن الصراع الذي يؤدي مع غيره مـن تناقضات المجتمع الرأسمالي إلى هدم عملية التنمية من جذورها، ويعطي ماركس أهمية بالغة لتحقيق الإستقلال السياسي في الدول المتخلفة كشرط أساسي لتحقيق التنمية، علـى أن يتضمن ذلك تصفية الأوضاع الإستعماريـة القديمـة ذات الطابع الإستغلالي، وإقصـاء وتصفية الطبقات الاجتماعية المسيطرة، وكـذا إلغـاء التشكيلات والتنظيمات السياسية المرتبطة بالاستعمار.

ثم بعد ذلك ضرورة تحقيق الإستقلال الإقتصادي، الذي يتضمن تـأميم المـزارع والمنـاجم والبنوك... وضمها نهائياً لملكية الشعب العامل، ويتضمـن كـذلك تصفية رؤوس الأمـوال الأجنبية المستثمرة في المجتمع ومحاولة تغيير حالة التبعية التي يتصف بها الإقتصاد القومي في الدول المختلفة عموماً مع محاولة وضع أسلوب معـين مـن التنميـة يـؤدي في النهاية الى تغيير هيكل الإقتصاد القومي من اقتصاد يعتمد على محصول واحد يصدره في شكل مادة أولية إلى اقتصاد قومي متنوع بعيد عن طابع الإستعمارية القديمة.

هذه هي الصورة العامة التي رسمها مـاركس لتحقيق أية تنميـة اقتصادية ذات شـأن، وواضح من هذه الصورة أن التخلف الـذي سـوف تعالجـة التنميـة هـو الوليـد الشرعي لعملية الاستعمار والاستغلال في ظل الرأسمالية وواضح كذلك إصرار ماركس على وجوب هدم النظام الرأسمالي تمهيدا لعملية تنمية شاملة، وعـلى اعتبـار أن الرأسمالية نظـام معقد لا يصلح إطلاقا لتحمل بناء التنمية الشامخ.

(2   التنمية الاقتصادية عند "لينين":   Economic Development of Lenin

استطاع "لينين" Vladimir Lenin بإدراكة العميق لمضمون النظرية الماركسية أن يكون هـو نفسـه المفكـر الاقتصادي لمرحلـة الثورة الاشتراكية بعد ثورة 1917م، وفي الوقت ذاتـه المنفـذ التطبيقي لهذه المرحلة، وبذلك أمدّ الاشتراكية العلمية بطاقة جديدة وتطبيق عملي مستحدث لآراء ماركس الاقتصادية.

ولينين عندما يناقش مفهوم التنمية الاقتصادية يعطيه مضموناً فلسفياً أيدولوجياً، فعنده أن النظام الرأسمالي ليس هو بالقطع الذي تتحقق التنمية الاقتصادية في ظله، لأن التنمية كما يقول: "هي الثورة التكنولوجية الاجتماعية القائمة على العلم، وبالذات العلوم الطبيعية" وهنا يضع لينين بعض الأسئلة الفلسفية ومنها: إلى أي حد يمكن أن يصبح الوعي الأيديولوجي أداة لاستكشاف آفاق التنبؤ في مجال العلم التكنولوجي والتوجه بما يكفل أقوى دفع للعلوم الطبيعية في غزو الإنسان للمجهول والسيطرة الطبيعية الصماء وتسخيرها لصالحه؟

ويجيب لينين بأن النظام الرأسمالي ليس هو الأرضية السياسية والاقتصادية للربط الصحيح والملائم بين الأيدولوجية الاجتماعية وبين العلوم التكنولوجية الحديثة، وأن هذا الربط لا يتم إلا عن طريق الثورة الاشتراكية الجماعية التي يمكنها - وخاصة في الأجل الطويل - أن توسع آفاق الوعي الأيديولوجي لدى الجماهير وأن تعمق من جذوره المنهجية والفلسفية- وعندئذ يتمكن المجتمع الاشتراكي من احتواء الثورة التكنولوجية الدائمة التقدم والتغير.. وعندئذ أيضا يتكون لدى الجماهير الواعية المنهج الأمثل لادراك حقيقة انطلاق قوى الانتاج بملامحها العصرية الجديدة التي تواكب التحولات العميقة في العلاقات الانتاجية والاجتماعية المعاصرة وخلق الظروف المثلى لمجتمع الانسان المتحرر من كل صور الاستغلال الرأسمالي الامبريالي.

ويتجه "لينين" بعد هذه الأرضية الفكرية للتنمية اتجاها عمليا تطبيقيا في تحقيقه للتنمية ويأخذ بمبدأ التخطيط الواعي الهادف ويدمجه كلية في مفهوم التنمية، بحيث تصبح كلمة تنمية تكاد ترادف كلمة تخطيط، ويرى أن التخطيط يعمل في تعبئة الموارد الطبيعية والمادية والبشرية في المجتمع بطريقة عملية وعلمية وإنسانية ويساعد على تحقيق الأهداف التي يرسمها المجتمع لتحقيق التنمية في أقصر وقت ممكن وبأقل تكلفة اقتصادية واجتماعية، وبأدنى قدر من الضياع في هذه الموارد، ومن هنا فإن مفهوم التنمية عند "لينين" لا بد وأن يأخذ التخطيط كأسلوب ووسيلة ضرورية لتحقيق التنمية.

ولينين بسياسته الاقتصادية التي طبقها في الاتحاد السوفيتي عام 1921م، أعطى لمفهوم التنمية الاقتصادية وضعاً محدداً وأسلوباً واضحاً يمكن تطبيقة في كل مكان-

كذلك آمن أن طريق التنمية هو طريق التقدم التكنولوجي تحقيقا لمستوى دائم الارتفاع في تطوير قوى الانتاج، ومن هنا فإن إنشاء قاعدة مادية وتكنولوجية تتيح استمرار التقدم مسالة ضرورية حيث يقول: "إن التقدم الصحيح هو في اندماج العلم بالانتاج أكثر فأكثر ليصبح العلم عنصراً عاماً وفعالاً في العملية الانتاجية"، من أجل ذلك وكما يقول أيضا: "كان من الضروري إنشاء صناعة اشتراكية آلية جبارة بوسعها إرساء قواعد الاستقلال الاقتصادي وتدعيم القوى الدفاعية في البلاد.

ولكن إقامة صناعة قوية في البلاد كخطوة لازمة لتحقيق التنمية يتطلب تقدماً مستمراً في صناعة العدد والآلات كوسيلة أساسية ولازمة لإقامة صرح الصناعة الثقيلة، وتوفير إمكانيات التقدم بعد ذلك سواء في الصناعة أم في الزراعة أم في النقل، ومن هنا تصبح صناعة الآلات وتطوير هذه الصناعة دائما بمثابة القلب النابض لعمليات التنمية بكافة أبعادها، كذلك يتضمن المفهوم العملي عند لينين تطوير الزراعه لتتحول إلى زراعة ميكانيكية تستخدم العدد والآلات إلى أقصى درجة، فضلاً عن تأميم الملكيات الزراعية الصغيرة وضمها في ملكيات كبيرة تشرف عليها الدولة وتديرها لصالح الشعب بأسرة.

ويتضمن هذا المفهوم كذلك قيام ثورة شاملة في مجال الثقافة وتكوين الرجال، فالتنمية عنده تستلزم توافر العمال والمهندسين المهرة الذين يعرفون كيف يستخدمون منجزات العلم والتكنولوجية الحديثة في تطوير الاقتصاد القومي، وإخضاع البيئة والظروف القائمة لمشيئة الإنسان صانع التنمية الاقتصادية ومبدعها.

ثالثا: مفهوم التنمية الاقتصادية لدى بعض اقتصاديي العالم الثالث:

Economic Development Concept of Some Third World Economists

قدم اقتصاديو العالم الثالث العديد من التعريفات التي تشعبت واختلفت باختلاف المواقف الفكرية، وهذا أحد التعريفات التي قدمها أحد الاقتصاديين العرب وهو الأستاذ الدكتور صلاح الدبن نامق في كتابه التنمية الاقتصادية، طبيعتها- معوقاتها، فيقول:

"إن التنمية الاقتصادية عملية تطويرية تاريخية طويلة الأمد يتطور خلالها الاقتصاد القومي من الاقتصاد بدائي ساكن لا يزيد فيه الدخل القومي ودخل الفرد في المتوسط إلى اقتصاد متحرك تبدأ فيه هذه الزيادة، إنها عملية التغيير بكل ما تتضمنة هذه الكلمة من أبعاد تغيير اقتصادي واجتماعي وسياسي يؤدي في النهاية إلى تغيرات جذرية كلية في المجتمع كله".

والتنمية الإقتصادية إذا ما أخذت مجراها العادي وسارت قُدماً وبطريقة علمية منتظمة في دولة ما، لا بد وأن يعقبها تغييرات شتى في النواحي الاجتماعية والتنظيمية والاقتصادية المختلفة، إن الزيادة في الناتج القومي وفي دخل الفرد في المتوسط هي إحدى التغيرات التي ستخدث لا محالة ويترتب على الزيادة في الدخل تغيرات متعددة من أهمها:

(1) تغيرات متناظرة في أحجام الادخارات القومية والفردية

(2) الزيادة الملموسة في التكوينات الرأسمالية

(3) التقدم في المجال التكنولوجي

(4) التقدم في مجال التنظيمات والمؤسسات الاقتصادية

(5) التقدم في طرق ووسائل المواصلات

(6) التقدم في مستويات الصحة العامة

(7) التقدم في مستويات الثقافة والتعليم بأنواعه ومراحله

(8) التحسن الملموس في متوسط الأعمار

وهذه المستويات العالمية التي تحققها الدولة المعنية بالتنمية الاقتصادية إنما تحدد بشكل علمي منتظم ما طرأ على المجتمع من تقدم اقتصادي، وبعض هذه العوامل المؤثرة في تيارات التنمية مثل دخل الفرد في المتوسط، ومتوسط نصيب الفرد عن رأس المال المستخدم في العمليات الاستثمارية وإنتاجية العامل، وما إلى ذلك من مؤشرات يمكن تاكيدها كميا (عن طريق القياس)، بينما البعض الآخر من العوامل ذات طبيعة

كيفية، ومن ثم يصعب بل يستحيل قياسها مباشرة، "ولعل أهمها التغيرات التي تصيب الإنسان نفسه من حيث تكوينه العقلي والثقافي، ومن حيث صحته وأخلاقه، وصلاته الاجتماعية، وتفاعله الخلاق مع الظروف الاقتصادية التي تحيط به، مما يؤدي في النهاية إلى تزايد دائم ومستمر في كفايته الانتاجية"، هذا ولا بد من العوامل الكمية والعوامل الكيفية في أي دراسة جادة حول التنمية.

كما أن مفهوم التنمية الشاملة يتطلب عدم تركيز اهتمامنا زيادة الناتج القومي من السلع والخدمات عموماً فحسب وإنما ينبغي أن نضع في الإعتبار رغبات وحاجات المستهلكين والتغيرات التي تطرأ على أذواقهم خلال الفترة الزمنية المحددة فضلاً عن تحقيق مطالب واضعي الخطة الاقتصادية إذا ماكان النظام العام في الدولة يأخذ بالتخطيط.

ولكي يتم تحديد المعدل الأمثل للتنمية الاقتصادية يجب أن يضاف إلى هذا كله إعادة توزيع الدخل القومي بحيث لا تتركز الزيادة في هذا الدخل في يد فئة دون غيرهم، على اعتبار أن الفوائد التي تعود على المجتمع من جراء التنمية يجب أن يستفيد بها أكبر عدد ممكن من المواطنين، بل يجب أن يستفيد بها الشعب بأسره.

كما أن المفهوم المعاصر للتنمية الاقتصادية يتضمن بعض الآراء السياسية والاجتماعية ذات الشأن، فقد يصاحب النمو الاقتصادي زيادة أو نقص في الحرية السياسية، أو في نوع التخطيط السائد أو في منح المرأة المزيد من الحريات طالما أنها تشارك مشاركة جدية في تحمل مسئوليات النشاط الاقتصادي في البلاد.

رابعاً: مفهوم التنمية في الفكر الاقتصادي الاسلامي:

Economic development Concept in Islamic Economic Though

يعتمد مفهوم التنمية في الإسلام على الأسس الفلسفية والخصائص التي يتميز بها الاقتصاد في الإسلام والتي تتمثل في أن النشاط الاقتصادي نشاط تعبدي، وأن الاقتصاد غير محايد، فضلاً عن الرقابة الذاتية، وأن الإسلام يهتم بتنمية طاقات

الانسان الروحية والتعبدية مما يجعله قادراً على الاستمتاع بصورة أفضل مهما كان قدر الإشباع الذي يحققه، الأمرالذي يساعد على تخفيف حدة المشكلة الاقتصادية.

انطلاقا من هذه الخصائص للاقتصاد الإسلامي- فإن هناك نظرة أو مفهوم للتنمية تتمثل في النقاط التالية:

(1) يتوجب الوعي منذ البداية أن القرآن الكريم كتاب عقيدة وشريعة، وهو يحتوي فيما يحتوي على بعض الأفكار الاقتصادية، ومن ثم فإن صياغة نظرية للإنتاج والتنمية الاقتصادية والاجتماعية إنما يكون من صنع الانسان على ضوء هذه الأفكار.

(2) إن التنمية الاقتصادية في الإسلام هي تنمية اجتماعية في نفس الوقت وهي فرض على الفرد والمجتمع والدولة معاً، وفي ذلك يقول الله تعالى: "هو الذي جعل لكم الأرض ذلولاً فامشوا في مناكبها وكلوا من رزقة وإليه النشور".(1)

(3) يستمد مضمون التنمية الاقتصادية والاجتماعية في الإسلام من لفظ العمارة أو التعمير وفي ذلك يقول الله تعالى: "هو أنشأكم من الأرض واستعمركم فيها".(2) وطلب الله هنا مطلق، ومن ثم يكون على سبيل الوجوب.

(4) تأمر الشريعة الاسلامية بممارسة النشاطات النافعة وتصفها بأنها حلال، وتَنهى عن ممارسة النشاطات الضارة تلك التي توصف بأنها حرام، ومن هنا فإن الإسلام يضع القواعد الأساسية في مجالات التنمية والتوزيع مسترشداً بقاعدة الحلال والحرام.

(5) إن الهدف من عملية التنمية الاقتصادية في الإسلام ليس مجرد زيادة تيار السلع المادية لإشباع الحاجات المختلفة، وإنما تعتبر هذه الغاية في حد ذاتها وسيلة لهدف آخر هو تحقيق العبودية لله وإعمار الأرض.

(6) إن عمارة الأرض أي تنميتها على هذا الأساس لا تكون إلا من منظور شامل سواء على المستوى السياسي أو الاقتصادي أو الاجتماعي وهو ما يشير إلى شمولية عملية التنمية في الإطار الإسلامي.

(7) إن مفهـوم التنميـة الشـاملة في الإسلام ينسـحب إلى التوزيـع العـادل لثمار هـذه التنمية بحيث ينال كل فرد جزاء عمله بعد توفير حد الكفاية لكل فرد في المجتمع الاسلامي وحرصاً على التكافل الاجتماعي أخذ الاسلام بوسائل أخرى لتحقيق العدالة في توزيع الدخل والثروة ومنها: الزكاة ونظام الميراث والإنفاق بأنواعه.

عناصر عملية التنمية الاقتصادية:

The Elements of Economic Development Process

إن مفهوم التنمية الاقتصادية والاجتماعية الشاملة لا بد أن يستند إلى إحداث تغييرات أساسيـة وجذريـة في الهيكـل الاقتصادي المتخلـف، وأن ذلك لا يمكـن أن يتحقـق إلا مـن خلال استراتيجية عامة للتطوير الاقتصادي والاجتماعي.

وبعبارة أخرى فإن عمليـة التنميـة تعنـي الانتقـال مـن الوضع الاقتصادي والاجتماعي المتخلف إلى الوضع الاقتصادي والاجتماعـي المتطور، وهـذا يقتضي ـ تغييراً جذرياً وجوهرياً في أساليب الانتاج المستخدمة، وكذلك في البناء العلـوى (الاجتماعـي والسياسي والثقافي) للمجتمـع، وقبل استعراض عناصر التنمية هناك بعض الملاحظات الأساسية التي تجدر الإشارة إليها وهي:

(1) التنمية الاقتصادية هي عملية اجتماعية يترتب عليها تغيير الوضع الاجتماعي برمته فإذا كان التخلف له أبعاده المتعـددة مـن اقتصاديـة واجتماعيـة وثقافيـة وعمليـة وسياسية، فإن عملية التنمية هي تغيير هذه الأبعاد كلها وليس بعداً واحداً فقـط، فزيادة متوسط دخل الفرد نتيجة اكتشاف ثروة طبيعيـة جديدة دون أن يصاحب ذلك تغيير في البنيان الاجتماعي والاقتصادي والثقافي لا تعتبر تنميـة على الإطلاق وطالما بقيت خصائص التخلف.

(2) لا يمكـن القـول أن الاقتصـاد القومي قـد دخل مرحلـة التنميـة الاقتصادية إلا إذا أصبحت هي الشغل الشاغل ومحور عمل واهتمام كافة أفراد المجتمع، بأن يتكون في داخل المجتمع تلك القوى القادرة على اجتياز كافة العقبات وعلى

دفع الاقتصاد نحو التطور والتقدم، أى تتكون لدى المجتمع قوى النمو الذاتي المستمر، والاتجاه المنتظم في ارتفاع مستويات الانتاجية.

(3) يجب التفرقة بين التنمية الاقتصادية ومفهوم التحضر الغربي، ذلك أن اكتساب بعض سمات الحضارة الغربية قد يتم دون أن يكون هناك تنمية اقتصادية فعلية، فاتباع أسلوب الحياة الغربي بما يتضمنه من نمط للمعيشة والسلوك واستهلاك أحدث ما وصلت إليه منتجات الصناعة الاوروبية لا يعني التنمية الاقتصادية، فهذه الأخيرة تعني التغيير الجذري في طريقة الانتاج السائدة بما يتطلبه ذلك من تغيير في الأبعاد المختلفة للبنيان الاجتماعي، وهذا الخلط بين مفهوم التنمية وبين التحضر الغربي قد يؤدي بالمجتمع إلى أن يصبح مجتمعاً متقدماً كمستهلك للسلع والخدمات دون أن تتوافر لدية الامكانيات ليتحول الى مجتمع متقدم من الناحية الانتاجية، فدول كاليابان والصين وكوريا مارست وحققت تنمية اقتصادية واجتماعية، بينما دول كالكويت والامارات العربية والسعودية تمارس نوعاً من اكتساب مظاهر التحضر الغربي.

(4) إن توفر حد أدنى من الاستثمار ورفع معدل التراكم أمر ضروري وليس كافياً، إذ يتعين أن يكون مصحوباً بتغيير جذري في أساليب الانتاج المستخدمة وفي البنيان الاجتماعي والثقافي، أي في القضاء على الاختلالات الهيكلية من خلال التصنيع ورفع مستويات الانتاجية، وعلى ذلك يمكن القول أن عملية التصنيع هي محور عملية التنمية، إذ يمكن فيها القدرة على القضاء على الاختلالات الهيكلية، غير أنه إذا أريد لها النجاح في تدعيم أسلوب الانتاج الجديد فإنها تتطلب خلق إطار ملائم لنجاحها، أي إجراء تغييرات أساسية لتمهد لها وتدفع إلى نجاحها.

(5) يجب أن تكون عناصر عملية التنمية الاقتصادية مصاحبة ومتلازمة، أى يتم تحقيقها جميعاً وفي نفس الوقت، بحيث يتم التغيير والعمل في كافة الجوانب (اجتماعية وعملية واقتصادية وسياسية وثقافية..).

ويرجع ذلك إلى خاصية هامة تميز الظواهر الاجتماعية والاقتصادية هي ارتباطها ببعضها البعض والاعتماد المتبادل بينها، ذلك أن التغييرات السياسية والاجتماعية والعلمية على سيبل المثال سوف تدفع وتدعم التصنيع، كما ان عملية التصنيع سوف تؤثر بدورها في البنيان الاجتماعي والسياسي وتدعم البحث العلمي والقدرة على اكتساب وخلق التكنولوجيا.

بعد هذه الملاحظات فإن معظم الاقتصاديين يحصرون عناصر عملية التنمية في العناصر الأربعة التالية: (1)

أولاً: خلق الإطار الملائم لعملية التنمية.

ثانياً: توافر الاستثمارات الكافية وارتفاع مستوى التراكم.

ثالثاً: القضاء على أو تصحيح الاختلالات الهيكلية عن طريق التصنيع.

رابعاً: اختيار الأسلوب الملائم لتحقيق التنمية (جهاز السوق أم أسلوب التخطيط).

الهوامش

(1) سورة الملك: الآية 15

(2) سورة هود: الآية 61

(3) عزت عبد الحميد البرعي، استراتيجية التنمية الإقتصادية والإجتماعية، مرجع سابق ، ص ص95- 114

الفصل التاسع

التنميـة الإداريـة
Managerial Development

تمهيد:

لا شك أن للإدارة في المجتمعات المعاصرة فاعلية بالغة في توجيه سياسة التنمية في مسارها الصحيح وذلك لأن بيدها سلطة اتخاذ القرارات التنفيذية لخطط التنمية، وتعتبر التنمية الإدارية من الأمور الهامة بالنسبة للدول النامية، خصوصا وأن التنمية الاقتصادية تحتاج إلى جهاز إداري فعال يساعد في إعداد الخطط، ثم في وضعها موضع التنفيذ، والقيام بأعمال متابعة تنفيذ الخطط وتعديلها إذا دعت لذلك ظروف التنفيذ.(1)

وقد تعثرت محاولات العديد من الدول النامية في تحقيق التنمية الاقتصادية، بسبب تخلف وضعف أجهزتها الادارية، لدرجة أصبح تحقيق التنمية الادارية ضرورة حتمية لتحقيق التنمية الاقتصادية.

فالتنمية الادارية تعتبر من أهم الأدوات التي تستخدم لإصلاح الأجهزة الادارية وتطويرها وذلك لغايات تحقيق أهداف إدارة التنمية وتنفيذها على الوجه المطلوب فالتنمية الادارية تقوم بوظائفها من عمليات تطوير وتحديث وإصلاح في الأجهزة الحكومية كعمليات مخططة تسبق خطط التنمية.

مفهوم التخلف الاداري: Managerial Underdevelopment Concept

حدث تطور كبير وتوسع في وظيفة الدولة منذ ثلاثينات القرن الماضي، وبشكل خاص بعد الحرب العالمية الثانية، فلم تعد وظيفتها مقصورة على الوظائف التقليدية، وهي المحافظة على الأمن في داخل البلاد، والدفاع عنها ضد الغزو الخارجي لها، وإقامة العدل بين المواطنين.

ولكن وظائف الدولة تطورت واتسعت لتشمل وظائف جديدة لم تكن ضمن وظائفها السابقة، كالوظائف الاقتصادية والاجتماعية، فأصبحت الدولة تتدخل في

المجال الاقتصادي، فتتخذ الاجراءات التي من شأنها أن تعالج حالة الكساد الاقتصادي، والتضخم النقدي، وتضع الخطط لتنفيذ برامج ومشاريع التنمية الاقتصادية.

كما أن الدولة وسعت وظيفتها في المجال الاجتماعي، فأخذت تقوم بتوفير الخدمات الصحية والتعليم المجاني وتقديم المساعدات المالية للطبقات الفقيرة، لكي ترفع المستوى الاقتصادي والاجتماعي، عن طريق وضع الخطط وتنفيذ برامج ومشاريع التنمية الاقتصادية والاجتماعية، وذلك لأجل تحقيق التنمية الشاملة في البلاد.

وتبع التطور في وظائف الدولة، تطور في الإدارة، فحدث توسع في الجهاز الاداري، فأُنشأت إدارات، وأجهزة جديدة، وزيدت أعداد الموظفين زيادات كبيرة وذلك للقيام بالوظائف القديمة، فلم تستطع الادارة في كثير من دول العالم، القيام بما أصبح مطلوبا منها القيام به من الوظائف،لا من الناحية الكمية، ولكن من الناحية النوعية، ويجدر التنويه هنا أن المقصود بالادارة، جميع مكونات العمل الاداري من أنظمة وأفراد، وأساليب واجراءات، وأجهزة وآلات.

ويعتبر موضوع التخلف الإداري الذي تعيشه غالبية الدول النامية عاملاً أساسياً وسبباً في تدني معدلات النمو الاقتصادي ومما زاد الأمر خطورة مبادرة معظم حكومات الدول النامية بحمل مسؤولية قيادة التنمية الشاملة وذلك من خلال إقامة المشروعات العامة الإنتاجية الأمر الذي أعطى التنمية الإدارية الإهتمام بشكل خاص كهدف وكوسيلة عملية لتحقيق التنمية الشاملة في المجتمع.

ويبدو التخلف الإداري واضحاً في عدم قدرة الإدارة، ممثلة في التنظيم الاداري، على ترجمة الأهداف المكونة لوظيفة الدولة إلى سياسات، ثم وضع الخطط والبرامج والمشاريع، وتنفيذها بشكل جيد وفعال، لأجل تحقيق التنمية ألاقتصادية والاجتماعية الشاملة في البلاد، وحل مشكلات المجتمع.

ويلاحظ التخلف الاداري من خلال مقارنة ما هو منجز فعلا، بما هو مطلوب إنجازه، وكلما كانت الفجوة كبيرة (بين المنجز والمطلوب إنجازه) كلما كان التخلف الاداري ظاهرا، والتقصير والعجز الإداري مهيمنا على جهاز الدولة.

مظاهر التخلف الإداري في الدول النامية:

The aspects of Managerial underdevelopment in developing countries

توجد مظاهر وخصائص مشتركة للتخلف الإداري في الدول النامية، ويطلق عليها أحيانا مسمى المشكلات الادارية في الدول النامية، وتختلف هذه المشكلات من بلد لأخر، وذلك تبعا لاختلاف البيئة والظروف السياسية والاجتماعية والاقتصادية في تلك الدول، الا أن معظم الدول النامية تشترك في المشكلات التالية:

1- الروتين الطويل المعقد: ويتمثل في طول اجراءات العمل للمعاملات، وتأخيرها لمدة طويلة على مكاتب الموظفين.

2- تضخم الجهاز الاداري: ويشمل القطاعين العام والخاص، ويتمثل في انشاء أعداد كبيرة من الوزارات والمصالح، والمؤساسات الحكومية واحداث العديد من الوحدات الادارية فيها.

3- التضخم الوظيفي: إذ يلاحظ وجود أعداد كبيرة من الموظفين في المكاتب، لا يعملون إلا عددا قليلا من ساعات العمل. (يؤدي التضخم الوظيفي في كثير من الأحيان الى تعقيد الاجراءات، وعرقلة سير المعاملات، وذلك لأن الموظفين يريدون أن يوجدوا لأنفسهم أعمالا تشغلهم أثناء ساعات الدوام الرسمي، فيزيدون في خطوات إجراءات المعاملات).

4- التمسك بحرفية القانون أو النظام: يلجأ كثير من الموظفين في الدول النامية الى التطبيق الحرفي للقوانين، والأنظمة واللوائح، والتعليمات، التي تصدر إليهم من الإدارة العليا، وهذا ما يجسد مبدأ البيروقراطية، ويؤدي هذا التصرف الى مضايقة المواطنين الذين يحصلون على الخدمات من تلك الأجهزة الحكومية ومن هؤلاء الموظفين الحكوميين.

5- الإهمال واللامبالاة من قبل الموظفين: يلاحظ وجود ظاهرة الإهمال واللامبالاة عند الموظفين في الكثير من الدول النامية، وتعود أسباب وجود هذه الظاهرة، إلى ضآلة الرواتب التي يتقاضاها هؤلاء الموظفون، وإلى تكاسلهم، وإلى ضعف الرقابة على أدائهم لأعمالهم.

6- الميل نحو النمطية في الأنظمة وأساليب العمل: تميل الكثير من الدول النامية الى تطبيق أنظمة موحدة في الشؤون المالية وشؤون الموظفين في جميع أجهزتها، بغض النظر عن الاختلافات الموجودة في طبيعة العمل وبيئته بين تلك الاجهزة.

7- غياب عامل التنسيق: فيما بين الأجهزة الحكومية المتعددة في الدولة وبين الشركات التي تنفذ المشاريع، مما يؤدي الى إعاقة قيام الأجهزة الحكومية بمهامها، وإلى تأخير إنجاز المشاريع من قبل الشركات المنفذة.

8- عدم المرونة: تتصف بعض المنظمات في الدول النامية بعدم المرونة، فهي لا تقبل التغير ولا التجديد، ولا تتكيف مع المتغيرات الداخلية والخارجية، ويؤدي ذلك الى تأخير الاعمال وإنخفاض كفاية الأعمال فيها.

9- قدم المنظمات: يلاحظ أن بعض المنظمات أصبحت قديمة، وغير مسايرة لروح العصر وذلك بسبب مرور مدة زمنية طويلة عليها منذ إنشائها، ولعدم إدخال تغيرات عليها، لا من ناحية التنظيم، ولا من ناحية الإجراءات، ولا من ناحية الأجهزة والمعدات، مما يؤدي إلى إنخفاض الإنتاجية.

10- ارتفاع التكلفة الاقتصادية للخدمات أو للإنتاج: إن التبذير والإسراف يعتبران من الظواهر الملاحظة في الدول النامية، إذ إن الكثير من هذه الدول يتوسع في الإنفاق على الأبنية والأثاث وشراء الأجهزة والسيارات وغيرها من مظاهر الإنفاق غير الضرورية (في كثير من الأحيان).

11- المحاباة والمحسوبية: وتتجسد في تعيين الأقارب والأصدقاء وترقيتهم إلى الوظائف القيادية، دون النظر إلى كفاءاتهم أو إلى مؤهلاتهم العلمية.

12- ضعف الخلق الإداري: وتفشي الرشوة، وتحقيق مكاسب غير مشروعة على حساب الوظيفة العاملة والمصلحة العامة.

13- إضفاء طابع من السرية الشديدة على الاعمال الإدارية: فالقوانين والأنظمة واللوائح والتعليمات، وبعض الأعمال العادية، تعتبر في نظر

بعض الموظفين من الأمور السرية، وللسرية جوانب سلبية، منها أنها تتسبب في إعاقة البحوث العلمية عن نظم وإجراءات العمل وفي تشخيص المشكلات، وتقديم الحلول من قبل المستشارين الإداريين، كما أنها تؤدي إلى انعزالية الجهاز الإداري عن المواطنين وفقدان الثقة فيه وفي خدماته.

14- المركزية الشديدة: وتبدو بصورة واضحة في مركزية إتخاذ القرارات، فإن كـل القرارات تكون مركزة في أيدي كبار الموظفين، مما يؤدي إلى تراكم الأعمال عـلى مكـاتبهم، وإلى تـأخر إنجازها، إضافة إلى إضعاف الـروح المعنويـة لـدى المـوظفين في الإدارة الوسطى، والموظفين التنفيذيين في مواقع العمل.(2)

مفهوم التنمية الإدارية: Managerial Development Concept

ترد في كتب الإدارة العامة عدة إصطلاحات للتعبير عن مفهوم التنمية الإدارية منها:

– الإصلاح الإداري

– التحديث الإداري

– التطويـر الإداري

– التنميـة الإداريـة

ويحاول بعض علماء وكتاب الادارة التمييز بينها، وتفضيل إستخدام إصطلاح دون الآخر، وسيتم هنا استخدام اصطلاح التنمية الإدارية ليـدل عـلى مضمون الإصلاح والتحديث والتطوير الإداري.

إن التنمية الإدارية شرط أساسي لتهيئة الظروف المناسبة للتنمية الاقتصادية والاجتماعيـة سواء على مستوى المنشأة أم على المستوى القومي أو القطاعي: الصناعي أو التجـاري أو الزراعي أو الخدمات وغيرها.

وقد أثبتت تجارب دول متعددة أن مشكلة التنمية الأولى والمزمنة هي الفجوة الإدارية الناجمة عن الفرق الحاصل بين القدرة الادارية التي يتطلبها التنفيذ والمتابعة الفعالة لخطط التنمية وبين القدرة الادارية للأجهزة الموكول إليها تنفيذ هذه الخطط ومتابعتها. ومن هنا ظهرت الحاجة إلى التأكيد على أهمية التنمية الإدارية لإحداث تغييرات حقيقية في اتجاهات وأنماط سلوك الاداريين وقوة دوافعهم وعلاقات العمل بين الأجهزة والوحدات الادارية التي يعملون فيها، وأساليبهم في حل المشكلات، وتدريبهم على الوسائل الحديثة في جمع المعلومات، واتخاذ القرارات وابتكار، الحلول الفعالة التي تستجيب بمرونة وايجابية لمواقف دائمة التغيير والتجديد يتطلبها التنفيذ الفعال لخطط التنمية. (3)

أما بالنسبة لمفهوم التنمية الإدارية فيرى أحد الباحثين في هذا المجال بأن إصطلاح التنمية الادارية ظهر في الكتابات الحديثة للإدارة العامة، كنتيجة جزئية لمحاولات التطوير التي تجري حاليا في دول آسيا وأفريقيا وأمريكا اللاتينية، وهو إصطلاح يعبر عن الجهود التي تبذلها هذه الدول في معالجة المشكلات الإدارية التي تواجهها في محاولات للإسراع في تقدمها الزراعي والصناعي والتعليمي والاجتماعي، وذلك من خلال تطوير التنظيمات، والنظم الإدارية، والممارسات البيروقراطية لتحقيق هذا التقدم.

ويرى أحد الباحثين والمسؤولين في الإدارة العامة أن التنمية الإدارية هي: "الجهود التي يجب بذلها باستمرار لتطوير الجهاز الإداري في الدولة سعيا وراء رفع مستوى القدرة الإدارية عن طريق وضع الهياكل التنظيمية الملائمة لحاجات التنمية، وتبسيط نظم العمل وإجراءاته، ومحاولة تنمية سلوك إيجابي لدى الموظفين تجاه أجهزتهم والمتعاونين معها، وتحسين بيئة العمل التي تؤثر في الجهاز الإداري وتتأثر به وذلك لتحقيق أهداف خطط التنمية الاقتصادية بكفاءة عالية وبأقل التكاليف."

كما عُرّفت أيضاً على أنها التطوير الشامل للجهاز الإداري للدولة لرفع مستوى قدراته الإدارية، لتمكينه من القيام بوظائف الدولة بشكل عام، وبوظائف التنمية

الاقتصادية والاجتماعية بشكل خاص، وذلك بدرجة عالية من الكفاية والفعالية، وتتحقق التنمية الإدارية عن طريق تطوير القوانين والأنظمة واللوائح، وتطوير وتنمية المديرين والموظفين، والتطوير التنظيمي للأجهزة الحكومية، وتطوير نظم العمل وإجراءاته، وذلك ضمن نظرية إدارية وعقيدة يؤمن بها ويطبق أفراد المجتمع مبادئها.(4)

أساليب التنمية الإدارية: Managerial Development Methods

1- قيام الرئيس الإداري بالتنمية الإدارية في مجال عمله:

يعتبر الإهتمام بالتنمية الإدارية من واجبات الرئيس الإداري الأساسية فهو مسئول عن تطوير الجهاز الإداري الذي يرأسه، وعن تطوير وتنمية الموظفين الموجودين تحت إشرافه، وعن تبسيط الاجراءات في إدارته، ولديه من الصلاحيات عادة ما تمكنه من القيام بتلك المهام، ولو قام كل مدير إداري بواجباته في هذا المجال، لتحققت التنمية الإدارية الشاملة في وقت أسرع وبتكاليف أقل.

2- تشكيل اللجان المؤقتة أو الدائمة:

تشكيل لجان مؤقتة أو دائمة في بعض الدول تناط بها مهام دراسة الأوضاع الإدارية في الأجهزة الحكومية، وتقديم التوصيات لتطوير تلك الأجهزة، وتعتبر اللجان من الأساليب الشائعة والمهمة في تحقيق التنمية الإدارية وتتكون اللجان من مجموعات من الخبراء تُكلف بدراسة أسباب القصور والفساد والتخلف الإداري وتقدم المقترحات والتوصيات لمعالجتها.

3- إنشاء أجهزة متخصصة بالتنمية الإدارية:

تقوم معظم دول العالم، بإنشاء أجهزة متخصصة بأمور التنمية الإدارية، وتوكل إليها مهام دراسة أوضاع الوزارات والمصالح الحكومية، وتقديم التوصيات المناسبة لتطويرها، كإعادة تنظيم تلك الاجهزة، وتبسيط الاجراءات فيها، وتدريب الموظفين.

وقد استحدثت في بعض الدول العربية وزارات مهمتها التطوير الإداري، كما استحدثت في كثير من المؤسسات الحكومية دوائر وأقسام للتطوير أو التنمية الادارية في تلك المؤسسات.

ومن الأمثلة على أجهزة التنمية الادارية: الإدارات المركزية للتنظيم والإدارة ومعاهد الإدارة العامة ودواوين الخدمة المدنية وغيرها من الاجهزة.

ويعتبر أسلوب إنشاء أجهزة متخصصة بالتنمية الإدارية من أفضل الأساليب لتحقيق التنمية الإدارية في الدول النامية.

عناصر التنمية الإدارية: Elements of Managerial Development

تتحقق التنمية الإدارية - في أية دولة من دول العالم - نتيجة اجتماع وتفاعل عدة عناصر، وتشكل هذه العناصر مجتمعة إطاراً عاماً ونموذجاً يمكن أنه يساهم بشكل فعال في تحقيق التنمية الإدارية وتساعد هذه العناصر في التغلب على المشكلات الإدارية التي تواجه الجهاز الإداري للدولة، كما أنها تساهم في تطوير الجهاز بحيث يصبح ذا كفاية وفعالية مرتفعة.

أما عناصر التنمية الادارية فيمكن إيجازها بالعناصر التالية:

(1) العقيدة

(2) النظرية الإدارية

(3) تطوير القوانين والأنظمة واللوائح

(4) تطوير وتنمية المديرين والموظفين

(5) تطوير الهياكل التنظيمية

(6) تطوير إجراءات ونماذج وأجهزة العمل

وفيما يلي نبذة موجزة عن كل عنصر من عناصر التنمية الإدارية.

أولا: العقيدة:

يقصد بالعقيدة ما يؤمن به أفراد المجتمع، وتشكل الإطار العام للقيم والسلوك والمعاملات، ولا بد من التأكيد على أهمية الالتزام بالعقيدة، والتمسك بها، وتطبيق

مبادئها، والتخلق بقيمها وأخلاقياتها، وانعكاس آثار التطبيق على سلوك الأفراد في المجتمع، ولا سيما على سلوك وتصرفات موظفي الدولة.

ولا شك بأن الشريعة الاسلامية الغراء، تشكل أهم عناصر التنمية الإدارية، ودافعاً قوياً لتحقيق التقدم الاداري، فالإسلام يدعو إلى الأمانة والصدق في المعاملة، والعدل بين الناس، والغيرة على مصلحة العامة، والشعور بالمسئولية، وإلى مكارم الأخلاق، قال تعالى: "إن خير من استجأرت القوي الأمين"، (القصص، آية 26)، وقال تعالى: "إن الله يأمركم أن تؤدوا الأمانات إلى أهلها وإذا حكمتم بين الناس أن تحكموا بالعدل"، (النساء، آية 58)، وقال رسول الله (صلى الله عليه وسلم): "لا ايمان لمن لا أمانة له، ولا دين لمن لا عهد له".(5)

وإذا التزم المديرون والموظفون بأخلاق الإسلام، تم القضاء على الفساد الإداري، وعلى الكثير من المشكلات الإدارية.

ثانيا: النظرية الإدارية:

تحتاج التنمية الإدارية إلى نظرية إدارية من بيئة البلاد التي تطبق فيها، وتستخلص من تجارب وممارسات الإداريين في تلك البلاد، ومن المعروف أن معظم النظريات الإدارية المطبقة في البلاد العربية وفي غيرها من البلاد النامية هي نظريات إدارية غربية، طورها المديرون الذين عملوا في المصانع والشركات والأجهزة الحكومية، وكذلك المفكرون وكتاب الإدارة في تلك البلاد، وهي نابعة من بيئة غربية ضمن أنظمة سياسية واقتصادية واجتماعية ودينية معينة.

وتشكل النظرية الإدارية الإطار الفكري الذي يساعد الإداريين في إدارة منظماتهم، وفي أسلوب التعامل مع موظفيهم، وفي كيفية تحقيق أكبر عائد ممكن، من الإمكانيات البشرية والمادية الموجودة تحت تصرفهم، وبالنسبة للبلاد العربية، فإن هناك حاجة ماسة إلى تطوير ووضع نظريات إدارية عربية نابعة من البيئة والتجارب والممارسة وتتلاءم مع الواقع في البلاد العربية.

وإن كافة المديرين والممارسين في الأجهزة الحكومية وفي الشركات الخاصة، وكذلك الأساتذة في الجامعات ومعاهد الإدارة ومراكز البحوث الإدارية، لمدعوّون جميعاً للمساهمة في هذا المجال، وذلك لوضع نظريات إدارية ونماذج وقواعد تلائم البيئة المحلية في البلاد العربية، وتناسب الإنسان العربي.

وإلى أن يتم وضع نظريات ونماذج إدارية عربية، فإنه لا توجد بدائل أمام المدير العربي ليختار منها غير النظريات الإدارية الغربية.

وفي هذا الخصوص فلا ضرر من إستعانة المدير العربي بهذه النظريات، شريطة أن يأخذ بحذر ولأغراض الاسترشاد بها عند قيامة بأعماله الادارية.

ثالثا: تطوير القوانين والأنظمة واللوائح:

يصبح الكثير من القوانين والأنظمة واللوائح بمرور الزمن، غير ملائمة لأوضاع المنظمات، وعقبة في سبيل تحقيق أهدافها، ومشكلة من المشكلات الإدارية التي يشتكي منها المواطنون والموظفون، وذلك بما تحتويه من تعقيدات، وما تضعه من قيود على الأعمال، ولذا فلا بد من تعديلها وتطويرها وتوفير المرونة فيها، لتتلاءم مع ظروف المجتمع والتقدم الذي يتحقق فيه، ولكي تساعد في مواجهة متطلبات العمال وفي اتخاذ القرارات المناسبة بسرعة.

إن تطوير وتعديل القوانين والأنظمة والتعليمات، ولا سيما ما يتعلق منها بشؤون الموظفين والشؤون المالية، يساهم بشكل إيجابي في تحقيق التنمية الإدارية، ويعتبر من متطلباتها الأساسية، فهو يساهم في جذب عناصر جيدة ومؤهلة من الموظفين للعمل في الأجهزة الحكومية، وذلك بما تتضمنه من حوافز للموظفين وفي تقديم خدمات أفضل للمواطنين.

رابعا: تطوير وتنمية المديرين والموظفين:

يعتبر تطوير وتنمية العنصر البشري، من أهم عناصر التنمية الإدارية، لأن المديرين والموظفين هم الذين يتولون مهمة القيام بتنفيذ وظائف الدولة، ويعتمد النجاح

في تحقيق التنمية الإدارية، بقدر كبير على ما يتحقق من نجاح في تطوير وتنمية المديرين والموظفين.

وتشمل وسائل تطوير وتنمية المديرين والموظفين ما يلي:

(1) الإختيار السليم للمديرين والموظفين، إذ يجب أن يتم الإختيار على أساس الجدارة، وأن يعتمد على وصف واجبات الوظيفة والمؤهلات والخبرات المطلوبة لشاغلها.

(2) التدريب والتطوير المستمرين لهم

(3) توفير فرص الابتعاث للمديرين والموظفين للحصول على مؤهلات علمية مناسبة لأعمالهم.

(4) توفير الحوافز المادية والمعنوية المناسبة لهم

(5) تفويض الصلاحيات اللازمة للمديرين وللموظفين للقيام بالأعمال، إذ أن الشكوى المتكررة هي من قلة أو عدم وجود الصلاحيات.

(6) تقويم أداء المديرين والموظفين على أسس علمية وموضوعية، ومنح المكافآت والحوافز المناسبة لهم على ضوء التقويم الموضوعي.

خامسا:تطوير الهياكل التنظيمية:

تشبه المنظمة الكائن الحي، فهي في حالة نمو دائم وحركة مستمرة، ومع مرور الزمن وبتغير الظروف والاحوال، فإن هيكلها التنظيمي يصبح قديما، وتدعو الحاجة إلى تطويره ليستطيع المساهمة في تحقيق التنمية الإدارية، إلا أن تطوير الهياكل التنظيمية وحده لا يكفي، إذ لا بد أن يرافق تطوير الهياكل التنظيمية تطوير في الإجراءات، وتنمية للمديرين والموظفين، وتطوير في القوانين والأنظمة.

وتتضمن عملية تطوير الهياكل التنظيمية للأجهزة الحكومية، تحديد الاختصاصات للوحدات الإدارية، وتوضيح العلاقات بينها، وتحديد الواجبات والمسئوليات والصلاحيات للوظائف والموظفين، ورسم الخرائط التنظيمية للمنظمات، ووضع أدلة تنظيمية لها.

وتقـوم بدراسـة الهياكـل التنظيميـة وبتقـديم الاقتراحـات لتطويرهـا مـن قبـل أجهـزة الاستشارات الإدارية في البلاد، سواء كانـت الأجهـزة الحكوميـة للاستشارات أو أجهـزة القطاع الخاص للاستشارات الإدارية، كشركات ومكاتب الاستشارات الإدارية الخاصة.

سادسا: تطوير إجراءات ونماذج وأجهزة العمل:

تتطلب التنمية الإدارية تطوير إجراءات العمل وتبسيطها وتصميم نماذج حديثة تسـاعد في إنجاز ألأعمال بسرعة وإتقان، بعيداً عـن الـروتين الطويل وتبعاته، كـما أن التنميـة الإداريـة تتطلب إستخدام أجهـزة متطـورة، وآلات مكتبيـة حديثـة، كأجهـزة الكمبيـوتر والمصغرات الفيلمية والبطاقية (المايكروفيلم والمايكروفيش) التي من شـأنها أن تسـاعد في حفظ المعلومات، وسرعة الحصول عليها عند الحاجة، مما يساعد في إتخاذ القرارات، كـما تسـاهم الآلات الكاتبـة وآلات الطباعـة، والآلات الحاسـبة الحديثـة في سرعة إنجاز الأعمال وزيادة الدقة وتخفيض التكاليف.(6)

علاقة التنمية الإدارية بالتنمية الإقتصادية والتنمية الإجتماعية:

Relationship between Managerial Development, Economic Development & Social Development

هناك علاقة قوية ومترابطة بين المفهومين حيـث لا يمكـن تصور قيـام تنميـة إقتصادية أحادية دون قيام تنمية إدارية موازية، وهذا يظهر من خلال تحديد مفهـوم كـل منها فالتنميـة الاقتصادية كما أشار لها الكتّاب والباحثون هي مجموعة من الوسائل المرسومة الرامية إلى زيادة كمية العناصر المنتجة، كذلك هي مجموع هياكل وبنيان المجتمع وتحقيق زيادة سريعة ودائمـة في متوسط دخل الفرد الحقيقي بحيث يستفيد منها جميع أفراد المجتمع.(7)

ومما يدل على قوة العلاقة ما بين مفهومي التنميـة الإداريـة والتنمية الإقتصادية كون الإصلاح الإقتصادي والإصلاح الإداري يمثلان ركنين أساسيين من أركان حل

188

الأزمة الإقتصادية، والتي يطلق عليها في بعض البلدان "أركان المشروع الحضاري"، كما هو موضح بالشكل التالي:

شكل رقم (4)

يوضح قوة العلاقة بين كل من التنمية والإدارية والتنمية الإقتصادية من خلال:

الإصلاح الإداري والإصلاح الإقتصادي وأركان المشروع الحضاري

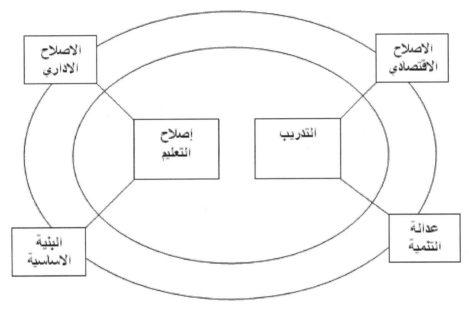

المصدر: سعد طه علام، التنمية والمجتمع، مرجع سابق، ص93

ويمكن تحديد العلاقة بين المفهومين من خلال الأمور التالية:

1- إن نمو حجم المشاريع الاقتصادية وزيادة تدخل الدولة فيها وزيادة متطلباتها المادية والمعنوية يتطلب بالضرورة وجود هياكل تنظيمية واجراءات وطرق عمل ملائمة أو جديدة بحيث يتم العمل على إعادة بنائها وكذلك ضرورة توفير موارد بشرية قادرة على تحقيق الاهداف التنموية.

-2 إن هذا النمو المتزايد في كافة الجوانب الحياتية يتطلب ضرورة توفر قيادات إدارية واعية نشيطة قادرة على إدارة المشاريع التنموية.

-3 إن النمو المتزايد في حجم المشروعات الاقتصادية ونجاحها يتطلب توافر مستوى تكنولوجي معين الأمر الذي يستدعي ضرورة إعادة النظر في تركيبة قوة العمل وتنمية مهاراتها إضافة إلى إعادة النظر في الهياكل التنظيمية.

-4 المنافسة الحادة بين الوحدات الانتاجية تتطلب قوة عمل ماهرة وهياكل تنظيمية مرنة قادرة على التكيف مع المتغيرات البيئية.

يتبين من الفصول السابقة أن تحقيق متطلبات التنمية الاقتصادية يؤدي إلى تحقيق التنمية الاجتماعية، حيث أن التنمية الاقتصادية تستهدف رفاهية الإنسان، ورفع مستوى معيشته، وذلك من خلال بناء المدارس والجامعات والمستشفيات، حكومية أو غير حكومية، ربحية أو غير ربحية، وغيرها من المراكز الصحية والتعليمية والترفيهية، والتي تؤدي بدورها إلى بناء الإنسان وتنميته اجتماعياً، فمن الطبيعي أن المدرسة تُغيّر من سلوك الإنسان، وتمنع الجريمة والسرقة والانحراف، وانتشار الأمراض من خلال نشر الوعي والتثقيف والتدريب، وتقوّي انتماء المواطن لوطنه، بعيداً عن العنصرية والتمييز بين أفراد المجتمع، ولو كان تحقيقها يكلّف الكثير من الجهود البشرية والمادية والمعنوية، ويتم ذلك على المدى البعيد، حيث أن تغيير الإنسان أو المجتمع بعد سنوات طويلة من العادات والتقاليد عادة لا يتم بين يوم وليلة، ولا يمكن إغفال دور الجامعة والتي تخلق منه مواطناً صالحاً لمواجهة الحياة ومشاكل المستقبل، وكل هذه المؤسسات تكون بحاجة إلى قيادات إدارية واعية تعمل على تحقيق التنمية الإدارية في التطبيق العملي وليس الكلام النظري.

الحكم الرشيد والتنمية (الحوكمة):Rational Governance & Development

عُرِّفت الحوكمة بأنها قواعد اللعبة السياسية، بتحديد القواعد الرئيسية لها والتي تنظم مجال العمل السياسي، أي أنه بذلك يكون تكلم عن الدولة والمجتمع والمشاكل بينهم وعدم الفصل. بحيث يعمل المجتمع والدولة معاً، من خلال الأنظمة والقوانين(8)

كما يعرفها البعض بأنها ممارسة السلطات الاجتماعية والاقتصاديةالرشيدة والسياسية، والإدارية، الفعّالة لإدارة شؤون المجتمع بفئاته المختلفة.(9)

كما يعود الفضل بظاهرة الحوكمة سواء في اقتصاد الدول المتقدمة أو النامية، إلى التشريعات والقوانين، والأنظمة البالية، وجمهور المتعاملين، والتوسع العالمي في التجارة، والمشاكل المالية والإدارية التي تتعلق بها، والفساد والرشوة، وضعف الرقابة، وعدم الاعتراف من البعض بأخلاقيات المهنة، بالإضافة إلى عدم وضوح السلطة والمسؤولية، في الكثير من المؤسسات، والابتعاد عن الشفافية.(10)

يستنتج مما سبق أن الهدف من تطبيق الحوكمة هو تجنب الفساد الإداري، وتطبيق الأنظمة والقوانين على جميع الموظفين دون تمييز، وأن الحوكمة تشمل جميع مجالات الحياة بما فيها السياسية والاجتماعية والاقتصادية، كما ركّزت على المجالات الإدارية بشكل واضح من حيث المساءلة والوضوح والشفافية والرقابة، بمعنى أن كل موظف مهما كان مركزه الوظيفي، أو وضعه الاجتماعي يجب أن تتم مساءلته. كما أن تطبيق كل متطلبات الحوكمة يدّل على أنه اتجاه سليم نحو تحقيق التنمية.

الجـودة والتنمية: Quality & Development

يعرف مفهوم الجودة لغوياً على أنها من أصل الفعل (جود)، وجاد جودة أي صار جيداً، ويقال: جاد المتاع، وجاد العمل، فهو جيد.

أما اصطلاحاً فقد عرفت بأنها الخصائص المتجمعة لمنتج أو لخدمة ترضي احتياجات الزبون، سواء كان الزبون هو المتلقي المباشر للخدمة أم المستخدم الأصلي للمنتج أو الخدمة أو كلاهما.

وتعّرف الجودة Quality بتوصيفات ومفاهيم متعددة، وقد ارتبطت بمبادئ إدارة الجودة، مثل:

- الجودة الشاملةَ Total Quality
- إدارة الجودة الشاملة (Total Quality Management (TQM

- اعتماد الجودة Quality Accreditation
- مراقبة الجودة أو ضبطها Quality Control
- معايير الجودة Quality Standard
- مقاييس الجودة Quality Measure

إن مفهوم الجودة اليوم يعد أحد السمات الأساسية للعصر الحاضر ومن الممكن وصف الوقت الراهن بعصر الجودة، وقد تطور مفهومها وتدرّج عبر مراحل متتالية كما هو مبين في الشكل رقم (4) التالي:

شكل رقم(5)

يمثل المراحل التطويرية لمفهوم إدارة الجودة الشاملة

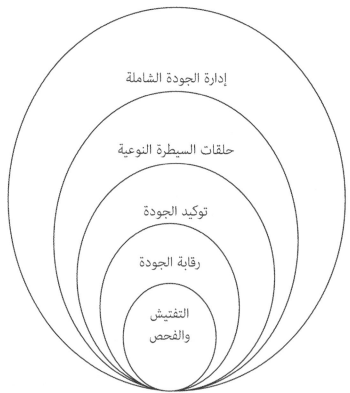

إدارة الجودة الشاملة

حلقات السيطرة النوعية

توكيد الجودة

رقابة الجودة

التفتيش والفحص

المصدر: سهيلة الفتلاوي، "الجودة في التعليم: المفاهيم، المعايير، المواصفات، المسئوليات"، عمّان، دار الشروق للنشر والتوزيع، 2007،الطبعة الأولى، ص45

أما إدارة الجودة الشاملة فتعرف بأنها " عملية إستراتيجية إدارية ترتكز على مجموعة من القيم وتستمد طاقة حركتها من المعلومات التي تتمكن في إطارها من توظيف مواهب العاملين واستثمار قدراتهم الفكرية في مختلف مستويات التنظيم على نحو إبداعي لتحقيق التحسن المستمر للمنظمة "

ومهما كانت التعريفات التي تعرضت إلى مفهوم إدارة الجودة الشاملة إلا أنها تشترك في العديد من المسلمات أهمها:

1- أن التركيز على تحسين المنتج هو المخرج النهائي لأي نظام.
2- أن إدارة الجودة الشاملة تعد فلسفة وإستراتيجية طويلة الأمد تحتاج إلى مجهود كبير وفترة طويلة للحكم على مدى نجاحها في تحقيق الأهداف.
3- تحتاج إدارة الجودة الشاملة إلى توفر قيادات فعالة قادرة على الابتكار والتطبيق الفعال بثقة ودون تردد.
4- تحتاج إلى استخدام أساليب ابتكارية وتوليد أفكار والتخطيط الأمثل للوصول للحل الأمثل.
5- تحتاج إلى تدريب مستمر لحل المشكلات بأسلوب علمي كالعصف الذهني.
6- تحتاج إلى المزيد من الجهد والمنافسة الشديدة بين المنظمات للوصول إلى أفضل منتج بأقل التكاليف للحصول على رضى المستهلك.
7- تحتاج إلى توفير هيكلية ومناهج ملائمة لعملية التطبيق والتنفيذ.(11)

تأسيساً على ما تقدم فإن التنمية الإدارية تركز على تنشيط وتطبيق خطوات العملية الإدارية والعمل على تنمية مراحلها من تخطيط وتنظيم وتنفيذ وتنسيق ورقابة، بالإضافة إلى الاتصال الفعّال، واتخاذ القرارات وتفعيل العلاقات العامة، وتطوير الهيكل التنظيمي باستمرار، وتطبيق الحوكمة بمفهومها وشروطها، والجودة بأنواعها وبمتطلباتها وكيفية استغلال الموارد بكفاءة وفعالية، بالوقت المناسب، وأقل جهد وأفضل إنتاجية، وأنسب التكاليف.

الهوامش

1. السيد علي شتا، "**الفساد الإداري ومجتمع المستقبل**"، الإسكندرية، المكتبة المصرية، 2003م، ص11

2. موسى اللوزي، "**التنمية الادارية**"، الأردن، عمان، دار وائل للطباعة وللنشر، الطبعة الثانية، 2002م، ص ص339- 343

3. زياد رمضان وآخرون، مرجع سابق، 2003، ص29

4. موسى اللوزي، مرجع سابق

5. حديث صحيح، رواه أحمد في مسنده

6. محمد شاكر عصفور،" **أصول التنظيم والأساليب**"، عمّان، دار المسيرة للنشر والتوزيع والطباعة، 1999،ص ص337- 350

7. سعد طه علام، **التنمية والمجتمع**، القاهرة، مكتبة مدبولي، 2006، ص93

8. Hayden, **Governance & Politics in Africa**, London, Lynne Rienner Goran, Publisher, 1992, p5

9. Witherell, b, **Corporate Governance, Stronger Principles for better Market Integrity,**

i. Organization for Economic Cooperation & Development, 2004, p.41

10. Krambia, k.et, (**The Implementation of corporate Governance Principles in an Emerging Economy , A critique of The Situation in Cyprus**), **Corporate Governance**, 2006, p126

11. جمال حلاوة وعلي صالح، "**دور التخطيط في جودة التعليم في المدارس الخاصة في محافظة رام الله والبيرة**" بحث مقدم للمؤتمرالتربوي الأول: مؤتمر العملية التعليمية والتعلمية في فلسطين وآفاقها المستقبلية، جامعة القدس، نيسان 2008م.

الفصل العاشر

التنمية البشرية
Human Development

مفهوم التنمية البشرية: Human Development Concept

إن التزايد الملحوظ في عدد السكان يعكس ازدياد حجم القوة العاملة في المجتمع وزيادة الإنتاج، ونظرا لأهمية البعد السكاني كغاية للتنمية وكمحور أساسي في مجمل التنمية الإقتصادية والإجتماعية، فقد ازداد الإهتمام أيضاً - على المستوى الدولي والقومي- وبتعاون مجالات علمية عديدة في محاولة قياس وتحليل العوامل التي تؤثر على تنمية نوعية ورفاهية السكان.

ونتيجة لهذا الإهتمام المتزايد بجانب السكان فقد ظهرت مصطلحات ومفاهيم جديدة مثل: (1)

- رأس المال البشري Human Capital
- التنمية المستدامة Sustainable Development
- التنمية البشرية Human Development

وبالنسبة لمصطلح التنمية البشرية فبدأ يظهر على الساحة مع إصدار أول تقرير للتنمية اليشرية من قبل برنامج الأمم المتحدة الإنمائي في عام 1990م، ولقي هذا المفهوم اهتماماً من المهتمين بالعلوم الاجتماعية، ويرى البعض أن تاريخ التنمية البشرية يعود إلى المدارس الاقتصادية الكلاسيكية والنيوكلاسيكية منذ القرن الثامن عشر، وامتد إلى القرن العشرين، إلا أن المفهوم عند تلك المدارس يختلف عن المفهوم في حالته الجديدة، فالأول اعتبر العمل عنصراً من عناصر الانتاج، وأنه يعكس النمو والتقدم، فيما اعتبر المفهوم الجديد أن الإنسان هو جوهر التنمية وأن التنمية يجب أن تستجيب ليس فقط للمتطلبات الاقتصادية بل الاجتماعية والإدارية والسياسية ومجالات عديدة أخرى.

وقد عُرفت التنمية البشرية في تقارير الأمم المتحدة بأنها: عملية توسيع الخيارات المتاحة للناس، وهي بلا حدود وتتغير بمرور الوقت ومن أهم هذه الخيارات:

(1)   العيش حياة طويلة وصحية.

(2)   الحصول على المعارف.

(3)   الحصول على الموارد الضرورية لتوفير مستوى المعيشة المناسب.

وللتنمية البشرية جانبان:

–   الأول: بناء القدرات البشرية لتحسين مستوى الصحة والمعرفة والمهارات

–   الثاني: انتفاع الناس بقدراتهم المكتسبة في وقت الفراغ و لأغراض الإنتاج وللنشاط في مجال الثقافة والمجتمع والسياسة.

لهذا فإن الدخل ليس إلا من الخيارات، والزيادة السنوية في الناتج القومي شرط ضروري للتنمية البشرية ولكنه ليس شرطاً كافياً، ومن المهم أن تخدم عملية التنمية ما يطلبه الناس.(2)

وتعرف أيضاً بأنها عملية تعزيز وتدعيم فعالية الفرد الحالية والمستقبلية، والعمل على تغيير كل من سلوك واتجاهات الفرد في العمل بما يساهم في تحقيق الأهداف المرجوة من عملية التنمية، والتي تستلزم تعديل كل من الإدراك والمهارات.(3)

كما تعرف بأنها كل ما يتعلق بشؤون البشر العاملين في المنظمة، بما يُطوّر من كفاءتهم ويحقق أهداف المنظمة وإستراتيجيتها على المدى البعيد.(4)

تطور مسمّيات إدارة الموارد البشرية: Evolution of

تطورت تسميات الإدارة المسئولة عن شئون البشر ـ العاملين في المنظمات مع تطور مفاهيم وفلسفة هذه الإدارة والدور المتوقع منها، فمن فمن هذه التسميات:

–   إدارة المستخدمين Employees Management

–   إدارة شؤون الأفراد Personnel Management

–   إدارة شؤون العاملين Employees Management Affairs

–   إدارة شؤون الموظفين Employees Management Affairs

- إدارة القوى العاملة Manpower management

- ثم أخيراً يطلق عليها في الوقت الحـالي- وذلك منـذ بدايـة السبعينات مـن القـرن العشرين مصطلح إدارة الموارد البشرية Human Resource Management تأكيداً على البعد الاستراتيجي للمـوارد البشرـية، وضرورة تطبيـق الجـودة الشـاملة على الأداء البشري، ومراعاة البعد الأخلاقـي في التعامـل مـع هـذه المـوارد البشرـية، وأهمية الاستثمار في رأس المال البشري.

إن تغيير تسميات الإدارة المسئولة عن شؤون البشر العاملين في المنظمات، ليس مجرد تغيير في الكلمات أو تلاعب بالألفاظ، ولكنه تغيير استراتيجي في المحتوى وفي التصور، فالأفراد - في ظل مفهوم إدارة الأفراد- شيء تابع للمنظمة، حتى لو تم الإهتمام بهم من وجهة نظر المنظمة فقط، أما في ظل مفهوم الموارد البشرية فالأفراد مهمين في حد ذاتهم، حيث يكون الإهتمام بالفرد كشخص له كيان مستقل وليس كياناً تابعاً.(5)

أهداف وأهمية وفوائد التدريب والتنمية:

من خلال عرض ماهية التنمية البشرية، فيمكن الآن تحديد الهـدف الرئيسيـ الـذي تسـعى إليـه، وهو إزالة جوانب الضعف والقصور في أداء وسلوك الأفراد، أو بمعنى آخر زيادة تنمية الأفراد مـن خلال تطوير وتحسين قدراتهم ومواهبهم من علوم جديدة وغيرها، وعـلى ضـوء الهـدف العـام فهناك أهداف أخرى من أهمها(6):

(أ)   إكساب الفرد مهارات ومعلومات وخبرات تنقصه.

(ب)   إكساب الفرد أنماطاً واتجاهات سلوكية جديدة لصالح العمل.

(ت)   تحسين وصقل المهارات والقدرات الموجودة لدى الفرد.

ويلاحظ من النقاط التي ذكرت أعلاه مدى أهميـة التـدريب، ولـذلك يتعـين معرفة فوائده والتركيز عليها، وتتلخص فيما يلي:

(1) ارتفاع الإنتاجية: إن زيادة وصقل المهارات والقدرات لدى العاملين، سيؤدي إلى تحسين أدائهم، وزيادة إنتاجيتهم، وبالتالي يستمر نمو المنشأة وتحقق أهدافها.

(2) رفع الروح المعنوية للعاملين: حيث سترتفع لديهم نتيجة زيادة إلمامهم وكفاءتهم في العمل.

(3) إعداد صفٍ ثانٍ مؤهل ومدرب للترقية وشغل الوظائف الأعلى من داخل المنظمة.

(4) تخفيض نفقات العمل من خلال زيادة مهارة الأفراد وقلة الأخطاء التي يقعون بها، وتقليل الهدر في المواد والآلات.

(5) التدريب يعمل على استقرار الإنتاج في المنشأة، فالأفراد المدربون يضمنون الاستمرار في التشغيل بكفاءة.

(6) يساهم التدريب في الإقلال من حجم الإشراف الإداري، فالموظف أو العامل ذي المهارة العالية والمدرب جيداً تقل أخطاؤه ويمكن أن يمارس الرقابة الذاتية على عمله.

(7) يمكن عن طريق التدريب الجيد حماية العاملين من أخطار الأعمال التي يزاولونها، وذلك عن طريق الإقلال من إصابات العمل التي تحدث غالباً بسبب ضعف الكفاءة.

ويرى المؤلفان أن التنمية البشرية والعمل على تدريبها يساعد على اختصار الزمن، بالإضافة إلى إمكانية الوصول إلى تحقيق متطلبات الجودة الشاملة في كفاءة المدخلات والمخرجات، ومتابعة كل ما هو جديد.

سياسات تنمية الموارد البشرية:

تعكس سياسات تنمية الموارد البشرية فكر الإدارة وفلسفتها، فهي متقدمة وفعالة، وتأخذ بالمفاهيم الحديثة في مختلف المجالات المتصلة بالعنصر البشري والمؤثرة

في سلوكه وأدائه، مما يؤدي إلى حصول المنظمة على أجود العناصر البشرية، ثم تنميتها ودفعها للعمل بأعلى كفاءة، فالعنصر البشري الجيد، تحت إدارة وقيادة مناسبة ومناخ عمل جيد، لا بد وأن ينتج إنتاجاً جيداً، وتتحقق جودة العمل والإنتاج من خلال ثلاثة أساليب:

- الأسلوب الأول: البرامج التي يجب على الإدارة إتباعها وتشمل:

(1)   الإدارة بالمشاركة.

(2)   نظام الاقتراحات والشكاوي.

(3)   تنفيذ دوائر الجودة.

- الأسلوب الثاني: استخدام الأساليب العملية الحديثة التي تساعد على تشخيص المشاكل والعمل على حلها، مثل استخدام الكمبيوتر وعلم الرياضة والإحصاء وإتقان اللغات ومهارة تحليل الأرقام.

- الأسلوب الثالث: أهم السياسات المتبعة في تنمية الموارد البشرية تنحصر في: (7)

1   تصميم الوظيفة.

2   الإستقطاب والإختيار الجيد.

3   التدريب.

4   التطوير المستمر للمناخ التنظيمي.

إدارة الموارد البشرية من الدور التقليدي إلى الدور الاستراتيجي:

لم يكن حتى عام 1970م من القرن العشرين دورٌ لإدارة الموارد البشرية، فقد كان دوراً تقليدياً وكان جزء من الإدارة التنفيذية يهتم بشؤون العاملين، برامج توظيف، تسويات، ملفات، وبعد ذلك أصبح الدور الاستراتيجي مهماً وحيوياً، وتتمثل المقارنة بينهما بما يلي:

(1) الدور التقليدي لإدارة الموارد البشرية فيما يتعلق في المدى الزمني، فكانت تهتم بالأجل القصير، على عكس الدور الاستراتيجي الذي اهتم بالأجل الطويل.
(2) ركّز الدور التقليدي على العمليات التنفيذية وحفظ السجلات، فيما ركّز الدور الاستراتيجي على المنظمة ذاتها، وتصميم الإستراتيجية.
(3) كانت إدارة الموارد البشرية جزءاً من الإدارة التنفيذية، ثمّ أصبحت جزءاً من الإدارة العليا.
(4) لم تستخدم سابقاً أساليب التنسيق، واليوم أصبحت على درجة مرتفعة من التنسيق مع الإدارات المختلفة.
(5) كان عملها ينصب على المكافآت والتعويضات والرواتب، ومحاولة تفسير بعض القوانين، وإعداد التقارير، وبعض الخدمات، والبرامج، وأصبحت الآن تهتم بالتحليل والتخطيط وبتقييم العاملين والهيكلة، والنصح والإرشاد، ومعرفة اتجاهات ورغبات العاملين، الاستقطاب، المساءلة، التدريب، الحوافز، قياس الأداء، تطوير العاملين.(8)

العوامل البيئية المؤثرة في إدارة الموارد البشرية:

السؤال الذي يطرح نفسه هنا يدور حول مدى قوة تأثير العوامل البيئية الموجودة في مجتمع معين على إدارات الموارد البشرية في المؤسسات المختلفة، مثل التأثير على أهدافها أواهتماماتها، وتوجهاتها، وأنشطتها المختلفة مثل الاستقطاب، والاختيار والتعيين، وتحديد الأجور والرواتب، وقياس أداء الموظفين، وتدريبهم وتنميتهم.

وهنالك نوعان من العوامل التي تؤثر على إدارة الموارد البشرية:
(1) العوامل الداخلية: تصدر من بيئة العمل الداخلية مثل الإدارة العليا، السياسات، حجم المؤسسة، إمكانياتها.

(2) العوامل الخارجية: وهي المحيطة بالمؤسسة حيث لا يوجد مؤسسة تستطيع أن تعيش لوحدها دون مجتمع خارجي بعيداً عن البيئة، وعليها أن تتكيف مع العوامل الخارجية والداخلية بما يتماشى مع أهدافها مع تحقيق توازن والأخذ بعين الاعتبار لهذه العوامل، من خلال استخدام النظام المقفل والنظام المفتوح، وبديهيٌ أن هذه العوامل تتداخل مع بعضها بعضاً بحيث يصعب فصلها بدقة ووضوح مثل العوامل الاقتصادية والسياسية، والاجتماعية، والتعليمية.

ويستنتج مما سبق أن إدارة الموارد البشرية هي عبارة عن القلب النابض لأي مؤسسة، وهي الشريان الحيوي والرئيس فيها، حيث تعمل على تنظيم الموارد البشرية وتخطيطها، وتحليلها، وتصميمها، وتحفيزها، وغيرها من المهام التي ذكرت سابقاً.(9)

الهوامش

1. http://www.rezqar.com/m.asp?i=349, **23.6.2009**

2. مدحت القريشي، **التنمية الاقتصادية: نظريات وسياسات وموضوعات**، عمان، الاردن، دار وائل للنشر، 2007، ص 127-128.

3. [1]Douglas T. Hall and James G. Goodale, (1986), **Human Resource Management, Strategy Design & Implementation**, USA, Scott, Foreman & Company, p.302

4. محمد يسري علاّم، **كيف تطبق نظام إدارة الموارد البشرية في مؤسستك؟**، **إدارة الموارد البشرية بين النظرية والتطبيق**، ثقافة للنشر والتوزيع، الإمارات العربية المتحدة، أبو ظبي،2009،ص 15

5. مدحت محمد أبو النصر، **إدارة وتنمية الموارد البشرية: الاتجاهات المعاصرة**، مجموعة النيل العربية، القاهرة، مصر، 2007، ص ص63--64.

6. عقيلي، عمر وصفي، **إدارة القوى العاملة**، دار زهران للنشر والتوزيع، عمّان، الأردن، 1996، ص 235-236.

7. السيد متولي المتولي ، **إدارة الأفراد (مدخل سلوكي)**، القاهرة، مكتبة عين شمس، 1991، ص131.

8. Mathis, R.L, & Jackson, J. H. (2002), **Human Resource Management**, 2nd, ed. Canada, South-Western Thomas Learning, PP.6-7.

9. صلاح الدين عبد الباقي وآخرون، **إدارة الموارد البشرية**، الإسكندرية، جمهورية مصر العربية، المكتب الجامعي الحديث، 2007، ص ص 47-49.

الفصل الحادي عشر

مؤشرات التنمية المستقلة
Independent development Indicators

206

تمهيد:

إن استقلالية أي بلد تعتني استقلاليته في كافة المجالات، ومن ضمنها وجود تنمية مستقلة يمكن قياسها من خلال مجموعة من المؤشرات التي يقصد بها الشروط الواجب توفرها في أي بلد ليتمكن من تحقيق هذه التنمية المستقلة، وتنحصر ـ في مدى تأثيرها في دفعه نحو زيادة اعتماده على نفسه وتقليل ارتباطه بالخارج، وبالتالي فإنها تكمن في كيفية التخلص من العوامل التي سببت التبعية وساعدت على استمرارها وزيادتها مع مرور الزمن.

ولما كانت هذه الأسباب تختلف من بلد إلى آخر، فإن هذه الشروط ستختلف أيضاً باختلاف البلدان، إلا أن هناك مجموعة شروط عامة يمكن أن تُعتمد في جميع البلدان التابعة للتخلص من تبعيتها، إضافة إلى الشروط الخاصة بكل منها، والتي تخص كيفية التخلص من حالة الارتباط بالخارج كحالة مختلفة عن الحالات الأخرى.

ويفترض أن تكون هذه الشروط موضوعية وممكنة التحقيق وفقاً لإمكانات البلدان المختلفة المعروفة بالاستناد إلى الفهم السليم لواقعها الاقتصادي والاجتماعي، وهي متطلبات عامة جداً يرتبط تحقيقها بالصدفة أكثر من ارتباطها بالضرورة، وبالتالي فإن تعليق الاستقلال التنموي بشروط صدفية يعد أمراً محدود الدقة، وهي كشروط لا تعدو أن تكون أحكاماً ذاتية، وليست موضوعية يمكن الاستناد إليها في جميع البلدان.

وهنا فإن الشروط التي تمكن المجتمع من السيطرة على عملية التراكم الرأسمالي فيه تعد شروطاً رئيسية لتحقيق التنمية المستقلة، لكنها غير متكاملة ولا شاملة، وبالتالي سيتم إعادة النظر في مناقشتها، بتوسيعها وتفصيلها، ليمكن اعتمادها كشروط تحمل إمكانية التحول إلى مؤشرات كمية ليتم اتخاذها أساساً للمقارنة بين البلدان المختارة في الدراسة.(1)

مؤشرات التنمية المستقلة Independent development Indicators

إن المؤشرات التي يُقترح اعتمادها لقياس الاستقلال في الانجاز التنموي في البلدان النامية سيتم تقسيمها إلى ثلاثة محاور رئيسية كما يلي:

المحور الأول: مؤشرات الإمكانية: Capability Indicators

وتشمل المؤشرات التي تبين مدى إمكانية البلد النامي من إتباع طريق التنمية المستقلة، وهي تنحصر في توضيح قدرات البلد الذاتية وظروفه المختلفة التي يمكن أن تساعده أو تعيقه في تحقيق الاستقلال، وتتضمن ما يأتي:

1. الموقع الجغرافي:

تنحصر فعالية هذا المؤشر في تحديد مدى أهمية موقع البلد بالنسبة إلى طرق الملاحة الدولية ومدى إستراتيجية هذا الموقع من خلال قربه أو بعده عن بعض المواطن التي تحظى باهتمام الدول المتقدمة والتي تعرض البلد إلى احتمال تدخل هذه الدول القوية في شؤونه الداخلية مما يحتم عليه تحمل تكاليف متنوعة في سبل تبني طريق التنمية المستقلة ومواصلتها.

كما أن للموقع أهمية أخرى تكمن في قربه من أو بعده عن الأسواق الدولية ومدى توفر طرق المواصلات البرية والبحرية التي تربطه بالعالم الخارجي لتتاح له إمكانية التصدير والاستيراد مع الدول الأخرى إلى جانب مستوى تطور البلدان المجاورة له اقتصاديا ومدى اختلاف حجمه مع حجمها وطبيعة التوجهات الفكرية والسياسية للأنظمة فيها والتي تؤثر بالنتيجة النهائية في علاقاته معها بالشكل الذي يؤثر في إمكانية تخطيه وضع خطاه على طريق التنمية المستقلة.

فالبلدان النامية التي تقع إلى جوار بعض الدول المتقدمة كموقع المكسيك المجاور للولايات المتحدة الأمريكية، أو موقعها إلى جوار بلدان تحظى برعاية الدول المتقدمة

كما هو الحال في موقع بعض البلدان العربية كمصر ولبنان وسوريا والأردن المجاور للكيان الصهيوني، ولكن يضع هذا الموقع على كاهـل هـذه البلـدان أعبـاء إضافية تتلخص فيما يلي:

(أ) اتخاذ التدابير الخاصة لحماية أمنها الخارجي

(ب) صعوبة منافستها للسلع المنتجـة في البلـد المجـاور المتقـدم والتي يسهل دخولها إلى البلد المتخلف.

(ت) التأثير الإعلامي والثقافي المباشر وغير المباشر الواقع عليها والذي يقلل مـن قدرة البلد في إتخاذ قرار إتباع التنمية المستقلة.

ويلاحظ أن العديد من الدول النامية أقيم علـى أراضيـه قواعـد عسـكرية أجنبيـة نتيجة قربه من إحدى الدول الكبرى، كما هو الحال في باكستان وتركيا وبعض دول جنوب شرق آسيا كالفلبين وغيرها.

وهكذا يلعب الموقع دوراً فعـالاً في تحديـد إمكانيـة الاسـتقلال التنمـوي ومـدى الصعوبات والتكاليف التي يتحملها البلد من جراء ذلك.

2. الحجم:

يشمل المساحة وعدد السكان، وكما هو معروف اقتصادياً فكلما كبر حجم الدولـة كلما زادت إمكانية تخطيها العقبات التي قد تعترض طريق تطورها الاقتصادي خصوصاً في مجال إقامة الصناعات الكبيرة، وفي تحديد حجم السوق المحلية، ومدى إمكانية وجود الطلب الكافي للسلع المنتجة، كما أن المساحة الأكبر تتيح إمكانية توفر موارد أكثـر تنوعـاً بالشكل الـذي يغنـي عمليـة التنميـة الاقتصادية، ويـوفر المـواد الأوليـة اللازمـة لإقامة الصناعات المتنوعة بتكاليف منخفضة.

أما حجم السكان الأكبر فيتيح إمكانية توفير عدد أكبر من الأيدي العاملـة بمختلـف مستوياتها من دون الحاجة إلى الإعتماد على الخارج في الحصول عليها، إضافة إلى توليده طلباً أكبر على السلع المنتجة محلياً، والذي يدفع باتجاه زيادة الإنتاج

والدخل المحليين أي أنه يؤدي إلى إحداث نمو اقتصادي كبير إذا صوحب بتغيرات نوعية معينة يمكن أن يحقق تنمية إقتصادية اجتماعية شاملة تهيئ الأساس للانطلاق نحو التنمية المستقلة في المستقبل.

3. توفر الموارد الطبيعية وتنوعها:

كلما كانت الموارد وفيرة ومتنوعة قل اعتماد البلد على الخارج في إنجاز عملية التنمية الإقتصادية، وبالتالي زادت إمكانات تحقيقه الإستقلال إذا توفرت الرغبة في ذلك.

فالموارد من حيث الكم إما أن تكون:

-   وفيرة

-   أو متوسطة الوفرة

-   أو محدودة

كما أنها من حيث النوع إما أن تكون:

-   متنوعة

-   أو أقل تنوعاً

-   أو غير متنوعة في حالة إقتصارها على مورد وحيد أو موردين

ومن خلال دراسة الموارد المتوفرة ومسحها في كل بلد يمكن الحكم على مدى قدرة هذا البلد في إنتاج طريق التنمية المستقلة بشكل أفضل من غيره.

ويدخل ضمن هذا المؤشر مدى ملائمة الظروف الطبيعية للإنتاج في البلد المعني، فكلما كانت الظروف ملائمة تمكن هذا البلد من إنتاج السلع التي تغطي إحتياجاته المحلية وتقلل من اعتماده على الخارج "بالاستناد إلى حالة التقنية المستخدمة"، وتعطيه فرصة أكبر لتحقيق الاستقلال التنموي.

4. التقارب الحضاري والاجتماعي للسكان:

يؤدي التجانس بين رعايا البلد الواحد إلى الاستقرار إذا توفرت لدى أفراده المزايا التالية:

(أ) ينتمون إلى قومية واحدة

(ب) يدينون بدين واحد

(ت) يتكلمون بلغة واحدة

(ث) تتقارب مستويات معيشتهم وثقافاتهم وتقاليدهم

وهذا ينعكس على إمكانية تحقيق أهداف التنمية الشاملة بشكل أفضل من البلد الذي لا تتوفر في سكانه الميزات المذكورة.

وتجدر الإشارة إلى أن وجود القوميات والأديان واللغات المختلفة في سكان بلد معين قد لا تشكل عقبة في سبيل تحقيق التنمية المستقلة إذا ما تقاربت مستوياتهم الثقافية والاجتماعية وأساليب معيشتهم، من دون أن يتركز انتشار أفراد قومية معينة في منطقة جغرافية محددة في البلد، ومن دون أن تسيطر إحدى هذه القوميات على إنتاج سلعة معينة يتخصصون فيها دون غيرها، ومن دون أن يتمكن من إنتاجها أفراد القوميات الأخرى، بل إن الانتشار على رقعة البلد ككل والاختلاط مع بقية القوميات والأديان أدعى إلى إمكانية توفير الانسجام والاستقرار.

المحور الثاني: مؤشرات التأهيل: The Qualifying Indicators

تشمل المؤشرات التي تؤهل البلد لتحقيق التنمية المستقلة والتي يمكن تسميتها بِ"مؤشرات الانطلاق نحو التنمية المستقلة"، وتنحصر في إحداث التغييرات الهيكلية في الاقتصاد الوطني لتصحيح الاختلالات المزامنة له، وكذلك تصحيح هيكل السكان وتوزيعهم القطاعي والتعليمي والجغرافي، فضلاً عن تعديل أساليب توزيع الدخل والتي تصب في زيادة الناتج والإنتاجية، إلى جانب تطوير نوعية حياة الفرد والمجتمع، وصولاً إلى مجتمع أكثر تطوراً يمكنه من الاعتماد على نفسه في توفير متطلبات تنميته وتطوره.

ويمكن تحديد هذه المؤشرات بما يأتي:

1. التغيرات في هيكل الإنتاج والإنتاجية:

يبين هذا المؤشر تغير الأهمية النسبية لكل من القطاعات الإنتاجية في تكوين الناتج المحلي الإجمالي خلال فترة معينة، فالتطور يفترض تنوع الهيكل الاقتصادي من دون تركز الاعتماد على قطاع معين دون غيره، وكلما زادت الأهمية النسبية للقطاعات الإنتاجية الحيوية التي لم تنل اهتماماً مسبقاً أدى ذلك إلى زيادة الإنتاج كماً وتنويعاً وصولاً إلى مرحلة الاعتماد على الذات وتقليل الاعتماد على الخارج في الحصول على متطلبات المجتمع المختلفة، وتنحصر فعالية سياسات الدولة في تشجيع تدفق الموارد المحدودة للبلد النامي نحو هذه القطاعات التي تتسم بإرتفاع إنتاجيتها مما يزيد من كفاءة استخدامها.

2. تصحيح الإختلال في هيكل السكان والقوى العاملة:

يتم التوصل إلى هذا المؤشر من خلال إعادة توزيع السكان بين الأقاليم المختلفة في البلد المعني، بما يضمن انتشارهم على أوسع رقعة جغرافية ممكنة وبما يحقق التوازن المطلوب في هذا التوزيع - يرتبط التوازن في مدى ملاءمة عدد السكان للموارد المتاحة في كل منطقة، سواء كانت موارد طبيعية أو أراضٍ صالحة للزراعة- وبما يرتبط بأهمية المنطقة الجغرافية إدارياً وصناعياً، هذا إلى جانب دراسة الهيكل العمري والنوعي للسكان وتحديد السبل الكفيلة باستغلال هذه السمات في عملية التنمية الاقتصادية.

أما بالنسبة إلى القوى العاملة فيجب تصحيح هياكلها القطاعية والمهارية والتعليمية والمهنية والجغرافية، بما يضمن استخدامها أفضل استخدام ممكن لزيادة إنتاجيتها ورفع كفاءة أدائها، وصولاً إلى زيادة حجم الإنتاج وتنويعه بالشكل الذي يقلل من الاعتماد على الخارج في توفير مستلزمات إنتاجه من القوى العاملة من جهة، وتوفير متطلبات المجتمع المختلفة من السلع والخدمات محلياً من جهة أخرى.

وهنا يجب إعداد القوى العاملة لتلائم أساليب الإنتاج المتبعة من ناحية المهارة والمهن المطلوبة وبالتالي يلعب النظام التعليمي والمؤسسات التدريبية دوراً كبيراً في

إنجاح هذه المهمة غير السهلة التي تتطلب وقتاً ليس بالقصير. ومن خلال التوقف عند التغييرات الحاصلة في توزيع العاملين بين القطاعات المختلفة ومدى تناسقها مع التغيرات المستهدفة في الإنتاج، وكذلك توزيع العاملين بين المناطق الجغرافية المختلفة بما يضمن خلق التوازن الإقليمي المطلوب، فضلا عن دراسة التغيرات في مستويات العاملين التعليمية والمهنية والمهارية ومدى ملاءمتها للعملية الإنتاجية، يمكن التعرف إلى أي مدى من الممكن خلق مجتمع يمكنه الاعتماد على نفسه في توفير متطلباته المختلفة.

3. التطور في نوعية الحياة:

سيتم التركيز على جانبين مهمين هنا، هما الجانب التعليمي والجانب الصحي وذلك بقياس التطور الحاصل في انخفاض نسبة الأمية بين السكان عامة والكبار خاصة، وارتفاع عدد المسجلين في المراحل الدراسية المختلفة نسبة إلى عدد السكان في الفئات العمرية المقابلة لها، إلى جانب التغييرات في النظام التعليمي والتربوي عامة كنسب المتخرجين من المدارس المهنية والمعاهد الفنية إلى إجمالي المتخرجين من مرحلتي الإعدادية العامة وما بعدها.

وتبرز أهمية قياس نسبة الإنفاق على التعليم الجامعي والعالي إلى إجمالي النفقات التعليمية، ونسبة الإنفاق على التعليم إلى إجمالي النفقات العامة للدولة، كمؤشرين لمدى الاهتمام بهذا الجانب الخاص بتطوير قدرات الأفراد المهارية والمهنية والتقنية كمقياس لزيادة الاعتماد على الذات في توفير متطلبات التطوير والخلق التقني وتهيئة إمكانية التعامل مع التقنية المستوردة وصيانتها وتغييرها بما يلائم الظروف الاقتصادية والاجتماعية والطبيعية للبلد.

ويمكن إضافة مؤشر خاص بأعداد المهندسين والعلماء في البلد وربطه بمدى تطوره عبر فترة الدراسة، هذا بالإضافة إلى الاهتمام بالبحوث العلمية من خلال قياس عدد براءات الاختراع ومدى إعتمادها في العملية الإنتاجية ونسب الإنفاق على البحث العلمي وأساليب تشجيعه وتوزيع مؤسساته، سواء بشكل مركزي أو على الوحدات الإنتاجية المختلفة فضلاً عن دور الدولة في ذلك.

أما الجانب الصحي فيقاس بمؤشرات عديدة أهمها:

أ) معدل وفيات الأطفال

ب) العمر المتوقع للفرد عند الميلاد، إذ يتوقع أن ينخفض المعدل الأول مع التطور الحاصل في البلد ويرتفع الثاني معه، فزيادة الاهتمام بالجانب الصحي يؤثر بالنتيجة النهائية في تقليل الإصابة بالأمراض الفتاكة، ويرفع من قدرات الأفراد الجسمانية في مقاومة الأمراض.

ت) أعداد الأطباء ومساعديهم من خلال نسب السكان لكل طبيب ومساعد طبيب وسرير، والتي تبين مدى تطور الجانب الصحي في البلد كلما انخفضت هذه النسب، بالشكل الذي يوفر حياة أكثر استقراراً بما يؤمن إرتفاع إنتاجية الأفراد ومستويات أدائهم بما يعزز من إمكانية إعتماد المجتمع على نفسه في إنتاج متطلباته الأساسية المختلفة.

4. العدالة في توزيع الدخل والثروة:

يتم التوصل إلى هذا المؤشر من خلال دراسة الإجراءات والسياسات الخاصة بإعادة توزيع الدخل والثروة بما يضمن تحقيق العدالة الاجتماعية، ومن المؤشرات المعتمدة هنا نسبة أعلى (20%) من السكان من الدخل القومي وأدنى (40%) منهم، لمعرفة مدى التفاوت في توزيعه وبالتالي ومن خلال فترة الدراسة يمكن التعرف إلى التطور الحاصل في هذا التوزيع وربطه بالسياسات الضريبية المختلفة والسياسات الدخلية.

وهنا لا يفترض حصول الأفراد على نصيبٍ متساوٍ من الدخل والثروة وإنما يفترض ربط ذلك بإنتاجية الفرد ومدى إسهامه في عملية التنمية.

إن حالة التباين الكبير بين الفئات والطبقات الإجتماعية، يخلق حالة عدم استقرار وتنافر بين هذه الفئات والطبقات بالشكل الذي يؤثر سلباً في إنجازات التنمية الاقتصادية، ويرتبط تحقيق العدالة الاجتماعية بكون الإنسان هو هدف التنمية التي تسعى إلى زيادة رفاهيته عبر الزمن، والتي يجب أن تشمل كل أفراد المجتمع ولا تقتصر على فئة محدودة منه دون غيرها.

وهنا لا يمكن الإعتماد على التغير الحاصل في معدل دخل الفرد من الدخل القومي، لأنه يمكن حصول تطور في هذا المؤشر، مع سوء توزيع الدخل بين الأفراد أو مع زيادة تدهوره، وبالتالي دون اللجوء إلى المؤشرات الأخرى المتعلقة بتوزيع المجتمع إلى فئات حسب الدخول التي يحصلون عليها والمقارنة بين الفئات العليا والدنيا منها، فضلاً عن المؤشرات غير المباشرة المرتبطة بالسياسات الضريبية والدخلية وغيرها المتبعة لتصحيح الاختلال في توزيع الدخل والثروة يعد أكثر دقة من إعتماد معدل دخل الفرد.

5. مؤشر التقنية والبحث العلمي:

يقاس من خلال تتبع الاهتمام الذي توليه الدولة لمؤسسات البحث العلمي، ومدى إنتشارها في المناطق الجغرافية كافة، فضلاً عن عدد البحوث المنشورة وعلاقتها بالجانب التطبيقي أو العملي، هذا إلى جانب مؤشرات ثانوية كالإنفاق على التعليم وعلى البحث العلمي ومدى الإستفادة منها فعلاً خصوصاً بالنسبة إلى براءات الاختراع، وذلك كنسبة من الدخل القومي الذي يفترض أن يتزايد مع التطور الاقتصادي.

إن التطور الذي تحققه المؤسسات الاقتصادية في مجال البحث العلمي والتقني يسهم بشكل فعال في إيجاد التقنية الملائمة للاقتصاد الوطني، ويعمل على تطوير التقنية المستوردة من الخارج وتطويعها، فضلاً عن إيجاد الكوادر الفنية التي تتمكن من تشغيلها وصيانتها بما يقلل من الاعتماد على الخارج في الحصول عليها أو في إدامتها، ويحقق الاستقلال الاقتصادي.

ويعد هذا المؤشر من المؤشرات الحيوية بالنسبة إلى الاستقلال التنموي، إذ تستغل الدول المتقدمة تطورها التقني لفرض شروطها التي تمس الاستقلال الاقتصادي، وتزيد من تكاليف استيراد التقنية المتطورة من قبل الدول النامية، ومن هنا فإن تحقيق إنجاز متقدم في مجال التطور في البحث العلمي والتقنية يعد واحداً من الأركان المهمة لتحقيق التنمية المستقلة.

6. مدى فعالية نشاط الدولة الاقتصادي:

يقاس هذا المؤشر بأهمية تدخل الدولة في الفروع والأنشطة الاقتصادية المختلفة ومدى كفاءة تدخلها هذا مقارنة بالقطاع الخاص، وهنا يمكن التوقف عند الأنشطة التي يتركز فيها القطاع العام ومدى نجاحه في إدارتها وتطويرها وصولاً إلى خلق اقتصاد متقدم معتمد على نفسه في إنتاج مستلزمات المجتمع المتنوعة.

هذا إلى جانب تقويم سياسات الدولة المالية والنقدية والدخلية وغيرها ومدى ملاءمتها للتطور الاقتصادي في البلد إضافة إلى دراسة أسلوب تدخل الدولة في الشؤون الاقتصادية من خلال مركزية أو لا مركزية إتخاذ القرارات وتنفيذها ومدى توفر الممارسة الديمقراطية في هذه الادارة.

إن التنمية تستوجب تدخل الدولة في الاقتصاد، وكلما كان هذا التدخل فعالاً أمكن الدولة بلوغ أهدافها بشكل سريع ودقيق، والمسألة المهمة هنا هي كيفية الملاءمة بين تحقيق الأهداف الاقتصادية والاجتماعية والسياسية لعملية التنمية الاقتصادية الشاملة، إذ أن الإستناد إلى أسس التحليل الاقتصادي البحتة في تقويم كفاءة الأداء قد تتعارض مع تحقيق بعض الأهداف الاجتماعية الخاصة بعدالة توزيع الدخول ورفع مستوى المعيشة للفئات ذات الدخل المنخفض، وبالتالي فإن الدولة في نشاطاها الاقتصادي تضع في اعتبارها تحقيق أهداف اجتماعية لا يضعها الفرد في اعتباره أثناء ممارسته نشاطه الاقتصادي.

والتساؤل هنا يتعلق بإمكانية إيجاد أسلوب إنتاج بديل يدفع كل من الدولة والفرد إلى تحقيق الأهداف الاقتصادية والاجتماعية من دون أن تصطدم بعضها ببعض، بما يؤمّن التطور الاقتصادي مع زيادة رفاهية الأفراد ككل.

ويدخل ضمن هذا المؤشر أيضاً مدى إتاحة الدولة الفرصة للأفراد في المشاركة في اتخاذ القرارات وتنفيذها ومدى إتاحتها الحريات الفكرية والسياسية لهم.

ويمكن اعتماد مؤشرات خاصة بمدى تنوع إصدار الكتب فكرياً وأعداد الصحف والمجلات الصادرة ومدى تنوعها الفكري والسياسي، ومدى إتاحة الفرصة لتشكيل الأحزاب السياسية المختلفة الاتجاهات وكيفية التعامل مع هذه الأحزاب.

وبشكل عام قد لا تتوفر بيانات ومعلومات دقيقة حول هذا الموضوع في الكثير من الدول خصوصاً النامية منها، الأمر الذي يقلل من إمكانية استخدامها كمؤشر فعال في تقرير التنمية المستقلة.

7. التغير الحاصل في نمط الاستهلاك:

يقاس هذا المؤشر بالأهمية النسبية للطلب الاستهلاكي إلى إجمالي الدخل القومي، ونسبة كل من الاستهلاك الخاص والعام إلى إجمالي الاستهلاك وتوزيعه بين السلع الغذائية والسلع الضرورية والكمالية الأخرى، إلى جانب تطور الطلب الاستهلاكي على السلع المعمرة الذي قد يزيد مع زيادة الدخل ومستوى رفاهية الأفراد ومدى ملاءمة الطلب الاستهلاكي لمستوى التطور الاقتصادي والاجتماعي للبلد.

ويمكن هنا قياس حجم الواردات من السلع غير الضرورية، وقياس مدى توجه الموارد المحدودة لإنتاج السلع الأقل ضرورة، والتي تعمل على الهدر في إستخدام هذه الموارد، وهذا ينشأ من تشوه الهيكل الاستهلاكي للأفراد الناجم عن تأثير الإعلام الأجنبي بالشكل الذي يخلق روابط التبعية الاقتصادية للبلد مع البلدان المتقدمة إقتصادياً في حالة عدم تمكنه من تلبية هذا الطلب محلياً، كما أنه يؤدي إلى إستخدام غير كفؤ للفائض الاقتصادي الفعلي والمتاح للتنمية، الأمر الذي يفوت الفرصة لتحقيق نسبة مرتفعة من الاعتماد على الذات في إنتاج السلع الضرورية والأكثر أهمية لغالبية أفراد المجتمع.

ومما يلعب دوراً بارزاً في تشويه نمط الإستهلاك المحلي وهيكله في الدول النامية كل من:

(أ)   تقليد أفراد الطبقات والفئات مرتفعة الدخل لأمثالهم في الدول المتقدمة من الناحية الاستهلاكية.

(ب)   توجه الدولة نحو الإنفاق على المجالات الإعلامية والمجالات الأخرى الأقل أهمية بالنسبة إلى رفاهية الفرد.

المحور الثالث: مؤشرات الاستقلال: The Independence Indicators

يشمل المؤشرات التي تحدد استقلال عملية التنمية الاقتصادية في البلد، وسيتركز الاهتمام على المؤشرات الاقتصادية دون غيرها لتوفر إمكانية قياسها كمياً من جهة، ولأنها توفر المعنى الأساسي الذي تهتم به هذه الدراسة للتنمية المستقلة من جهة أخرى.

وتقسم هذه المؤشرات إلى:

1. مؤشر الفجوة الداخلية: Internal Gap Indicator

يقاس بمدى تغطية المدخرات المحلية للاستثمارات اللازمة لتحقيق معدل النمو المستهدف، أي أنها تعكس مدى الاعتماد على العوامل المحلية في تمويل مشاريع التنمية الاقتصادية، وحين تقترب نسبة الاعتماد هذه من (100%) دل ذلك على استقلال البلد إقتصادياً بالنسبة إلى هذا المؤشر.

وهنا فإن استهداف معدلات مرتفعة للنمو الاقتصادي تتطلب حجما أكبر من الاستثمارات، الأمر الذي يستلزم توفير مدخرات محلية أكبر لتغطيتها، ونجاح هذا يعتمد على مدى فعالية وكفاءة الوسائل والسياسات المختلفة التي تتخذها الدولة في مجال تشجيع الادخار وتطوير المؤسسات التي توفره محلياً.

2. مؤشرات الفجوة الخارجية: External Gap Indicator

وهذه تتضمن مجموعة مؤشرات فرعية كما يأتي:

أ. مؤشر الانكشاف التجاري للدولة:

ويقاس بنسبة كل من الصادرات والواردات إلى الناتج المحلي الإجمالي، إذ إن ارتفاع هذه النسبة يدل على شدة الاعتماد على الخارج في توليد الناتج المحلي، وبالتالي فإن الوضع الاقتصادي للبلدان الأخرى التي تستورد أو تصدر إلى البلد المعني سيؤثر في مسيرة التنمية الاقتصادية فيه، ومن هنا فإنها تتناسب عكسياً مع درجة الاستقلال الاقتصادي.

ب. مؤشر نسبة الصادرات إلى الواردات:

ويعكس هذا المؤشر مدى تمكن البلد من الاعتماد على الموارد التي يحصل عليها من جراء تصدير جزء من موارده المحلية "سواء بشكل أولي أو مصنع" في استيراد متطلبات عملية التنمية الاقتصادية، التي لا يمكن توفيرها محلياً وبالشكل الذي لا يضطره إلى اللجوء إلى الوسائل الأخرى في تمويل وارداته والتي قد تمس استقلاله الاقتصادي سواء كان هذا الشكل اقتراضا أو مساعدات.

ت. التوزيع الجغرافي للصادرات والواردات:

إذ أن تركيز التعامل التجاري مع دولة معينة من دون غيرها سيزيد من تبعية الدولة المعنية للدولة الأخرى، خصوصا إذا كانت متقدمة اقتصادياً، كما ينطبق الشيء نفسه على تركّز التعامل مع مجموعة محددة من البلدان دون غيرها، كالتعامل مع البلدان المتقدمة بشكل يفوق الدول النامية، وهكذا سيتم اعتماد مدى قوة حجم التعامل التجاري مع دولة ما ومجموعة دول محددة، ومن ثم مع كتلة أو معسكر معين من الدول لتأكيد حالة التركّز الجغرافي هذه.

ث. التوزيع السلعي للصادرات والواردات:

وتقاس بمدى الإعتماد على تصدير سلعة واحدة من خلال قياس نسبتها إلى إجمالي الصادرات، ودراسة طبيعة هذه السلعة هل هي أولية أو مصنعة، فشدة الاعتماد هذه ستؤثر في إمكانية استمرار عملية التنمية الاقتصادية بالشكل الذي تستهدفه الدولة، وبالتالي فإنه مع تنويع هيكل الصادرات سيكون الحل الأمثل لاستمرار عملية التنمية هذه.

كما أن شدة الاعتماد على استيراد سلعة معينة من الخارج أو مجموعة محددة من السلع، كالسلع الإنتاجية مثلاً، سيؤثر بهذا الشكل أو ذاك أيضاً في عملية التنمية الاقتصادية ويفقدها استقلاليتها.

3. مؤشر الدَّيْن الخارجي: External Debt Indicator

ينشأ كنتيجة لظهور كل من الفجوة الداخلية والفجوة الخارجية، وهنا سيتم إعتماد مؤشر نسبة الدين الخارجي إلى الناتج المحلي الإجمالي التي يجب ألا تزيد على نسبة محددة، إلى جانب مؤشر نسبة خدمة الدين إلى إجمالي حصيلة الصادرات للدول المعنية في فترة ما والتي يجب ألا تزيد على نسبة محددة أيضاً.

ومن المعروف أن العلاقة بين الدَّين الخارجي والاستقلال الاقتصادي علاقة عكسية، إذ يترتب على تزايد حجم الدَّين وخدمته جملة شروط تفرضها الدول الدائنة على الدول المدينة قد تمس استقلالها الاقتصادي والسياسي أيضاً.

وخير مثال على ذلك الشروط القاسية التي تتم بها والتي يطلق عليها " عملية جدولة الدَّين الخارجي" التي بشر بها صندوق النقد الدولي والبنك الدولي والتي لا تحل المشكلة حلاً جذرياً بل توفر لها حلاً وقتياً قد تتفاقم معه الآثار المباشرة وغير المباشرة التي تمس استقلال الدولة بشكل عام في المستقبل.

4. مؤشر الأمن الغذائي: food security indicator

يعد هذا من المؤشرات المهمة جداً لقياس التنمية المستقلة فالسلع الغذائية ضرورية إلى الحد الذي يجب على البلد أن يحقق اكتفاء ذاتياً في إنتاجها، لأن تزايد الاعتماد على الخارج في الحصول على هذه السلع سيجر البلد إلى خانة التبعية الاقتصادية بالتأكيد، كما ستستغل الدول المصدرة للسلعة الغذائية خصوصاً المتقدمة منها نقطة الضعف هذه للتأثير في المسيرة التنموية لهذا البلد بالشكل الذي يربطه بها أكثر فأكثر.

وهنا يمكن اعتماد مؤشر خاص بنسبة الواردات من السلع الغذائية إلى الإنتاج المحلي منها، إذ أن انخفاض هذه النسبة يدل على اقتراب المجتمع من الاكتفاء الذاتي منها.

5. مؤشرات التبعية الصناعية: Indicators of Industrial dependency

والتي تشمل كل من:

(أ)   مؤشر الواردات الاستثمارية:

يقاس بنسبة هذه الواردات إلى إجمالي الاستثمار المتحقق في فترة ما، إضافة إلى نسبتها إلى إجمالي الواردات، إذ تعني زيادتها شدة اعتماد البلد على الخارج في الحصول على السلع الاستثمارية التي تعد مهمةً جداً لاستمرار عملية التنمية الأمر الذي يفقدها استقلاليتها بالنتيجة.

(ب)   مؤشر الاعتماد على المشاريع الجاهزة ورأس المال الأجنبي في تنفيذ مشاريع التنمية:

إذ أن اعتماد البلد على الشركات متعددة الجنسية في إقامة المشاريع الحيوية وتشغيلها سيعرض عملية التنمية الاقتصادية فيه إلى الانزلاق إلى متاهات التبعية، فهذه الشركات تعد من الوسائل الحديثة التي بدأت الدول المتقدمة تستخدمها للتأثير في اقتصادات البلدان النامية واستنزاف مواردها المختلفة، كما أنها أهم أشكال تدويل الإنتاج والتسويق والتمويل والتي من خلالها يمكن الدول المتقدمة ربط البلدان النامية بها وزيادة تبعيتها لها.

6. مؤشرات العلاقات الخارجية: External Relations Indicators

والتي تشمل كل من :

(أ)   مؤشر مدى قوة العلاقة مع المنظمات الدولية:

وعلى وجه الخصوص مع صندوق النقد الدولي والبنك الدولي، إذ أثبتت السنوات السابقة أن هاتين المؤسستين الدوليتين تعملان على تحقيق مصالح الدول المتقدمة اقتصاديا، وبالتالي فإن جميع الشروط التي تفرضانها على البلدان النامية بهدف إصلاح إقتصاداتها تمس الاستقلال الاقتصادي لهذه البلدان وتوقعها في شراك التبعية، لذلك فإن تزايد قوة العلاقة بين الدول النامية والمؤسسات الدولية هذه يعرض اقتصادها للانزلاق إلى التبعية الاقتصادية.

(ب)   مؤشر العلاقة مع البلدان النامية:

إن الأساس هنا يقوم على التعاون بين مجموعة البلدان النامية في سبيل تحقيق الاستقلال التنموي، ويشمل التعاون الجوانب الاقتصادية والتقنية كافة وغيرها من الجوانب الأخرى، ويحقق هذا التعاون بين البلدان النامية المزايا التالية:

1)   تقليل اعتمادها مجتمعة على الدول المتقدمة اقتصاديا

2)   يزيد من قدرتها التفاوضية في المؤسسات والمحافل الدولية

3)   تصحيح الاختلال في مدى الاستفادة من التبادل التجاري بين هاتين المجموعتين من البلدان.

4)   تصحيح الاختلال في مدى الاستفادة من المنظمات الدولية في الاستمرار في عملية التنمية الاقتصادية.

5)   زيادة قوة علاقة البلد المعني مع البلدان النامية تعطيه إمكانية أكبر لانجاز التنمية المستقلة، خصوصاً إذا وصلت هذه العلاقة إلى مستوى التكامل أو التوحد.

وهناك إلى جانب المؤشرات التي تم ذكرها مؤشرين على درجة من الأهمية لا يمكن إغفالهما لما لهما من تأثير بالغ في إستقلال عملية التنمية الاقتصادية وهما:

(أ)   مؤشر الأمن القومي: National Security Indicators

(ب)   مؤشر الاستقلال الثقافي والفكري: Intellectual and Cultural Dependence Indicator

إذ لا يمكن لأي بلد أن يحقق استقلاله الاقتصادي من دون أن يوفر أساساً من الأمن القومي له، خصوصاً في ظل العلاقات المضطربة بين الدول في الوقت الحاضر، كما يلعب التأثير الفكري والثقافي دوراً فعالاً في الأفراد ومدى تقبلهم لعملية التنمية المستقلة والإيمان بتحقيقها، وأن وتحاول البلدان المتقدمة نشر أفكارها وثقافاتها بين أفراد البلدان النامية في سبيل ضمان تأثيرها في كيفية قيام المجتمع بتنفيذ متطلبات تقدمه بهذا الشكل أو ذاك.

إن التفاعل الثقافي والفكري بين المجتمعات كافة شيء مطلوب وحيوي للنهوض بالحضارات الإنسانية وتطويرها، لكن على المجتمع الاعتماد على جذوره الحضارية في بلورة الأسس الثقافية والفكرية، وفي التفاعل مع الأسس الثقافية والفكرية للحضارات الأخرى، ولكن من دون أن تسود التأثيرات السلبية لها، مع أهمية اعتماده على التكافؤ والنزاهة وحرية الرأي والممارسات الديمقراطية في انتشار الأفكار والثقافات بين بلدان العالم كافة.

أما أهمية الأمن القومي فإنها تحتم على الدولة تخصيص جزء من مواردها لإنجاز مستوى معين منه في سبيل ضمان استقلالها السياسي والعسكري، وهنا يفترض عدم المبالغة في الاهتمام بهذا الجانب بحيث لا يتجاوز حدود الحفاظ على هذا الاستقلال، أي من دون خلق قوة يمكن أن تؤثر في الدول المجاورة وتهددها بالشكل الذي يزيد من حدة التوتر في المنطقة الموجودة فيها تلك الدولة، ويزيد من حجم الإنفاق على الأمن القومي من كل دول المنطقة.

وهذا في صالح الدول المتقدمة المصدرة للأسلحة وتقنياتها بالتأكيد، كما أنه يمثل هدراً للفائض الاقتصادي المتاح للتنمية، والذي قد يجر البلد إلى الوقوع في مأزق الاستدانة الخارجية، وما يترتب عليه من مساس بالاستقلال السياسي والاقتصادي.

وبشكل عام فإن إمكانية قياس هذين المؤشرين صعبة جداً، ولا تتوفر المعلومات الدقيقة والكافية عنهما في الكثير من الدول، وبالتالي تقلّ إمكانية إدراجهما ضمن المؤشرات المختارة ومن هنا فسوف لا يتم التطرق إليهما.(2)

إمكانيات التنمية المستقلة في الوطن العربي:

قد يبدو للبعض أن الحديث عن "التنمية المستقلة" في عصر العولمة يمثل ضرباً من الخلط غير المسئول، أو على أفضل تقدير، نوعاً من الحنين غير العقلاني إلى عصر قد مضى عليه الزمن.

ولكن مثل هذا التقييم يقع في خطأين رئيسيين: الأول، أن التنمية المستقلة تعني الاكتفاء الذاتي أو الانقطاع عن العالم، وهو ما لم يقل به عاقل، ولكن مثل هذا

التقييم يقع في خطئين رئيسين الأول: ، والخطأ الثاني هو تصور أن إدماج الاقتصاديات النامية في السوق العالمي على النمط الطليق الذي فرضته القوى المهيمنة على الاقتصاد العالمي، وبدعم من مؤسسات التمويل الدولية، وبقوة السلاح كما شهدنا مؤخراً في غزو أفغانستان والعراق، يمكن أن يؤدي إلى تنمية حقيقية.

إن تجربة العقود الثلاثة الماضية قد بينت أن مثل هذا النمط من التنظيم الاقتصادي قد جر إلى العالم وخاصة البلدان النامية، ويلات هائلة مثل انتشار الفقر والبطالة وتفاقم التفاوت في توزيع الدخل والثروة، على صعيد العالم ككل، وداخل البلدان، وخاصة تلك النامية التي تبنت نظام السوق الطليق دون تأسيس آليات الضبط المجتمعي والعدالة التوزيعية المطلوبان لكفاءة نظام السوق الحر وللتقليل من المساوئ المجتمعية الحتمية لعمل السوق الحر من دون هذين الشرطين(1)،

إن ترجبة العقود الثلاثة الماضية قد بينت أن مثل هذا النمط من التنظيم الاقتصادي قد جر إلى العالم وخاصة البلدان النامية، ويلات هائلة مثل انتشار الفقر والبطالة وتفاقم التفاوت في توزيهع الدخل والثورة على صعيد العالم ككل، وداخل البلدان وخاصة تلك النامية التي تبنت نظام السوق الطليق دون تأسيس آليات الضبط المجتمعي والعدالة التوزيعية المطلوبان لكفاءة نظام السوق الحر وللتقليل من المساوئ المجتمعية الحتمية لعمل السوق. السرية والقوة العسكرية لحماية هذه المصالح.

لكن المنادين بالاندماج في الاقتصاد العالمي بشروط العولمة الطليقة يعبرون عن مصالح

ضخمة في مراكز الاقتصاد العالمي من ناحية، وامتدادات لها في البلدان النامية من ناحية أخرى، تساندها قوى عاتية في مجال الإعلام ولا تتورع عن اللجوء للنشاطات السرية والقوة العسكرية لحماية هذه المصالح.

ويمكن صياغة مفهوم للتنمية المستقلة في الوطن العربي يتسق مع روح العصر من جانب، ويحقق للأمة العزة والمنعة من جانب آخر.

وعليه فإن مبادىء التنمية المستقلة في الوطن العربي تنحصر في المبادىء الأساسية التالية:

أولاً:   المبدأ المنظم الأول والأساسي لفكرة التنمية المستقلة هو تحرير القرار التنموي شاملاً تحديد غايات التنمية وتعيين وسائلها في الوطن العربي من السيطرة الأجنبية، سواء كانت مباشرة أو غير مباشرة، بما في ذلك سطوة عملاء القوى الأجنبية المتنفذين في هيكل القوة في البلدان العربية حالياً، دون أن يعني ذلك الانقطاع عن أفضل منجزات البشرية في العالم المعاصر. ويتطلب ذلك الموقف تعبئة الموارد الذاتية للأمة وتوظيفها بأقصى كفاءة ممكنة، مثل هذه التنمية المستقلة تحقق للأمة الكرامة والعزة، وتضمن لجهد التنمية الدوام، مفعمة بالحرص على مصالح الأجيال القادمة.

ثانياً: المبدأ المنظم الثاني لمفهوم التنمية المستقلة في بدايات الألفية الثالثة، هو اعتماد مفهوم للرفاه الإنساني يتجاوز التعريفات الضيقة المقتصرة على الوفاء بالحاجات المادية للبشر أو الحصول على دخل مناسب، وإلى التمتع بالمكونات المعنوية للتنعم الإنساني مثل الحرية والمعرفة والجمال.

ثالثاً: المبدأ المنظم الثالث للمفهوم يتمحور حول أن مصدر القيمة في العالم المعاصر قد أضحى إنتاج المعرفة، وليس ركام الموارد الأولية، أو الأرصدة المالية، أو حتى حجم الناتج الإجمالي، بالتقويمات التقليدية في نظم الحسابات القومية، ومن ثم فإن مضمون التنمية الجديد بالاعتبار في هذه الحقبة من تطور البشرية هو إقامة مجتمعات المعرفة، أي تلك المجتمعات التي تنتظم جميع أصناف النشاط البشري فيها حول اكتساب المعرفة وتوظيفها بكفاءة، وتقدم مساهمة فعالة في تقدم البشرية جمعاء من خلال إنتاجها للمعرفة، ومن ثم وجب أن يعتمد مضمون التنمية المستقلة في الوطن العربي اعتماداً جوهرياً على محور إقامة مجتمع المعرفة في البلدان العربية.

رابعاً: المبدأ المنظم الرابع للتنمية المستقلة في الوطن العربي هو إنشاء نسق مؤسسي للتعاون العربي يتوجه نحو التكامل وصولاً إلى ما يمكن تسميته "منطقة مواطنة حرة عربية" يتمتع فيها المواطن العربي بحقوق المواطنة، وغير منقوصة، في أي من وكل البلدان العربية، ويساندها نسق حكم صالح على الصعيد القومي.

فأي بلد عربي، ومهما كبر في منظور أو آخر، فإن حجمه صغيراً في المعترك العالمي، الذي تسعى فيه حتى القوى الأكبر للتكامل في تجمعات أضخم. وليس هوان الأمة في معارك التحرر الوطني إلا تعبيراً جلياً عن تفرّق وتمزّق الدول العربية في المعترك الإقليمي والعالمي، ولا سبيل للتغلب على هذا التشتت إلا بالوحدة العربية.

وعندما أن القصور التنموي في البلدان العربية والقصور التنموي في البلدان العربية يعود - بقدر كبير- إلى هذا التشتت، والذي يجعل أي تنمية حقيقية من الصعب تحقيقها، ناهيك عن أن تكون مستقلة وعصية.

يعود بقدر كبير، إلى هذا التشرذم،الذي يجعل أي تنمية حق، ناهيك عن تنمية حقيقية من الصعب تحقيقها، نتيجة محاولة التنمية المنفردة والمندمجة في الاقتصاد العالمي تحت نمط السوق الطليق، ضعف النمو الاقتصادي، وانتشار الفقر والبطالة، وتفاقم سوء توزيع الدخل والثورة، واستشراء الفساد، وتردي اكتساب المعرفة واغتيال على أصعدة الفرد والمجتمع

والوطن بكامله، وخلال الحكم، عبر آليتي الاستبداد في الداخل والاستباحة من الخارج.

خامساً:المبدأ المنظم الخامس للتنمية المستقلة هو الانفتاح الإيجابي على العالم المعاصر بغرض الاستفادة من أفضل منجزات البشرية التي كان للأمة العربية - في حقب تاريخية سابقة- شرف المساهمة فيها باقتدار يؤهلها للاستفادة من أفضل إنجازاتها. لأن العرب أساس العلم والمعرفة، كما آن للعرب أن يستعيدوا شرف هذه المساهمة، أخذاً وعطاءً، مع تكريس الإعتماد على الذات واستقلال الأمة العربية عن القوى المهيمنة في النظام العالمي المعاصر، خاصة في منظور التحرر الوطني وتقرير المصير، بما ينهي استباحة الأمة العربية.(3).

الهوامش

1. سعد حسين فتح اللـه، "التنمية المستقلة: المتطلبات والإستراتيجيات والنتائج، دراسة مقارنة في أقطار مختلفة"، بيروت، مركز دراسات الوحدة العربية، 1995، ص ص81سس

2. سعد حسين فتح اللـه، "**التنمية المستقلة: المتطلبات والإستراتيجيات والنتائج** "، مرجع سابق.

3. http://www.almishkat1.com/wp-content/themes, **2.7.2009**

230

الفصل الثاني عشر

العولمـــة والخصخصة
Globalization and Privatization

أولا: العولمـــة: Globalization

مفهوم العولمة:

يُرجِع بعض المفكرين أصل مصطلح العولمـة Globalization إلى تنبـؤات عـالم الاتصـال مارشـال ماكلوهان: من أن العالم أصبح بفضل تطور قنوات الاتصال قرية كونية Global Village.(1)

ولكي لا تختلط المفاهيم، فإن مفهوم العولمـة هـي ترجمـة لكلمـة (Globalization) المشـتقة مـن كلمة (Globe) أي الكرة، والمقصود هنا هي الكرة الأرضية أو العالم، ويتحـدث علمـاء الاجتـماع في مجال التحديث عن (Globe Culture) أي الثقافة العالمية.(2)

وينظر إلى العولمة على أنها: "نظام عالمي جديد يقوم علـى العقل الإلكتروني والثورة المعلوماتيـة القائمـة علـى الإبـداع التقنـي غيـر المحـدود دون اعتبـار للأنظمـة والحضـارات والقيـم والحـدود الجغرافية والسياسية القائمة في العالم".(3)

كما يعرفها بعضهم بأنها: "السيطرة المطلقة على العالم وهيمنة الولايـات المتحـدة الأمريكيـة علـى مقدراته، خاصة أن الإستراتيجية تسعى للسيطرة على العالم ومقدراته دون خسائر".(4)

إيجابيات العولمة: The Advantage of Globalization

1- تحرير التجارة الدولية، حيث تتكامل الاقتصـاديات للـدول المتقدمـة مـع اقتصـاديات الـدول النامية.

2- دخول المزيد من الاستثمارات الأجنبية سواء بشكل مباشر أو غير مباشر والتي يمكن أن تسـهم في توفير فرص العمل والمساهمة في حل مشكلة البطالة بالنسـبة لـبعض دول العـالم، وكـذلك توسيع حجم الطلب على مستلزمات الإنتاج المحلية، ومن ثم تعزيز التنمية المستدامة.

3- الثورة المعرفية، المتمثلة في التقدم العلمي والتكنولوجي والمعلوماتية، الذي جعل العالم أكثر اندماجاً، كما سهل من حركة انتقال الأموال والسلع والخدمات والأفراد، وزيادة الاهتمام برأس المال المعرفي بدرجة كبيرة كأحد الأعمدة الأساسية التي ترتكز عليها العولمة.

4- تحرير أسواق النقد العالمية من القيود التي كانت تحد من حريتها في العمل والحركة على مستوى السوق الدولية، وعولمة رأس المال، أي تزايد الترابط والاتصال بين الأسواق المختلفة حتى وصلت إلى حالة أقرب إلى السوق العالمي الكبير، خاصة مع نمو البورصات العالمية.

5- التطور الهائل في تكنولوجيا الاتصال والانتقال، الذي قلل إلى حد كبير من أثر المسافة وجعل العالم عبارة عن قرية صغيرة، مثال ذلك: الإنترنت والستلايت وغيرها.

6- عولمة الثقافة وتزايد الصلات غير الحكومية والتنسيق بين المصالح المختلفة للأفراد والجماعات، فيما يسمى الشبكات الدولية، حيث برز التعاون استناداً للمصالح المشتركة بين الجماعات غير القومية مما أفرز تحالفات بين القوى الاجتماعية على المستوى الدولي، بخاصة في المجالات النافعة مثل: الحفاظ على البيئة وغسيل الأموال والمافيا الدولية للسلاح وغيرها.

7- مساهمة العولمة في انتشار عمليات الخصخصة، والتي تؤدي إلى إطلاق المبادرات الفردية، وذلك كونها تتمتع بمرونة عالية في التحرك بعيداً عن القيود والمعوقات والأساليب الإدارية التقليدية.

8- إتاحة الفرصة للدول التي تسعى للحصول على التكنولوجيا الحديثة لتطوير اقتصادياتها وتحقيق التنمية، حيث لم تعد التكنولوجيا حكراً على بعض الدول دون غيرها، فقد أصبحت هناك حرية أكبر في انتقال التكنولوجيا.

إن من يتعمق في دراسة وتحليل إيجابيات العولمة سوف يجد أن المستفيد الأول منها هي الدول الغنية والقوى المتحالفة معها من الدول الأخرى على حساب شعوب العالم

الأخرى وخصوصاً الدول النامية، مثال على ذلك: تجربة النمور الآسيوية، حيث عملت الشركات المتعددة الجنسيات على إحداث فشل في تجاربها التنموية حينما قام الملياردير" جورج سورش" باللعب في البورصة مما أدى إلى ضرب التجارة التنموية وإحباطها في تلك البلدان وخصوصا إندونيسيا وماليزيا.

سلبيات العولمة: The Disadvantage of Globalization

تتضح المظاهر السلبية للعولمة من خلال النقاط التالية:

1- تعميق التفاوت في توزيع الدخل والثروة بين الناس، بل بين المواطنين في الدولة الواحدة، واختزال طاقات شعوب العالم إلى طاقة دفع لماكينة الحياة الاستهلاكية للقوى الرأسمالية والسياسية الغربية المسيطرة.

2- السيطرة على موارد الدول النامية وموادها الخام والحصول عليها بأبخس الأسعار وإعادة تصنيعها ثم بيعها لها في صورة جديدة بأعلى الأسعار، كما هو الحال بالنسبة للبترول وغيره من الثروات الطبيعية الأخرى.

3- تركز الثروة المالية في يد قلة من الناس أو قلة من الدول فهناك (358) ملياردير في العالم يمتلكون ثروة تضاهي ما يملكه أكثر من نصف سكان العالم، و20% من دول العالم تستحوذ على 85% من الناتج العالمي الإجمالي، وعلى 84% من التجارة العالمية، ويمتلك سكانها 85% من المدخرات العالمية.

4- إدارة الاقتصاديات الوطنية وفق اعتبارات السوق العالمية بعيداً عن متطلبات التنمية مما سيزيد من الفجوة الاقتصادية والحضارية بين الدول المتقدمة والدول النامية.

5- ما ستفرضه العولمة من سياسات اقتصادية على دول العالم وبخاصة الدول النامية، التي سيكون الهدف منها تعطيل عمليات التنمية الاقتصادية في تلك الدول، حيث ساعد على ذلك إلغاء التعرفة الجمركية أو الحد منها على بعض السلع، وما سيترتب على ذلك من اضمحلال وتدهور الصناعات

الوطنية- خصوصاً في الدول النامية- التي لا زالت صناعاتها فتية لا تمتلك المرونة السعرية والجودة التي تؤهلها لمواجهة المنافسة القادمة إليها من الصناعات الغربية العريقة التي تتميز بمستوى جودة ومرونة سعرية أعلى.

6- وارتباطاً بالنقطة السابقة، فإن ذلك سيؤدي إلى ارتفاع معدلات البطالة، وانخفاض مستوى الأجور، وما يترتب على ذلك من انخفاض القدرة الشرائية للمستهلكين، حيث دلت الإحصاءات على أن هناك (800) مليون عاطل عن العمل في العالم، وإن هناك (500) شركة من أكبر الشركات العالمية عملت على تسريح (400) ألف عامل كل سنة خلال السنوات العشر الأخيرة، على الرغم من ارتفاع أرباح هذه الشركات.

7- اتجاه الكثير من الشركات الأجنبية- وخصوصاً الشركات المتعددة الجنسيات- نحو الاستثمار في الدول النامية، حيث عوامل الجذب الكثيرة المتوافرة في تلك الدول والمتمثلة في الأيدي العاملة والخامات الوفيرة والرخيصة، إلى جانب تهرب تلك الشركات من القيود الحكومية المفروضة عليها في بلدانها الأصلية مثل: الضرائب وقوانين حماية البيئة وغيرها، وما سيترتب على ذلك من هيمنة تلك الشركات على القرار السياسي والاقتصادي والاجتماعي للدول النامية.

8- عدم قدرة الدول النامية الفقيرة على مواجهة الابتزاز السياسي والاقتصادي للدول المتقدمة الغنية أو ما تسمى بدول الشمال التي تقود العولمة، لعدم امتلاكها أوراقاً تفاوضية، مما سيسهم ذلك في تفاقم أزماتها التي تعاني منها، ويتجلى في الهيمنة الأمريكية على اقتصاديات العالم من خلال القضاء على سلطة وقوة الدولة الوطنية في المجال الاقتصادي، بحيث تصبح الدولة تحت رحمة صندوق النقد الدولي، حيث تستجدي منه المعونة عبر بوابة القروض ذات الشروط المجحفة.

9- أيضاً ما ستتعرض له الدول النامية من غزو ثقافي وحضاري من قبل دول الشمال الغني والتي ستحاول فرض قيمها وأخلاقياتها على تلك الدول،

فهي تمتلك الماكنة الإعلامية الضخمة وتقنيات الاتصال الهائلة التي باتت تغزونا ونحن في بيوتنا.

10- وحشية العولمة التي تحاول أن تحافظ على تفوقها وسيطرتها على العالم ومقدراته من خلال خلق بؤر التوتر والنزاعات والحروب في مناطق مختلفة من العالم، من أجل الحفاظ على تفوقها.

التبعية والعولمة: Dependence & Globalization

إن تبعية الدول النامية للدول المتقدمة تأخذ واحداً أو أكثر من الأشكال التالية: (5)

أ) التبعية التجارية: Trade Dependence

حيث يكون فيها القطر الجنوبي هو النامي بالنسبة إلى عوامل سوقية وسياسية شمالية بحيث تتركز صادرات ذلك القطر في منتج واحد أو بعدد محدود من المواد الأولية.

ب) تبعية الإستثمار: Investment Dependence

وبذلك يمتلك مستثمرو الشمال معظم المشاريع الإستثمارية في البلد النامي بشكل مباشر أوغير المنباشر بالامتلاك الجزئي لتلك المشاريع.

ت) التبعية المالية: Financial Dependence

خاصة عندما يتعرض القطر الجنوبي إلى عجز في ميزان المدفوعات، فيتم تمويله من خلال القروض والمساعدات الأجنبية وخاصة من صندوق النقد الدولي الذي يحتفظ بحقه في تقرير السياسة الاقتصادية الداخلية والخارجية للبلد النامي.

العولمة Globalization والتعولم Gullibility:

هناك فرق بين "العولمة" و"التعولم"، فالعولمة هي عملية قسرية إجبارية تجتاح العالم، وهي مفروضة لا تتيح الاختيار الحر، ولا التنوع ولا تعترف بالتكافؤ، ولكنها

تقترن بالحتمية ومن ثم فهي تتصف بالعمومية (أي تجتاح العالم دون تفرقة بين الدول).

أما التعولم فهي عملية إرادية مخططة، بتم وضع محتواها واستيعاب جوانبها المختلفة بشكل يحافظ على حرية الإرادة الوطنية وفرض الخيارات والاختيارات وهي تتصف بالخصوصية (أي أن كل دولة لها ظروفها من حيث ممارسة التعولم).

ويتضح من ذلك أن العولمة حالة، والتعولم عملية، فالعولمة ظاهرة قديمة ومستمرة، ولكن زادت سرعتها واتخذت أبعاداً جديدةً (اقتصادية، مالية، اجتماعية، ثقافية، سياسية....)، وليس للدولة سيطرة عليها (الاتصالات، والمعلومات...)، وازداد نفوذ وسطوة أدواتها (الشركات متعددة الجنسية، المؤسسات المالية الدولية، والمنظمات الدولية- مثل الصندوق الدولي والبنك الدولي، والمؤسسات المختلفة لمنظمة الأمم المتحدة)، كما أنه ظهرت آليات جديدة مستقلة عن الدولة، تقوم بوظائف كانت تقوم بها الدولة كالمنظمات غير الحكومية والمجتمع المدني.

وبالتالي يمكن القول أن العولمة عملية لا إرادية، مفروضة وهي حركة تطور المجتمع العالمي وتوجهاته، ولا بد من مسايرتها والدخول فيها أردنا أو لم نرد، وإلا سنتخلف عن قطار التنمية وتزداد عزلة الدولة التي ترفض العولمة.

أما التعولم، فهي تلك العملية الإرادية، ويستهدف منها إعداد الدولة للدخول في العولمة ومواءمة نفسها لأدواتها ومجرياتها، والعمل على الاستفادة من ايجابيات العولمة وتدنيه سلبياتها، وبالتالي فإن عملية التعولم ضرورية تنشدها الحكومات الرشيدة لإعداد مجتمعاتها للتعامل مع مرحلة جديدة ومهمة ولها أدواتها وإجراءاتها، ويختلف المدى الزمني من مجتمع لآخر وفقاً لحالة كل مجتمع، وهي لازمة في دولنا للدخول المتأني في العولمة، وبأقل قدر من الخسائرالاقتصادية والاجتماعية.

والتعولم يتطلب الاستفادة من الخصوصية الذاتية في المجتمع، واستغلال الموقع الجغرافي ومنا به من مزايا تنافسية اقتصادية، وصناعية، وتاريخية، وبما يؤثر على قدرة المجتمع في الحفاظ على هويته عند دخوله مرحلة العولمة.

إن العولمة ظاهرة ذات طابع حركي ديناميكي مستمر ومتغير، لها جوانب وأبعاد عديدة، تلك الجوانب هي التي تظهر من خلالها العولمة وتمارس سطوتها وحركتها وانتشارها- ومن خلال تلك الجوانب تتسلل العولمة داخل الدول والمجتمعات حتى تستطيع أو تعولمها- أي تضمها إلى المتعولمين- وتصبح حركتها وتوجهاتها من خلال أدوات العولمة، وهذه الجوانب هي:

الجانب السياسي للعولمة: The Political Aspect of Globalization

وتتلخص في الحرية والديمقراطية، ويقصد بالحرية، حرية الفكر والعقيدة والاختيار، والانتخاب، وحرية إتاحة المعلومات والبيانات وتداولها، وحرية الحركة والتحرك.

الجانب الاقتصادي للعولمة: The Economic Aspect of Globalization

وهي الجوانب الأكثر جلبةً للعولمة، والأكثر أثراً، وتقوم على:

1. حركة الإندماج بين الشركات والمؤسسات، والتكتل الاقتصادي غير المسبوق بين الدول.

2. إنتاج منتجات جديدة واسعة الإستخدام وبأحجام اقتصادية كبيرة لخفض التكاليف.

3. استخدام نظم تسويق فورية على جميع المستويات تمكن من الإتاحة الفورية - في المكان والزمان - للسلع والخدمات المطلوبة.

4. استخدام وسائل دفع غير تقليدية، ونظم تمويل عالمية، وذات سرعة فائقة (اعتمادا على ثورة الاتصالات).

5. الإستخدام الأمثل للعنصر البشري الأكفأ دون التقيد بالحدود والجنسيات.

الجانب الاجتماعي للعولمة: The Social Aspect of Globalization

أصبح من الواضح للعيان أن تجمعات القوى الاجتماعية القومية، المحلية، وحتى الأسرية تتجه إلى نمط عالمي يقلص القيم المحلية الوطنية، بل ويعمل على تبديلها، وبما يؤدي إلى إدخال وسيادة أنماط وقيم اجتماعية جديدة في المجتمع العالمي متماثلة (بل موحدة).

ويمكن القول أنها أنماط العالم الغربي المتقدم الذي يعمل على فرضها وسيادتها على العالم كله، ومن المفروض أن العولمة تستهدف الإنسان أولا من حيث حياته وحريته عن طريق سيادة مفاهيم حقوق الإنسان والديمقراطية وعدالة التوزيع.

الجانب الثقافي للعولمة: The Cultural Aspect of Globalization

في ظل العولمة يوجد الإجتياح الثقافي غير المسبوق، بحيث تصبح الثقافة العالمية هي الموجه الغامرة والنافذة إلى داخل الوطن، والشعب، وبالتالي تتخلى الدول الصغيرة عن ثقافتها المحلية والوطنية وكافة خصائصها الثقافية لصالح الثقافة العالمية، ولا تتم هذه العملية بصورة بسيطة ولكن من خلال تصدع ثقافي وحضاري، وصراع أجيال وثقافات يتضح معه عجز الثقافة المحلية عن تقديم تصورات جديدة لواقع جديد، وبالتالي عدم تطوير الثقافة المحلية يجبر تلك الدول على القبول بسيادة الثقافة العالمية واعتناقها.

الجانب التكنولوجي: The Technological Aspect of Globalization

تكنولوجيا الاتصال وما حققته من تطورات هائلة أدت إلى سرعة اجتياح العولمة والتي ألغت حدود الدولة، كما أن العولمة في حد ذاتها هي سلسلة متصلة من التطورات والاكتشافات التكنولوجية فائقة القدرة، واسعة الإنتشار سهلة الإستعمال، هي أيضا دعمت عملية العولمة من حيث سرعتها وقدراتها.

الجانب القانوني للعولمة: The Legal Aspect of Globalization

حيث تلزم العولمة الدول باحترام الاتفاقيات والمواثيق الدولية، ويزداد دور وأهمية المؤسسات الدولية، والتشريع الدولي والتحكم الدولي، كذلك يتم توحيد المفاهيم والمصطلحات والتشريعات القانونية، مع سيادة قوانين عالمية لا يجوز الخروج عليها.

وجوانب العولمة السالف الإشارة إليها تتعامل معها الدول النامية بمفاهيمها- مفاهيم وممارسات التخلف - حيث قد تقبل دولة من الدول جانباً دون الجوانب الأخرى، أو بعض الجوانب دون جانب معين.

مثال ذلك قد تقبل بعض الدول بالجانب الاقتصادي من العولمة وترفض الجانب السياسي المتعلق بالديمقراطية، والتعددية، وحقوق الإنسان، وقد ترفض دول أخرى الجانب المتعلق بالاتصالية والمعلوماتية وتمنع الاتصال بالانترنت بل وتجرمه.

مما سبق يتضح بأن العولمة هي واقع، وحركتها قديمة وتسارعها حديث، وبداياتها القديمة فردية غير مستهدفة، وحاليا أصبحت مستهدفة من رغبة الكيانات الكبرى في التوسع، والسيطرة، وإملاء الإدارة وبسط النفوذ، وهي في نفس الوقت نتيجة منطقية لزيادة احتياجات المشروعات الكبرى إلى أسواق متاحة تنمو بشكل دائم.

وهذا التصور يفرض على الدول مزيداً من المسئولية ومن الأعباء حتى تستطيع أن تجابه سيطرة وتحكم الكيانات الكبرى والسيطرة على الأسواق الوطنية، وذلك عن طريق استراتيجيات جديدة، وتوجهات جديدة للدول النامية، مع زيادة طاقاتها في مختلف المجالات، والبحث عن إمكانيات وسبل التعاون والترابط والتكتل فيما بينها، لأن الكيانات الكبرى تتجه دائماً إلى التكتل لما فيه مصلحتها، حيث إن تطور قوى الإنتاج وعلاقات الإنتاج في الدول الكبرى يدفعها باستمرار إلى التوجه نحو التكتل والإندماج، ومن ثم نحو العولمة بشكل طبيعي، وهذا الطابع وتلك الأبعاد تفرض أو تؤدي إلى محاولة تلك الكيانات باستمرار لتحقيق ما يلي:

1- عولمة الإنتاج، أى الأنشطة الإنتاجية في الشركات والمؤسسات عن طريق الشركات متعددة الجنسية.

2- عولمة النشاط المالي، واندماج وارتباط الأسواق المالية ببعضها واتجاهها إلى السيطرة. عولمة البنية التحتية، كالاتصالات، والنقل وغيرها.

3- عولمة مراكز صنع القرارات الاقتصادية العالمية- والتي تؤثر بصفة خاصة على الدول النامية- مثل المؤسسات الدولية كالبنك الدولي وصندوق النقد.

4- محاولة العولمة السياسية، وهي من أهم دواعي العولمة- أسباب أو نتائج اتجاه العالم إلى عالم القطب الواحد- ولهذه الوضعية تأثيراتها السياسية والاقتصادية والثقافية، والتكنولوجية، وتصب جميعها في اتجاه العولمة.

والدليل على ذلك أن الولايات المتحدة ما زالت تناضل من أجل استمرار سيطرتها على العالم سياسيا واقتصاديا من خلال:

- اكتساب مزيد من القوة الاقتصادية والسياسية، عن طريق تطوير قوى الإنتاج، والتكتلات الاقتصادية، والقدرات التكنولوجية الهائلة.
- إضعاف القوى المناوئة، أو المحتمل أن تنافس أو تزاحم الاقتصاد الأمريكي باستخدام كافة الأساليب سواء كانت مشروعة أم غير مشروعة، للحيلولة دون امتلاك هذه القوى لمقومات المزاحمة(6)

ثانيا:الخصخصة المقارنة: The Comparative Privatization

بدأت أولى موجات الخصخصة في عهد حكومة "مارجرت تاتشر" (1987) في انجلترا بالانتشار إلى باقي أجزاء العالم ليتربع القطاع الخاص على عرش قيادة جهود التنمية، وهذا يحد من دور الدولة في تسيير دولاب الحياة الاقتصادية.(7)

مفهوم التخاصية (الخصخصة):

قدم الأدب الاقتصادي تعاريف مختلفة لمفهوم التخاصية أو الخصخصة أو ما يعرف باللغة الإنجليزية بمصطلح PRIVATIZATION ليشمل ما يلي:

(1) تحويل حقوق معينة، مثل الملكية و/ أو الإدارة و/ أو عمليات التشغيل و/ أو التطوير و/ أو الاستثمار، من القطاع العام إلى القطاع الخاص، وذلك بشكل جزئي أو كلي، وبإتباع أساليب وطرق مختلفة.

(2) ترك القطاع العام لبعض الحقوق الممنوحة له بموجب قانون المؤسسة العامة التي يديرها.

وهذان المفهومان يفيدان بأن التخاصية تؤدي إلى تقليص مساهمة القطاع العام في الناتج المحلي الإجمالي والعمالة، أما المفهوم الشامل للتخاصية فمفاده (توسيع نشاط القطاع الخاص في مختلف النشاطات الاقتصادية دون أن يعني ذلك بالضرورة الانتقاص من نشاط القطاع العام).(8)

وسيتم هنا مناقشة الخصخصة في الإدارة الإقتصادية في ظل الليبرالية الجديدة والتحديات الإقتصادية على المستوى العالمي، من خلال منظمة التجارة العالمية "WTO" World Trade Organization واتفاقية الجات "GATT" General Agreement on Tariffs and Trade واتفاقية الجاتس "Gats" الاتفاق العام بشأن التجارة في الخدمات General Agreement on Trade in Services وحقوق الملكية الفكرية والإغراق وشروط الأيزو لدخول أسواق التصدير، والتكتلات الإقتصادية كالإتحاد الأوروبي والآسيان ومجموعة النمور في جنوب آسيا، والاتجاه الآن نحو الشراكة المصرية الأمريكية والشراكة المصرية الأوروبية، والخوف من الاتجاه نحو السوق شرق أوسطية والدعوة للسوق العربية المشتركة وغيرها.

يأتي ذلك في ظل الاتجاهات والضغوط العالمية إلى جانب مطالب البنك الدولي وصندوق النقد الدولي للتخلي عن أدوات قطاع الأعمال العام وتنفيذ برامج الخصخصة لعلاج مشاكل البطالة والتضخم وعجز الموازنة العامة والميزان التجاري.

كل تلك الآليات تطرح تساؤلات حول إمكانية الإصلاح الاقتصادي بتطبيق سياسات الخصخصة ومحاولة الإجابة على تلك الاستفسارات من خلال طرح التجارب والنماذج البديلة والمقارنة للخصخصة من خلال أربعة محاور أساسية وهي:

(1) محور النموذج العام للخصخصة

(2) محور التجارب (في الدول الآخذة في النمو، والدول النامية، والدول الصناعية، والدول العربية).

(3) محور البرنامج المصري للخصخصة ومدى الاستفادة في تطويره في ضوء التجارب المقارنة.

(4) محور النماذج المختلفة المطبقة في صناعة الخصخصة مع تحديد النموذج الأمثل لكل شركة.

من الواضح أن أي برنامج للخصخصة يجب ألا يقتصر على طريقة واحدة فقط لأن كل شركة مقترحة للخصخصة لها ظروفها الخاصة، وكما أن الخصخصة مطلوبة في القطاع الخاص بقدر الحاجة لها في تحويل شركات قطاع الأعمال العام، فمن الضروري تكيف برنامج الخصخصة مع كل دولة، وإختيار الأساليب المناسبة لكل شركة حتى يمكن تعظيم حصيلة البرنامج وضمان ربحية الشركات بعد التحويل.

يتطلب تحديد دور المحاسبة والمراجعة والإدارة المالية في برامج الخصخصة - قبل وخلال وبعد- قدرا كبيرا من التأهيل العلمي والمراجع الفنية، ويتم ذلك بتحليل المخزون العلمي من رحيق الدول والمؤسسات الدولية في صناعة الخصخصة، ويعتبر عمر تلك الصناعة حديثاً عند انطلاق الشرارة الأولى في برنامج الخصخصة البريطاني.

ولكن ما يجدر الإشارة إليه هنا أن تراكم الفكر الاقتصادي العالمي قد أدى إلى انتشار شعبية برامج الخصخصة في كل من الدول الصناعية والدول النامية والدول الأقل نمواً، وعلى سبيل المثال وليس الحصر، اختلفت النظرية الاقتصادية ونظريات التمويل والتنمية حول نسب ومساحات ملكية القطاع الخاص وملكيات القطاع العام والحكومي في الحياة الاقتصادية مما أظهر في النصف الثاني من هذا القرن ما يسمى بالاقتصاد المختلط.

وكان لكِتاب "الفريد مارشال" 1842م أثر كبير عند الدعوة إلى ضرورة إعادة صياغة الأفكار الاقتصادية، وأكد "ديفيد ريكاردو" 1772م على أهمية الأوراق المالية ونظريات القيمة والمنفعة، وهو ما يساعد اليوم في اختيار مشروعات الخصخصة، وأكد "آدم اسميث" على أهمية ثروات الأمم وتكوين رأس المال والدافع الشخصي للاستثمار، ويؤكد الطبيعيون على أهمية تحليل القوانين ومراجعة التشريعات وطبيعة التجارة وقياس العلاقة بين التجارة والحكومة، ودعا "فرانسواكيتي" إلى ضرورة بناء

نظرية متكاملة عن النشاط الاقتصادي، وكان الاختلاف بين المدرسة النقدية (ميلتون فريدمان) والمدرسة المالية (جون كنيث جالبريت) أساسا للدعوة إلى تحقيق توازن في الاقتصاد المختلط.

إن العودة مرة أخرى الآن لاقتصاد "آدم سميث" والحرية الاقتصادية بعد أن نجح "جون ماينادر كينز" في تعظيم دور الحكومة في المنظومة الاقتصادية يعني فشل التجارب الداعية لتعظيم دور الحكومة في إدارة المنافع والمرافق العامة وإدارة قطاع الأعمال العام.

وعموماً نحن نرى أن التقدم العظيم في الاقتصاد الرياضي والاقتصاد القياسي لم يحسم النزاع حول أنماط الفكر الاقتصادي المعاصر، فلم يكن البنك الدولي مثلاً قابلاً لتمويل المشروعات الخاصة في الخمسينات والستينات، والآن هو قائد حملة الخصخصة في العالم حتى يجني نفسه مخاطر الديون الدولية المتراكمة على الدول النامية.

والغريب أن قطار الخصخصة في كل من الدول النامية والأقل نمواً أسرع بكثير من قطار الخصخصة في الدول الصناعية، كما أن العديد من الدول الكبرى تسير ببطء في تنفيذ برامج الخصخصة بها.

فلسفة الخصخصة: The Philosophy of Privatization

ويقصد بالخصخصة تأسيس شركات وفق قانون الشركات، وبيع 50% من الأسهم - على الأقل - للقطاع الخاص، وذلك لتحسين أداء الشركات وتحسين المركز التنافسي للشركة المساهمة في السوق وزيادة نصيب الشركة من السوق.

وتؤدي الخصخصة إلى تحرير الدخول والخروج من الأسواق وتشجيع المنافسة والسماح بإنشاء المشروعات المشتركة وإعادة هيكلة النشاط الاقتصادي، وتقاس نجاحات الخصخصة بأساليب مختلفة، منها على سبيل المثال: حساب نسبة التكلفة إلى المكاسب، وحساب القيمة الحالية لصافي المكاسب للمسهلكين، وتحليل التكلفة لاختبار التحسينات في مستوى الرفاهية، وغير ذلك من المقاييس.

دوافع الخصخصة: The Motives of Privatization

ومن أهم دوافع برنامج الخصخصة ما يلي:

1- تحسين الأداء الإقتصادي
2- يعتبر بيع الشقق أحد صيغ الخصخصة (بريطانيا- مصر)
3- تعتبر مساندة قوية للحكومة
4- سياسة الخصخصة جزء من السياسة الاقتصادية والمناخ الاقتصادي
5- لتحسين أداء الصناعة ولزيادة دور إقتصاد السوق
6- تخفيض دور الحكومة في قطاع الأعمال والنشاط الاقتصادي
7- توسيع قاعدة الملكية للمواطنين
8- تقدم الخصخصة منافع عديدة للمنتجين والموردين
9- تزيد الخصخصة من المنافع للمستهلكين الحاليين والمتوقعين
10- تقديم الدوافع لتحسين الكفاءة بالقطاع الخاص
11- تشجع الخصخصة على التنافسية
12- تحتاج الخصخصة إلى إجراءات مكافحة للاحتكار
13- تحتاج إلى محاسبة ابتكارية وأساليب جديدة للمراجعة والمساءلة
14- تعمل على رفع الأسعار فوق معدل التضخم

إدارة الخصخصة: Privatization Management

ويتضح مما سبق أن الخصخصة ليست هدفا في حد ذاتها، بل إنها وسيلة لتحسين الأداء الاقتصادي عن طريق زيادة دور آليات السوق، ويتحقق ذلك بأدوات عديدة تشجع المنافسة.

وعليه يجب إدراج كل أداة من أدوات الخصخصة ضمن برنامج متكامل يتضمن الاعتبارات التالية:

(1) يتم اختيار النموذج الذي يحقق أقصى عائد ومكاسب للمستهلك بخفض الأسعار وتحسين إدارة الجودة الشاملة.

(2) يجب أن يوفر السوق المستقبلي لرأس المال حركة فعالة للأسهم والسندات بالبورصة.

(3) إعادة هيكلة الشركات الحالية

(4) إلغاء الاحتكارات

(5) تعظيم معدل العائد على الاستثمار وتطبيق مراجعات الكفاءة والتحسينات المستثمرة.

(6) الاهتمام بالخدمات غير الاقتصادية وتوفير فرص التمويل

(7) تعويض المتضررين من العمالة

(8) الأولوية للصناعات والشركات التي يترتب على خصخصتها زيادة في مكاسب المستهلك، وسوف يتوقف ذلك على حجم الصناعات (النشاط).

ويمكن للخصخصة أن تؤدي إلى التقليل من درجة الفساد من خلال رفع يد الحكومة عن الموجودات وتحويل امتيازات ونشاطات موظفي الحكومة إلى خيار السوق والقطاع الخاص، إلا أن عملية التحويل هذه تظل محفوفة بمخاطر الوقوع في الفساد، بسبب تشابه حوافز الفساد فيها مع تلك التي تنشأ من منح العقود والامتيازات، فبدلاً من رشوة مؤسسة حكومية للحصول على العقود والامتيازات، تقوم الشركات التي ترغب بشراء مؤسسة حكومية برشوة المسؤولين الحكوميين في سلطة الخصخصة أو المسؤولين في أعلى مراتب الحكم، والرشاوى يمكن أن تدخل ضمن لائحة المؤهلين لدخول المناقصة، كما أن الشركات قد تدفع الرشاوى لتحديد عدد الداخلين في المناقصة، ولكن تبقى هناك حوافز خاصة متعلقة بعملية الخصخصة، وبين هذه الحوافز تبرز ثلاثة عوامل هامة هي:

1) عندما يتم خصخصة المؤسسات الحكومية يصعب إيجاد طريقة لتقييم موجوداتها، كما يصعب تحديد النظام التشريعي والقانوني الذي سيسود أعمالها لاحقا، وقد تحلق هذه الشكوك المحيطة بعملية الخصخصة فرصا للفاسدين من داخل المؤسسة الحكومية لتقديم معلومات غير معلنة أو مبكرة

مقابل الحصول على رشاوى أو منح معاملة خاصة للشركات الفاسدة التي تدفع لهم الرشاوى، حتى أن عملية التقييم يمكن أن يحتويها الفساد نتيجة لتعامل موظفين فاسدين في الداخل، أو مشرفين على التقييم من الخارج، تربطهم مصالح معينة مع الشركات المتعددة الجنسيات التي تتقدم للمناقصة. وفي أقصى حد قد لا يحصل تقييم ولا مزاد، بل يتم فقط منح الامتياز للشركة الأكثر ارتباطا سياسيا، وهناك أمثلة على بيع مؤسسات حكومية بأسعار غير معلنة لمشترين مشكوك في أمرهم مثل سياسيين في الحزب الحاكم وأشخاص غيرهم لا يملكون أية خبرة عملية.

ففي البرازيل انسحب باقي المتقدمين إلى مناقصة شراء مؤسسة حكومية بعد أن تبين بوضوح نية الرئيس "فرناندو كولوري ميللو" بمنحها إلى أحد حلفائه المقربين، فقد سعى إلى إجراء إصلاحات في السوق لخلق إمبراطورية مالية خاصة به.

وفي اليونان تم توجيه الاتهام إلى شركة ايطالية برشوة رئيس الوزراء للحصول على معاملة خاصة في سعيها لشراء شركة الاسمنت الحكومية اليونانية.

كما تشهد عدة أمثلة في الأرجنتين وبيرو وزائير وساحل العاج وتايلند وسلوفاكيا وغيرها الكثير على وقوع أمور شبيهة بتلك التي وقعت في اليونان، ولعل ضعف القوانين التي تتضارب فيها المصالح تجعل عملية الفساد الداخلي أكثر سهولة.

ففي الأرجنتين تبين أن عددا من موظفي الحكومة الذين قاموا بالإشراف على فتح مناقصات خصخصة الطرق السريعة كانوا يعملون ضمن كادر الشركة التي حصلت على الامتياز.

وفي فنزويلا قامت إحدى الشركات الاستشارية الأمريكية بتنظيم عملية الخصخصة لشركة طيران الدولة على الرغم من روابطها القوية مع شركة الطيران الاسبانية "أيبيريا"، وفي فترة لاحقة كانت "أيبيريا" منغمسة في تقييم شركة الطيران على الرغم من أنها كانت تخطط لشرائها وامتلاكها، وهو ما انتهى إلية الأمر، وعلى ذمة المدعي العام الروسي فقد تم تشويه عملية الخصخصة في تلك البلاد من

قبل بنوك قامت بترتيب رهانات المناقصة ثم انتهى بها الأمر إلى ربح مزاد الخصخصة.

2) قد يقوم المسؤولون الفاسدون ببث معلومات للجمهور حول شركة معينة تعاني من تدهور وضعف في وضعها، وفي نفس الوقت يسربون معلومات داخلية للمقربين بأن الشركة تعمل جيدا، وهنا يقوم هؤلاء المقبلون برفع سعر المناقصة بحيث يظهر الأمر وكأنه مزاد على مناقصة من قبل هيئة عليا، كذلك قد يحدث أن يحصل المراهنون الفاسدون على تضمينات بمعاملة قانونية لينة وهو أمر لا يمكن لغيرهم من المراهنين الاعتماد عليه.

وقد دلت عمليات التقييم التي تمت في وقت لاحق أن الخصخصة شكلت نجاحاً هائلاً للشركات التي انتقلت من العامة إلى الخاصة وأن هذه الشركات حققت عوائد عالية، كما لاحظ المراقبون في كل من الصين والإكوادور، وجود حالات من هذا النوع، وفي فنزويلا قام وزير الاستثمار الوطني بتبخيس قيمة بنك رئيسي وسط اتهامات بأنه قبض رشوة ثمنا لذلك.

3) تزداد قيمة الشركة المخصخصة حين تحافظ على القدرة الاحتكارية التي كانت متوفرة لسابقتها العامة، ومثل هذا الأمر بالنسبة للاقتصاديين يعتبر مخالفا لتبريرات الخصخصة، أما بالنسبة لدولة مفلسة ولمناقصيها فإن الإبقاء على هذا الاحتكار يخدم مصلحة الطرفين، لذلك يبرز دائما صراعا بين الحصول على الحد الأقصى من الدخل وبين منافسة السوق في جميع صفقات الخصخصة، فإذا ما قامت الدولة بإخضاع معلوماتها لمبادئ المنافسة فهي لن تستطيع أن تقر علنا باحتكارها، لذا تتدخل الصفقات الفاسدة من وراء الكواليس لتقوم بهذا العمل، مع فرق بسيط هو أن بعضا من المكاسب تنتقل إلى الأفراد وليس إلى الحكومات، كما ورد أن وجود العديد من المصالح المخصخصة في أمريكا الجنوبية قد أدى إلى زيادة ازدحام السوق بدلا من التقليل منه، وأن خصخصة شركة الاتصالات في الأرجنتين ومصلحة الكهرباء في تشيلي قد تمت بطريقة أدت في النهاية إلى ازدياد أجور الاحتكار للفائزين، كما أن المراقبة القانونية التي استمرت لاحقا بقيت

ضعيفة، مثل هذه الصفقات لا يمكن تفاديها وقد ظهر لاحقا أن خصخصة الاتصالات في الأرجنتين ومصلحة الكهرباء في تشيلي شجعت التنافس وحدت من أجور الاحتكار.

وعلى الرغم من عدم تقديم أي دليل مباشر على الفساد، فقد تم وضع لائحة بعدة أمثلة للمكاسب الخاصة التي يمكن جنيها من تلك الصفقات:

ففي إحدى بلدان إفريقيا حصلت إحدى شركات صناعة التبغ الحديثة المخصخصة على حماية مكثفة تشمل وضع ضرائب مصادرة على المنتجات المنافسة لها واحتكارا للمستوردات، كما تمكنت إحدى شركات التوزيع الخاصة للكوكاكولا من الحصول على امتياز احتكاري لإحدى عشرة سنة وتم تحديد إنتاج منافساتها من شركات المشروبات الغازية الأخرى، وفي بلد آخر تم منح تسهيلات حماية عالية الفعالية لأحد مصانع الفولاذ المخصخصة جزئيا.

وعلى الرغم من حدوث صفقات فساد خلال عمليات الخصخصة إلا أن النتيجة النهائية تضع الأمر ضمن دائرة منافسة خاضعة لنظام السوق، ولكن انتقال أي شركة عامة إلى القطاع الخاص لا يعني بالضرورة الوصول إلى مثل هذه النتيجة والأسباب هي:

أولا: إن أي شركة - وخاصة تلك التي حافظت على بعض الامتيازات الاحتكارية - ستبقى على الأرجح على علاقة قوية مع الحكومة، وبعد كل ذلك فإن معظم المشاريع الحكومية في الدول خارج تلك التي كانت اشتراكية سابقا، تتمركز في صناعات تعتمد إلى حد كبير على اقتصاديات الجملة وفي قطاعات ينظر إليها كقطاعات ملتصقة بالمصلحة الوطنية مثل قطاع الخدمات العامة والنقل، لذا نرى أن الرشوة قد أصبحت ببساطة بديلا لصفقات شخصية كانت تنتشر في فترة الملكية الحكومية.

ثانيا: غالباً ما تقوم الدولة ببيع جزء فقط من ملكية المؤسسة العامة مع الاحتفاظ بسيطرتها، وخاصة في السنين الأولى لعمل الشركة الجديدة، ومثل هذه

الشركات المهجنة تبقى عرضة للفساد من داخلها وقد يحاول مساهموا القطاع الخاص في الشركة المملوكة جزئيا من الدولة أن ينقلوا الخسائر إلى جانب الدولة نفسها، بالتعاون مع الموظفين الحكوميين الذين قد يتغاضون عن الأمر، ففي ايطاليا على سبيل المثال، قامت إحدى الشركات المشتركة بين الحكومة والقطاع الخاص في قطاع الصناعات الكيميائية بالتورط في مثل هذه العملية، فقد تم دفع الرشاوى من أجل تحقيق المكاسب الخاصة عند تأسيس الشركة المهجنة إضافة إلى الحصول على سعر عال لنفس الموجودات، عندما أفلس المشروع وأعيدت الشركة إلى القطاع العام.

إن الحوافز الفاسدة قد تعني أن يخسر ـ أفضل المراهنين لصالح موظف فاسد من الداخل، حتى لو كسبت أكثر الشركات فعالية العطاء، يؤدي الفساد إلى حصول الحكومة على أقل المكاسب من عملية البيع، وهذا يتضمن فرض ضرائب أعلى أو تقليص الإنفاق العام.

مثال على الخصخصة:

شركة "جنرال موتورز": General Motors Corporation

عندما يشتري مستهلك أمريكي إحدى المركبات من شركة "جنرال موتورز" ماركة "Pontiac Le Mass"، فيكون بذلك قد شارك بوعي أو بدون وعي في تحويلات مالية إلى عدة بلدان في العالم: فمن أصل 20000 ألف دولار أمريكي تقريبا دفعها لشركة جنرال موتورز، تصل 6000 دولار منها إلى كوريا الجنوبية مقابل أعمال تركيب السيارة، وتصل 3500 دولار منها إلى اليابان مقابل المكونات الرئيسية في السيارة (المحرك وناقل الحركة والمجموعة الالكترونية)، وتصل 1500 دولار إلى ألمانيا مقابل تصميم هيكل السيارة ودراسة مزاياها المميزة، وتصل 800 دولار إلى كل من تايوان واليابان وسنغافورة مقابل قطع صغيرة، وتصل 600 دولار إلى بريطانيا وايرلندا مقابل أعمال التسويق والدعاية، وأما الباقي وهو لا يزيد عن 7600 دولار فيذهب إلى المخططين لمجموعة الماركة والمحامين

والمصرفيين في نيويورك والمروجين الضاغطين في واشنطن، وللعاملين في شركات التأمين وإلى أصحاب الأسهم في رأسمال الشركة الذين يعيش أكثرهم في الولايات المتحدة، ويعيش عدد كبير منهم خارجها. (9)

الهوامش

4) فلاح كاظم المحنة، **العولمة والجدل الدائر حولها**، عمان، الأردن، مؤسسة الورّاق للنشر والتوزيع، 2002، ص7.

5) عبد العزيز بدر النداوي، **عولمة إدارة الموارد البشرية: نظرة إستراتيجية**، دار المسيرة، عمان، الأردن، 2009، ص59.

6) Kirbride,P.S. Pinnigton, P. and Word K, (2002), **Globalization Today**, in Kirbride, P.S.P, Globalization: The External Pressures Chickester. John Wiley, P.46.

7) Chittimatamapeng, P, (1999), **Challenges and Responses to Globalization**: Y. Yamamoto Globalism, Regionalism and Nationalism: Asia in search for it's Role in the 21st century, Oxford Blackwell, Pubco. Ltd. p73.

8) عبد المنعم السيد علي، **العولمة من منظور اقتصادي وفرضية الاحتواء**، أبو ظبي، مركز الامارات للدراسات والبحوث الاستراتيجية، 2003، ص ص 34- 38

9) سعد طه علام، **التنمية والمجتمع**، مرجع سابق، ص ص 191- 198

10) مصطفى كامل السيد وآخرون، **مرجع سابق**، ص 231

11) عدلي شحادة قندح، **التخاصية أحدث نماذج التنمية الاقتصادية**، عمان، الأردن، دار مجلاوي للنشر والتوزيع 2003، ص21.

12) سوزان- روز أكرمان، **الفساد والحكم: الأسباب، العواقب، الاصلاح**، ترجمة فؤاد سروجي، عمّان، الأهلية للنشر والتوزيع، 2003، ص ص73-83

الفصل الثالث عشر

تجارب عالمية في التنمية
International Experiments of Development

تمهيد:

لقد خاضت دول عديدة تجربة التنمية وما يزال الكثير منها يخوض تلك التجربة محققة طموحات ونجاحات متفاوتة، حيث كان بعضها يعاني قسوة المستعمر وبعضها الآخر آثار الحروب والفقر والجهل والمرض، ومن بين تلك الدول ما يطلق عليها النمور الأصلية، ومنها ما يطلق عليها النمور الجديدة وجميعها في القارة الأسيوية خاصة في الجزء الجنوبي الشرقي منها.

النمور الأصلية: The Original Tigers

التجربة اليابانية:

تتكون اليابان من أربعة جزر رئيسية (هونشو، سيكوكو، كيوشو، هوكايدو) التي تشكل مع 4000 جزيرة صغيرة ما يطلق عليه (الأرخبيل الياباني) أي مجموعة الجزر اليابانية، وقد عاشت اليابان عزلة كانت من أسباب تقدمها وتطورها حيث حافظت على عاداتها وتقاليدها، وثقافتها، ولم تتعرض للاحتلال طوال حياتها، إلا بعد الحرب العالمية الثانية حينما ضُربت من القوات الأمريكية بقنبلتين ذريتين، إن ما يميز الشعب الياباني هو الأخلاق والتمسك بالعادات والثقافة اليابانية وتمسكهم بالديانة الكونفوشيوسية، ومما زادهم وحدة وقوة إغلاقهم لحدودهم عندما حاولت المسيحية نشر دعوتها.

وفي عام 1905 انتصرت على روسيا مما كان له الدور الأكبر في بداية تنميتها وتصنيعها، وفي عام 1912 حصل تحول حقيقي في السياسة وتغير الدستور الياباني، وبدأت تنفتح على الغرب، وتسير في ركب التكنولوجيا والقوة العسكرية الكبرى بعد الحرب العالمية الأولى، حيث طّورت التكنولوجيا الغربية، وأضافت عليها أفكاراً جديدة وصناعات وليدة الشعب الياباني، وبعد ضربها بالقنبلتين الذريتين من قبل أمريكا على مدينتي هيروشيما وناكازاكي ، وانتهاء الحرب العالمية الثانية، حصلت اليابان على حكم ذاتي، بدأت به بالتصميم والعزيمة والإرادة وتطبيق الثقافة اليابانية، والانفتاح على الغرب حيث لم تكن على عداء معه.

بداية الزحف:

مع مطلع عام 1950 لم نكن نسمع عن أجهزة الراديو والمسجلات اليابانية وبالصبر والجهد، فاقت أمريكا وأوروبا، واعترف الرئيس الأمريكي السابق جيمي كارتر عام 1977، أن البضائع اليابانية غزت البيوت الأمريكية، وفي عام 1977 قامت اليابان بتصدير أكثر من أربعة ملايين ونصف مليون سيارة إلى الخارج، كان نصيب الولايات المتحدة منها مليوني سيارة. ومنذ ذلك الوقت بدأ شبح إفلاس السيارات الأمريكية، وعمَّت المظاهرات جميع أنحاء أمريكا، وقاموا بحرق السيارات اليابانية، رغم تفضيلها عن السيارة الأمريكية حسب استطلاعات الشعب الأمريكي.

حاول البعض أن يفسر سر هذا النجاح على أنه راجع لرخص الأيدي العاملة اليابانية، وقد ثبت أن هذا التفسير لا أساس له من الصحة، حيث أن أجر العامل الياباني كان أعلى من أجر العامل الأمريكي، لكن من الأسباب الحقيقية التي ظهرت فيما بعد أن إنتاجية العامل الياباني أعلى من إنتاجية العامل الأمريكي أو أي عامل في العالم، بالإضافة إلى النظام الإداري الياباني الذي أصبح يدرس في الجامعات والمصانع الأمريكية والأوربية، وأصبح كتاب نظرية z الذي ألفّه أستاذ ياباني في الإدارة اليابانية أوسع الكتب العالمية انتشاراً في عام 1982، الذي يعزو فيه ما وصلت إليه اليابان إلى قيادة ووحدة وأخلاق الشعب الياباني، وتمسكهم بالعادات والتقاليد.(1)

<u>الصّيـن</u>:   China

إن التنمية الصينية جزء هام من التنمية العالمية، فقد عززت الصين بتنميتها الذاتية سلام العالم، وقدمت مساهمات في سبيل التطور والتقدم للمجتمع البشرى.

وقدمت الصين مساهمات في تحقيق التنمية المستدامة للبشرية، ومن خلال تلخيص تجارب التنمية في الماضي والرجوع إلى نتائج تطور الحضارة البشرية الحديثة، غيرت الصين مفهوم التنمية وأبدعت نمطها ورفعت نوعيتها على ضوء المفهوم العلمي للتنمية، وفي السنوات العديدة، ظلت الصين تبحث عن طريق تصنيع من الطراز الجديد يتسم بالمكونات العلمية والتكنولوجية العالية والفعالية الاقتصادية الجيدة

واستهلاك الموارد المنخفض والتلوث البيئي القليل وإظهار تفوق الموارد البشرية تماماً، وبذلت ما في وسعها لجعل المجتمع كله يسلك طريق التنمية الرشيدة المستدامة الذي من شأنه أن يضمن تطوير الإنتاج ورخاء الحياة وجودة البيئة.

ونجحت الصين في تطبيق سياستها السكانية، مما ساعد في تأجيل نمو إجمالي سكان العالم، وأولت الصين أهمية عظمى للاقتصاد في موارد الطاقة، واتخذت إجراءات مختلفة لتوفير الطاقة، ففي فترة 1980 - 2000 تضاعف إجمالي الناتج الوطني في الصين أربع مرات، بينما تضاعف استهلاكها من الطاقة مرة واحدة فقط، وبفضل تعزيز حماية البيئة في الصين تمت السيطرة الكاملة على إجمالي انبعاث الأتربة من المداخن المحلية ليبقى عند مستوى العام 1980، رغم زيادة عدد المولدات المركبة في المحطات الكهروحرارية إلى حد كبير في العقدين الماضيين، وفي عام 2004 انخفض استهلاك الطاقة لكل عشرة آلاف يوان من إجمالي الناتج الوطني الصيني بنسبة 45% بالمقارنة مع عام 1990، وقد أصدرت الصين خطة متوسطة وطويلة الأجل لتوفير الطاقة ترمي إلى توفير الطاقة بنسبة 3% سنوياً أي بما مجموعه 1.4 مليار طن من الفحم العياري بحلول عام 2020.

قدمت الصين مساهمات في تخفيف فقر الإنسان وتحسين نوعية حياته، فقد نجحت الصين في حل مشكلة الغذاء لقرابة 22% من سكان العالم باستخدام ما يقل عن 10% من إجمالي الأراضي الزراعية العالمية، الأمر الذي حقق معجزة في الدنيا، وشهدت تحسناً مستمراً في مستوى معيشة أبناء شعبها البالغ عددهم 1.3 مليار نسمة، وقد خلّصت الحكومة الصينية بصورة أولية زهاء 220 مليون نسمة من الفقر، ووضعت 22.05 مليون نسمة من سكان الحضر تحت مظلة نظام ضمان الحد الأدنى من المستوى المعيشي، وقدمت مساعدات إلى أكثر من 60 مليون معاق، وارتفع معدل نصيب الفرد من العمر المتوقع من 35 عاماً قبل قيام الصين الجديدة عام 1949 إلى 71 عاماً حالياً، فوصل إلى مستوى الدول المتطورة المتوسطة.

قدمت الصين مساهمات في صيانة سلام العالم وتعزيز التعاون الدولي، فطورت الصين علاقات الصداقة والتعاون مع مختلف البلدان في العالم على أساس المبادئ

الخمسة للتعايش السلمي وهي:

(1) الاحترام المتبادل للسيادة وسلامة الاراضى
(2) عدم الاعتداء المتبادل
(3) عدم التدخل فى الشؤون الداخلية للآخر
(4) المساواة والمنفعة المتبادلة
(5) التعايش السلمى

وقدمت الصين مساهمات فى سبيل دفع التنمية الاقتصادية العالمية، ففي ظل اشتداد تموج الاقتصاد العالمي خلال السنوات الأخيرة، حافظ الاقتصاد الصيني على تنمية مستقرة وسريعة نسبياً، مما جاء بالأمل والقوة المحركة لنمو الاقتصاد العالمي. وأظهرت المعلومات التي أعلنها البنك الدولي أن معدل مساهمة النمو الاقتصادي الصيني في النمو الاقتصادي العالمي بلغ 13% في فترة 2000 - 2004، وفى عام، 2004 شهد الاقتصاد العالمي أسرع نمو منذ قرابة 30 سنة، ووصل معدل النمو الإقتصادي الصيني إلى 9.5% مشكلاً قوةً دافعةً هامةً للنمو الاقتصادي العالمي.

رغم أن الصين قد حققت منجزات مرموقة عالمياً في البناء، لكنها مازالت أكبر دولة نامية في العالم، فان المهمة التي تواجهها في التنمية ما برحت شاقة وثقيلة للغاية، ففي عام 2004، لم يمثل إجمالي الحجم الاقتصادي الصيني سوى 16.6% من نظيره الأمريكي، ولم يبلغ نصيب الفرد من إجمالي الناتج الوطني الصيني سوى 3.6% من نظيره الأمريكي و4% من مثيله الياباني، فتحتل الصين المركز رقم 129 من بين 208 دول ومناطق بالعالم في هذا الصدد، وذلك حسب أحدث الإحصاءات الصادرة عن البنك الدولي وأحدث المعلومات المعلنة من الصين، وحتى نهاية عام 2004، مازال 26.1 مليون نسمة من سكان الأرياف الصينية يعيشون تحت خط الفقر، وتحتاج الصين إلى تسوية مسألة التوظيف لقرابة 24 مليوناً من سكان الحضر والريف سنوياً، بالإضافة إلى أكثر من 100 مليون من الأيدي العاملة الريفية يجب تحويلها إلى قطاعات غير زراعية لتشغيلها، ولا تزال الصين تحتاج إلى خوض نضال شاق طويل

الأمد في سبيل الوصول إلى مستوى التنمية الاقتصادية لدى الدول المتطورة المتوسطة وتحقيق الرخاء المشترك لكافة أبناء الشعب.

تعتمد الصين اعتماداً رئيسياً على قوتها الذاتية والإصلاح والإبداع في تحقيق التنمية، لأن هناك فرصاً ومزايا متعددة منها:

(1)   وجود الأساس المادي والفني لدعم التنمية الاقتصادية الأكبر

(2)   وجود الطلب السوقي المتزايد

(3)   نسبة المدخرات العالية نسبياً للمواطنين

(4)   وجود موارد الأيدي العاملة الوفيرة التي ترتفع كفاءتها الكلية باستمرار

(5)   وجود نظام اقتصاد السوق الاشتراكي المتكامل باستمرار

(6)   وجود الظروف الاجتماعية والسياسية المستقرة

ومن أجل تحقيق التنمية بالاعتماد بشكل رئيسي على القوة الذاتية والإصلاح والإبداع ستكثف الصين جهودها لإتقان الأعمال التالية:

أولا: التمسك بالإبداع من حيث المفهوم والنظام:

دلت الممارسات العملية منذ بدء تنفيذ سياسة الإصلاح والانفتاح على العالم الخارجي على أن الصين استطاعت تنشيط الحماسة والمبادرة والإبداعية لمئات الملايين من أبناء الشعب لتخلق باستمرار وضعاً جديداً لبناء التحديث، بواسطة تحرير العقول والبحث عن الحقيقة من الواقع والتقدم إلى الأمام بحزم وجرأة.

ثانياً:   الانطلاق من تطوير السوق المحلي وزيادة الطلب الداخلي:

إن توسيع الطلب الداخلي هو موطئ القدم الأساسي والمبدأ الاستراتيجي طويل الأجل للتنمية الاقتصادية والاجتماعية في الصين حيث تمر الصين حالياً بمرحلة من التنمية تتسم بتسارع عمليات التصنيع والتمدّن ورفع مستوى دخل الفرد والارتقاء بدرجة الهيكلية الاستهلاكية.(2).

النمور الأصلية :the original tigers

كوريا الجنوبية: South Korea

اتخذ مسار التنمية في كوريا خلال العقود الثلاثة الماضية شكلاً يقترب إلى حد كبير من النموذج الذي حقق النجاح الاقتصادي لليابان، ولعبت الدولة دوراً مهماً في توجيه الاستثمار إلى ناحية صناعات التصدير، وقد نجحت حيث أخفق كثير من النماذج الحكومية، لأن التركيز على التصدير أرغم صناعاتها على أن تصبح قادرة على المنافسة في الأسواق العالمية بمساعدة كبيرة من إعانات الدعم الخفية و الظاهرة.

إن تدخل الدولة كان حاسماً في السماح لكوريا بأن "تلحق" بالعالم الصناعي، وتم ذلك بشكل أساسي عن طريق "تشويه" نظام السوق لفرض مستوى هائل من الاستثمار بدلاً من الاستهلاك.

وكانت أقصى درجات الانضباط هي الضغط المستمر على جميع المنشآت للقيام بالتصدير، وقد تم تنفيذ ذلك عن طريق ملكية الحكومة، والرقابة على البنوك التجارية، وتقديم الحماية وإعانات الدعم إلى الصناعات التصديرية الجديدة، وعن طريق تحديد الأسعار، والرقابة على تحويل رأس المال إلى الخارج، وكان يتم تطبيق الانضباط عن طريق فرض عقوبات على أصحاب الأداء الضعيف وتقديم المكافآت للمجيدين فقط.

كما خضعت الصناعات، التي أنهكها زيادة توسعها، للترشيد عن طريق التوجيه الحكومي، وكان أحد جوانب تحقق الانضباط هو السماح بإفلاس الشركات الكبيرة ذات الإدارة السيئة - على الرغم من أنه يبدو على الدوام أن أصدقاء الحكومة يعملون بشكل جيد - وقد تمت إقالة معظمهم من عثراتهم مرة واحدة على الأقل.

في عام 1953م، عند نهاية الحرب الكورية، لم يكن تعداد سكان كوريا الجنوبية كبيراً بدرجة تكفي للنظر في فرض حماية لتنمية صناعاتها المحلية، و بدلاً من ذلك فقد اعتمدت على إستراتيجية "النمو المفروض" التي تجعلها، في جوهرها، مقلدة

للنموذج الياباني، وبعد الحرب، كانت معظم الصناعات الثقيلة في كوريا الشمالية الواقعة تحت الإدارة السوفيتية، وكانت كوريا الجنوبية في البداية، تعتمد بشكل كبير على المعونة الأمريكية، ولكنها بدأت بالتدريج في إصلاح شبكات النقل والمواصلات بها، وبدأت هجومها لترويج الصادرات في ظل حكم الرئيس "بارك شونج هي"، الذي تولى السلطة أثر انقلاب في عام 1961م وقد حافظ "بارك" على استمرار الحماية من الواردات، وقام الموظفون برقابة دقيقة على التجار، والصرف الأجنبي والسياسات المالية، وكان كل ذلك بهدف واضح جداً هو ترويج الصادرات: وقد تضمنت الأدوات التي استخدمها بارك ما يلي:

(1)   إجراء تخفيضات في أسعار الصرف

(2)   تقديم مدفوعات نقدية

(3)   السماح بالاحتفاظ بالإيرادات بالنقد الأجنبي من أجل استخدامها لواردات محددة

(4)   السماح بالاقتراض بالنقد الأجنبي

(5)   الطلب من البنوك بتقديم قروض بفوائد منخفضة لصناعات محددة

وجاء التحول في السياسة في عام 1973م مع الاتجاه نحو الصناعات الثقيلة والصناعات الكيماوية، وكان جهدا مقصودا من الحكومة لتغيير الهيكل الصناعي لكوريا بسرعة، وتم اختيار ست صناعات لدعمها هي: الصلب والبتروكيماويات والمعادن غيرالحديدية وبناءالسفن، والألكترونيات والآلات، وقد استفادت هذه الصناعات من الحوافز الضريبية والخدمات العامة الرخيصة والتمويل التفضيلي.

وقد توصل البنك الدولي إلى نتيجة مؤداها " أنه على خلاف ما حدث في الدول الأخرى في جهودها لتنمية الصناعة الثقيلة، فإن كوريا قد نجحت جزئيا على الأقل"، وكان أحد الأسباب في ذلك هو أن الحكومة أوضحت أن هذه الصناعات يتوقع لها أن تصبح قادرة على المنافسة عالميا، وقد قامت هذه الصناعات باستيراد التكنولوجيا المستخدمة فقط، كما قامت بتعيين خبراء و مهندسين من ذوي الخبرة والتدريب الجيد.

لكن كانت هناك مشاكل أيضاً، فقد انتشر التدخل على نطاق واسع بدرجة أدت إلى حدوث اختناقات، وإلى تحمل أعباء ديون كبيرة، وبينما كانت الصناعات كثيفة العمالة تعاني من الافتقار الشديد إلى الائتمان، ولذلك فإنه عندما ارتفعت أسعار البترول بشدة مع وقوع صدمة البترول الثانية في 1979م، كان التضخم مرتفعاً فعلاً، كما ارتفعت أسعار الصرف، و كانت تلك الصناعات الثقيلة و الكيماوية المتبجحة تعمل بطاقة أقل من طاقتها، وكانت الصادرات تتراجع.

وفي نهاية الأمر اشتدت الضغوط على النظام القديم وقامت الحكومة في عام 1980م بتغيير المسار مرة أخرى، "وتم إنقاص الدعم المقدم للصناعات الإستراتيجية، و فجأة تم عكسه، وجرى تخفيض العملة، ثم تغيير سياسات تخصيص الائتمان، مع إنهاء التفضيلات الكبيرة لقطاع الصناعة الثقيلة و الكيماوية "،كما تذكر دراسة البنك الدولي، و أصبح التدخل منذ ذلك الوقت يهدف إلى إعادة هيكلة الصناعات المضطربة وإلى دعم التنمية التكنولوجية وتشجيع المنافسة.

وقد خرجت كوريا من هذه العملية بتركيز شديد في المنشآت الضخمة بدرجة ملحوظة ربما أكثر من أي دولة رأسمالية، وهو الأمر الذي أصبح الآن يعتبر مشكلة خطيرة، ونظراً لأن تلك الشركات الكبيرة " تشائبول " نمت وترعرعت في كنف الحكومة وتحت رعايتها، فقد بدأت في النهاية ترغب للحصول على قدر أكبر من الاستقلال، وأدى نمو الثروة وازدياد عدم الرضا الشعبي عن ممارسات القمع و أحيانا القتل من جانب الحكومة العسكرية إلى زيادة الضغوط من أجل القيام بإصلاحات ديمقراطية، وعندما ارتفعت الأجور إلى مستويات الأجور في البلاد الغنية، بدأ العمال بالمطالبة بالحقوق الديمقراطية للتأثير على الحكومة، وهو ما كانوا يعتقدون أنه ينبغي أن يصاحب ازدياد قوة الاختيار في إنفاقهم، كما أصبحت التقاليد والعادات النابعة من السلطة المطلقة والتي كان قد تم استخدامها بنجاح حتى تلك اللحظة لدفع الاستثمار في صناعات التصدير، غير مقبولة بصورة متزايدة.

وقد أدت هذه الضغوط، على امتداد العقد الماضي، إلى إحداث تغييرات أساسية في كل من المناخ السياسي و الاقتصادي في كوريا ابتداء من إجراء أول انتخابات

رئاسية ديمقراطية في عام 1987م، (نظراً لأن الأصوات قد توزعت بين اثنين من المرشحين المدنيين، فقد فاز بالرئاسة جنرال "رو تاي وو").

ومع ازدياد نمو ثراء كوريا، ازدادت جاذبيتها كفرص للاستثمار الأجنبي، مما جذب معه ضغطاً خارجياً لإلقاء بعض الحواجز الحمائية التي كان يتم استخدامها أصلاً كحوافز للاستثمار، كما كان اشتراك كوريا في الاتفاق العام بشأن التعريفات الجمركية والتجارية، إلى جانب الضغط من الولايات المتحدة، سبباً في الاتجاه نحو تخفيض الحواجز التجارية، وإلى جانب ما تقدم، كان ازدياد ثراء كوريا سبباً في خلق بيئة ازدهر فيها الفساد، مما أثر في جهود الحكومة التالية للإصلاح وهو يساعد أيضا على شرح أسباب فشلها.

ومنذ عام 1990م، قطعت كوريا شوطاً بعيداً في اتجاه تحرير السوق، مع بذل جهود لتخفيض درجة رقابة الحكومة على الأسواق المالية وتدريجياً نحو السماح بزيادة الاستثمار الأجنبي في كوريا، والسماح بزيادة الاستثمار الكوري في الخارج، وقد أتى الإصلاح في شكل نوبات متقطعة.

وكان انتخاب "كيم يونج سام" رئيسا في ديسمبر 1992م بمثابة حد فاصل، ولما كان "كيم" هو أول رئيس مدني خلال ثلاثة عقود، فقد جعل هدفه الرئيسي الإسراع بالتحول إلى اقتصاد السوق، وقد عبر كيم لأول مرة عن التزامه بالعولمة في خطاب ألقاه في "سيدني" في عام 1994م، ثم زاده توضيحا في خطاب ألقاه في مارس 1995م معلنا فكرة "سيجيهوا" وهي الكلمة الكورية للعولمة.

ويقول كيم إن التركيز في الماضي على التنمية الاقتصادية قد أدى إلى تركيز السلطة الاقتصادية في أيدي عدد قليل من كبار رجال الأعمال، وإلى إساءة توزيع الدخل، وتكثيف النزاع بين مختلف الأقاليم و الطبقات، إلا أن كيم في نهاية مدة رئاسته لم يكن قد أوفى سوى بالقليل مما كان قد وعد به، وعندما حدثت الأزمة الآسيوية في عام 1997م، لم تكن كوريا مستعدة بالدرجة الكافية، وظهر ضعفها باديا للعيان.

265

هونج كونج: Hong Kong

أشاد الخبير الاقتصادي "ميلتون فريدمان" Milton Friedman نصير السوق الحرة المتحمس بهونج كونج، ذلك الإقليم الصغير جداً الذي لا يتجاوز ألف كيلومتر مربع والملاصق للصين، باعتبارها أفضل مثال في العالم لاقتصاد السوق الناجح الذي لم تلعب فيه الحكومة إلا دوراً محدوداً يثير الإعجاب، إلا أن هناك عوامل، بخلاف السياسة الاقتصادية، هي التي أسهمت في تحقيق الرخاء والرفاهية في هونج كونج، وبخاصة دورها كبابٍ للتجارة والتمويل للصين والذي كانت تقوم به من الناحية الواقعية منذ عام 1949م، ومنذ عام 1997م أصبحت تقوم به من الناحية القانونية.

كانت هونج كونج مستعمرة بريطانية لمدة 99 عاما وحتى عام 1997م، ولكن منزلتها كأحد النمور تنبع من تأسيس جمهورية الصين في أكتوبر 1949م. فقد أدى تدفق فيضانات اللاجئين من الدولة الشيوعية الجديدة إلى زيادة تعداد السكان في هونج كونج بعد الحرب العالمية الثانية من 600 ألف نسمة إلى 2.4 مليون نسمة، وعندما فرضت الولايات المتحدة حظراً تجارياً على الصين في بداية الحرب الكورية عام 1950م، ساد الركود في هونج كونج، ولكن اللاجئين من أرض الصين الكبرى قاموا بخلق صناعات تحويلية خفيفة، وكان ذلك أساسا بهدف التصدير إلى السوق الأمريكي، وبهذا بدأت عملية التنمية السريعة في هونج كونج، مع قليل من الجهد أو حتى بدون أي جهد من جانب الإدارة، و بحلول عام 1990م كان دخل الفرد في هونج كونج ثالث أعلى دخل للفرد في آسيا، بعد اليابان وسنغافورة.

ويعزو الاقتصادي "واي. سي. ياو" معجزة هونج كونج إلى ثلاثة عوامل رئيسية هي:

(1)   الاستقرار السياسي في ظل الحكم الاستعماري البريطاني

(2)   نشاط الحكومة في توفير البنية الأساسية الاجتماعية مثل المساكن العامة والنقل

(3)   وضع نظام قانوني جيد

(4) ويضيف "جيمس وانج" المتخصص في العلوم السياسية عاملاً آخراً إلى ذلك هو "خاصية الجد و الكدح التي يتصف بها الأهالي، خاصة وأن نسبة كبيرة منهم من اللاجئين من جمهورية الصين الشعبية"، وأن حوالي 90% من صناعة هونج كونج مخصصة للتصدير، وأهم الصادرات هي المنسوجات والأحذية والساعات والاليكترونيات، ومعظم المصدرين يتميزون بكثافة المهارات، وبأنهم من أصحاب الصناعات الخفيفة الذين يستخدمون عمالا أقل من 50 عاملاً، على الرغم من تزايد أهمية التجارة وخدمات التمويل بالنسبة للصين في السنوات الأخيرة.

سنغافورة: Singapore

جنباً إلى جنب مع رئيس الوزراء الماليزي "مهاتير محمد" يعتبر "لي كوان يو" رئيس وزراء سنغافورة منذ الاستقلال في عام 1959م وحتى عام 1990م من المناصرين الأساسيين للقيم الآسيوية، وللأسلوب المميز لشرق آسيا في الإدارة السياسية والاقتصادية.

وقد قال رئيس الوزراء "لي" لمجلة "فورين أفيرز" Foreign Affairs: (إن الناس يعتقدون أن الفرد يعيش في نطاق أسرته، وأنه ليس بدائيا ولا منعزلا، والأسرة هي جزء من العائلة الممتدة، والأصدقاء والمجتمع الأكثر اتساعاً).

ويضيف قائلاً: "لقد استخدمنا الأسرة لدفع النمو الاقتصادي، آخذين في الاعتبار نواحي الطموح للفرد و أسرته في تخطيطنا، ولقد حالفنا الحظ بأن كانت لنا هذه الخلفية الثقافية، وهي الإيمان بالاقتصاد والعمل الشاق والتراحم والإخلاص بين الأبناء والآباء في الأسرة الممتدة، وأهم من هذا كله احترام المدرسة وحب التعلم، ولدينا ميزة معرفة ما ينبغي أن تكون عليه النتيجة النهائية بالنظر إلى الغرب ثم إلى اليابان بعد ذلك".

وفي مقابلة أخرى قال رئيس الوزراء "لي": إنه في المراحل المبكرة للتصنيع، كانت الحكومات ذات السلطة المطلقة أكثر فاعلية من الديمقراطيات في تشجيع النمو

السريع، خذوا كوريا، واليابان وتايوان، فقد كانوا يحتاجون في مراحلهم الأولى إلى الانضباط والنظام والمجهود، وهو ما كان لهم فعلاً، كان يجب عليهم تحقيق ذلك الفائض الزراعي حتى يصلوا إلى تحقيق التشغيل لقطاعهم الصناعي، وبدون الحكم العسكري أو الديكتاتورية أو الحكومة ذات السلطة القوية في كوريا وتايوان فإنني أشك في أنه كان في إمكانهم أن يقوموا بتحويل أنفسهم بهذه السرعة، كان هذا ما قاله رئيس الوزراء السنغافوري "لجيم روهوير" من مجلة "الإيكونوميست" "The Economist Magazine".

وكما يقول: "فقد كانت لدى الفلبين والهند وسيلان حكومات ديمقراطية بعد الحرب العالمية الثانية، إلا أن نقص الانضباط جعل النمو بطيئاً وراكداً، ولكن بمجرد أن تصل إلى مستوى معين من التقدم الصناعي تصبح لديك قوة عاملة متعلمة، وسكان يعيشون في الحضر، ولديك مديرون ومهندسون، عندئذ يجب أن تكون لديك مشاركة لأن هؤلاء متعلمون راشدون، وإذا ما قررت الاستمرار بنظام السلطة المطلقة، فإنك ستواجه كافة أنواع العقبات والعراقيل".

ويقول كثير من النقاد أن سنغافورة لم تقم أبدا بهذا التحول الديمقراطي، مما كلفها كثيراً، وقد اكتشف "كريستوفر لينجل" الأكاديمي الأمريكي حدود حرية التوسع في سنغافورة عام 1994م عندما كتب مقالاً في جريدة "انترناشيونال هيرالدتريبيون"International Herald Tribune بعنوان "اغضب، لي"، وقال "لينجل" الذي كان محاضرا في الجامعة الوطنية في سنغافورة في مقاله: "إن بعض النظم الآسيوية التي لم يسمّها قد حافظت على سيطرتها السياسية عن طريق نظام السلطة المطلقة الجامد، وإن النظم المتشددة في المنطقة تبدي براعة كبيرة في الطرق التي تستخدمها لكبت المعارضة، وقد تضمنت الطرق التي اتبعوها الاعتماد على نظام قضائي مطيع للعمل على إفلاس الساسة المعارضين".

وقد دُعي "لينجل" إلى مقابلة اثنين من الشرطة السرية اللذين أخبراه أنهما يقومان بتحقيق في جريمة التشهير والإساءة إلى سمعة المحكمة، كانت درجة الرقابة الاجتماعية في سنغافورة كاملة لدرجة أن قرارا مثل هذا لم يكن ليصدر إلا من أعلى مستوى في السلطة، هكذا قال "لينجل". وقد طلبت السلطات من "لينجل" أن

يدفع تعويضاً عن التشهير بالإضافة إلى المصروفات القانونية، وقد كان هذا يعني قبولا من "لينجل" أنه يكذّب بنفسه ما ذكره في مقالات سابقة، ومن ثم أسرع بمغادرة سنغافورة، مخلفا وراءه معظم ممتلكاته، وقد تمت محاكمته غيابياً، وثبت أنه مذنب وفقا لحكم المحكمة العليا في سنغافورة.

يقر "لينجل" أن السياسات التي حققها "لي" كانت كبيرة، كما أن سياسته الصديقة لرأس المال، واستثماراته الذكية أدت إلى زيادة دخل الفرد في سنغافورة ورفعه إلى مستوى دخل الفرد في الدول المتقدمة في أقل من ثلاثين عاما، لقد كانت معاملته الماهرة لأصدقائه وأعدائه في حركة الاستقلال هي التي وضعته في النهاية وبأمان في قمة الهيكل التنظيمي في حزب عظيم التناسق وشديد الانضباط، وقد كان موقفه الحاد المضاد للشيوعية في أثناء الحرب الباردة أيضا سببا في أن يصبح شخصا مهما بين حلفائه الغربيين الذين اعترفوا له بالجميل، وكان مما يميز سيطرة "لي" قبضته التي تكبح بمهارة، والتي أفسدت وأعاقت ظهور معارضة سياسية فاعلة، كما يقول "لينجل"، وقد واجه أحد عشر سياسيا معارضا - على الأقل - دعاوى قذف وتشهير أقامها مستر "لي" أو أعضاء من حزبه، مما أدى إلى إفلاس كثير من المعارضين نتيجة لذلك.

وتقول "راشيل فان إلكان" Rachel Van Elkan الخبيرة الاقتصادية بصندوق النقد الدول International Monetary Fund (IMF: إن الفضل في النمو الاقتصادي السريع لسنغافورة ينبغي أن يعود إلى حد كبير إلى السياسات السليمة للاقتصاد الكلي التي قامت بإتباعها، وإلى الرغبة في قبول الاستثمار الأجنبي، والمستوى الصحي للإنفاق على البنية الأساسية والتعليم، إلا أن فان إلكان ترجع نسبة الفضل أيضا إلى سياسات زيادة السوق مثل الإعفاءات الضريبية لمدة محدودة، والتي تهدف إلى تشجيع الاستثمار في القطاعات التي تتمتع بوجود احتمالات نمو بها، وقد استخدمت هذه السياسات على نطاق واسع منذ الاستقلال في عام 1939م حتى منتصف السبعينيات، وهو الوقت الذي ارتفعت فيه نسبة البطالة لدعم الاستثمار في الصناعة، ومنذ ذلك الحين، ومع هبوط البطالة توجهت الحوافز إلى تشجيع المنشآت التي تستخدم أحدث ما توصلت إليه التكنولوجيا.

وكما كتبت "فان إلكان": "لقد تطور اقتصاد سنغافورة منذ حصولها على الحكم الذاتي في 1959م من اقتصاد شبه مغلق، ومنتج يعتمد على انخفاض الأجور في إنتاج السلع كثيفة العمالة، إلى اقتصاد منفتح جدا، ومنتج يعتمد على الأجور المرتفعة في إنتاج سلع كثيفة رأس المال والتكنولوجيا العالية، وإذا ما أخذ في عين الاعتبار سجل التنمية الناجحة في سنغافورة، فإن الافتراض يجب أن يكون هو أن سياساتها قد ساعدت على تشجيع إمكانات النمو".

ولكن أي سياسات؟ هناك معلقون آخرون يستخلصون نتائج عكسية من نفس الدلائل والبراهين، فقد كتبت "ليندا ليم" في عام 1982م تقول: "إن نجاح سنغافورة المبهر هو في جزء كبير منه نتيجة لتدخل الذراع الطويلة للدولة أكثر من تدخل الذراع الخصبة للسوق الحر، وبينما تمثل سنغافورة قصة نجاح للتنمية الرأسمالية، إلا أنها ليست بالمثل قصة نجاح لتنمية السوق الحر.

ودولة سنغافورة في الواقع تتدخل بشدة، فهي تملك وتتحكم وتنظم الأراضي والعمل والموارد الرأسمالية وتخصيصها، وهي تحدد أو تؤثر في تحديد كثير من الأسعار التي يقوم المستثمرون بعمل حساباتهم على أساسها واتخاذ قراراتهم الاستثمارية بناء عليها".

ويرى "لينجل" أن قيام زعماء سنغافورة بتشجيع القيم الآسيوية التي هي فكرة غامضة مخترعة عن قيم الكونفوشيوسية الجديدة، إنما هو لتبرير القيود المفروضة على حقوق الأفراد، ومن المعتاد، أن الانتقادات الموجهة إلى حزب العمل الشعبي تتم الإجابة عنها بادعاء أن بقاء الحزب واستمراره ضرورة لاستمرار حياة سنغافورة، وقد أزالت نهاية الحرب الباردة ذلك الشبح المخيف "للخطر الأحمر" باعتباره أعظم تهديد للمجتمع، ومن ثم فقد زال المبرر لوجود نظام السلطة المطلقة.

وقد تم إحلال "الخطر الأبيض" محله، وهو الخطر القادم من الغرب، كما يقول "لينجل"، ومن المعتاد أن توجد في صحف سنغافورة مقالات تعرض من جانب واحد صورا من تهالك الغرب، ويقول "لينجل": "إن الجهود المبذولة لإعاقة النزعة

الفردية ستضر بسنغافورة، ولن تساعدها، لأنها تؤدي إلى تدهور الابتكار والخلق اللذين هما أساسيان في التقدم والنمو الاقتصادي، لقد قام نظام سنغافورة الرأسمالي ذو السلطة المطلقة باستغلال القيم الآسيوية ليحقق أغراضه الخاصة المحدودة".(3)

النمور الجديدة: The New Tigers

ماليزيـا: Malaysia

إن التجربة الماليزية جديرة بالتأمل وخصوصاً أنها تتميز بكثير من الدروس التي من الممكن أن تأخذ بها الدول النامية كي تنهض من كبوة التخلف والتبعية، فعلى الرغم من الإنفتاح الكبير لماليزيا على الخارج والاندماج في اقتصاديات العولمة، فإنها تحتفظ بهامش كبير من الوطنية الاقتصادية.

وخلال نحو عشرين عاماً تبدلت الأمور في ماليزيا من بلدٍ يعتمد بشكل أساسي على تصدير بعض المواد الأولية الزراعية إلى بلد مصدر للسلع الصناعية، في مجالات المعدات والآلات الكهربائية والالكترونيات، فتقرير التنمية البشرية الصادر عن البرنامج الإنمائي للأمم المتحدة لعام 2001م رصد أهم 30 دولة مصدرة للتقنية العالية، كانت ماليزيا في المرتبة التاسعة متقدمة بذلك عن كل من ايطاليا والسويد والصين، كما كانت تجربتها متميزة في مواجهة أزمة جنوب شرق آسيا الشهيرة التي شهدها العام 1997م.

فهي لم تعبأ بتحذيرات الصندوق والبنك الدوليين، وأخذت تعالج أزمتها من خلال أجندة وطنية فرضت من خلالها قيوداً صارمةً على سياستها النقدية، معطية البنك المركزي صلاحيات واسعة لتنفيذ ما يراه لصالح مواجهة هروب النقد الأجنبي إلى الخارج، واستجلب حصيلة الصادرات بالنقد الأجنبي إلى الداخل، وأصبحت عصا التهميش التي يرفعها الصندوق والبنك الدوليين في وجه من يريد أن يخرج عن الدوائر المرسومة بلا فاعلية في مواجهة ماليزيا التي خرجت من كبوتها المالية أكثر قوة خلال عامين فقط، لتواصل مسيرة التنمية بشروطها الوطنية، بينما أندونسيا وتايلاند

مثلاً ما زالتا تعانيان أثر الأزمة، من خلال تعاطيهما تعليمات أجندة الصندوق والبنك الدوليين، ونظراً لتفرد التجربة فقد حرصنا على مشاركة المتخصصين الذين تناولوا التجربة بالبحث والدراسة من خلال كتب منشورة وأبحاث علمية شاركوا بها في المؤتمرات العلمية.

العوامل الاقتصادية والسياسية التي ساعدت على نجاح التجربة:

هناك مجموعة من العوامل ساعدت على نجاح تجربة ماليزيا في التنمية وهي كما يلي:

(1) المناخ السياسي لدولة ماليزيا يمثل حالة خاصة بين جيرانها، بل بين الكثير من الدول النامية، حيث يتميز بتهيئة الظروف الملائمة للإسراع بالتنمية الاقتصادية، وذلك أن ماليزيا لم تتعرض لاستيلاء العسكريين على السلطة.

(2) يتم اتخاذ القرارات دائماً من خلال المفاوضات المستمرة بين الأحزاب السياسية القائمة على أسس عرقية، مما جعل سياسة ماليزيا توصف بتميز ديموقراطيتها في جميع الأحوال.

(3) تنتهج ماليزيا سياسة واضحة ضد التفجيرات النووية، وقد أظهرت ذلك في معارضتها الشديدة لتجارب فرنسا النووية، وحملتها التي أثمرت عن توقيع دول جنوب شرق آسيا العشر المشتركة في "تجمع الآسيان" في العام 1995م على وثيقة إعلان منطقة جنوب شرق آسيا منطقة خالية من السلاح النووي وقد ساعد هذا الأمر على توجيه التمويل المتاح للتنمية بشكل أساسي بدلاً من الإنفاق على التسلح وأسلحة الدمار الشامل.

(4) رفض الحكومة الماليزية تخفيض النفقات المخصصة لمشروعات البنية الأساسية، والتي هي سبيل الاقتصاد إلى نمو مستقر في السنوات المقبلة، لذا فقد ارتفع ترتيب ماليزيا لتصبح ضمن دول الاقتصاد الخمس الأولى في العالم في مجال قوة الاقتصاد المحلي.

(5) انتهجت ماليزيا استراتيجية تعتمد على الذات بدرجة كبيرة من خلال الاعتماد على سكان البلاد الأصليين الذين يمثلون الأغلبية المسلمة للسكان.

(6) اهتمام ماليزيا بتحسين المؤشرات الاجتماعية لرأس المال البشري الإسلامي، من خلال تحسين الأحوال المعيشية والتعليمية والصحية للسكان الأصليين، سواء كانوا من أهل البلاد الأصليين أو من المهاجرين إليها من المسلمين الذين ترحب السلطات بتوطينهم.

(7) اعتماد ماليزيا بدرجة كبيرة على الموارد الداخلية في توفير رؤوس الأموال اللازمة لتمويل الاستثمارات حيث ارتفع الإدخار المحلي الإجمالي بنسبة 40% بين سنة 1970م وسنة 1993م، كما زاد الاستثمار المحلي الإجمالي بنسبة 50 % خلال الفترة ذاتها.(3)

وفي خطوة على طريق التحدي التي خاضها رئيس وزراء ماليزيا "مهاتير محمد" الذي حوّل ماليزيا من دولة زراعية تعتمد على إنتاج وتصدير المواد الأولية، خاصة القصدير والمطاط، إلى دولة صناعية متقدمة، يساهم قطاعي الصناعة والخدمات فيها بنحو 90% من الناتج المحلي الاجمالي، وتبلغ نسبة صادرات السلع المصنعة 85% من اجمالي الصادرات، وتنتج 80% من السيارات التي تسير في الشوارع الماليزية، حيث يقول:"لعل كل ماليزي يولد في عقد التسعينات يمثل آخر جيل فيما يسمى بماليزيا النامية، فهدفنا النهائي أن تصبح ماليزيا بحلول عام 2020م دولة متقدمةً تماماً، ولكن يجب أن يشمل جميع الأبعاد الأخرى: الاقتصادية، والسياسية، والاجتماعية، والروحية، والنفسية، والثقافية".(4)

<u>إندونيسيا:</u>   Indonesia

كانت الأزمة المالية لعام 1997م هي أكثر الأحداث تأثيراً من الناحيتين الاقتصادية والسياسية في اندونيسيا منذ تولي "سوهارتو" السلطة خلفاً للرئيس "سوكارنو" عام 1966 في خضم الاضطرابات الاقتصادية والاجتماعية التي سادت

البلاد، وكانت الحكومة قد قامت بعهد "سوكارنو" بتأميم المنشآت الهولندية واستولت على كافة نواحي النشاط الاقتصادي.

وكانت سياسة "سوكارنو" تتميز بما لها من إحساس قوي تجاه التأميم ممزوجاً بمشاعر العداء للاستعمار والمشاعر المناوئة للصينيين، كما ورد في تقرير البنك الدولي، وتزايد اتجاه سياسات "سوكارنو" نحو الداخل ونحو التدخل مع فرض نظام معقد وشامل لتراخيص الاستيراد والاستثمار، وفي عام 1965م، وفي أثناء تزايد الاضطراب الاقتصادي، ارتفع التضخم إلى 1000 في المائة، وانخفضت الصادرات واحتياطيات النقد الأجنبي، كما توقف النمو الاقتصادي.

وأدى النظام الجديد "لسوهارتو" في عام 1966م إلى تحقيق تحسن اقتصادي كبير، وتشجيع النمو الاقتصادي والسيطرة على التضخم، وقد سعى واضعو السياسات الذين كانوا قد تشبعوا بجرعات قوية من الفكر الاشتراكي إلى إيجاد طريق وسط بين الرأسمالية والاشتراكية.

واتخذ "سوهارتو" موقفاً أقرب من الغرب مما كان عليه سوكارنو، وأعاد بعض المنشآت التي تم تأميمها إلى أصحابها من القطاع الخاص، مع تقديم ضمان لمدة 30 عاما بأنه لن يجري تأميمها مرة أخرى خلال هذه المدة، وتم إجراء تخفيض كبير في سعر الصرف، كما تم إلغاء تراخيص الاستيراد، أما التصدير الذي كان توقف فعلا عند مستواه قبل عام 1976م، فقد ارتفع بدرجة كبيرة، وكانت لدى اندونيسيا احتياطات ضخمة من البترول أدت إلى استفادتها بصورة ضخمة من طفرة أسعار البترول العالمية في عامي 1973م و 1979م.

ومع تدفق الإيرادات قامت الحكومة بالإنفاق بدرجة أكبر على الأشغال الرأسمالية والتعليم والخدمات الصحية وتنظيم الأسرة، وحققت تقدما مبهرا في الحد من الفقر، وقامت الحكومة باستخدام متحصلاتها النقدية من الصادرات البترولية والسلعية للاستثمار في القطاعات كثيفة رأس المال والتي تتطلب قدرا كبيرا من الموارد مثل تكرير البترول وتسييل الغاز الطبيعي والكيماويات والورق ولب الورق والأسمدة والاسمنت والصلب، وبلغ معدل النمو الاقتصادي 8 في المائة سنويا في المتوسط في

خلال فترة السبعينيات، وخلال فترة الرواج البترولي وارتفاع أسعار البترول، شددت الرقابة على الاستثمارات الخاصة الأجنبية والمحلية.

وأدى الارتفاع التدريجي في سعر الصرف إلى قدرة تآكل الصادرات غير البترولية على المنافسة، ونتيجة لذلك ازدادت الحواجز المفروضة على الواردات، وقد لاحظ البنك الدولي في عام 1985م أن هناك عددا كبيرا من الواردات قد أصبح يخضع لأشكال متنوعة من الرقابة على الاستيراد، وأن النظام أصبح يحابي الصناعات التي تنتج سلعا تحل محل الواردات أكثر من تشجيعه للصادرات.

وفي عام 1986م، أدى تراجع أسعار البترول، وكذلك انخفاض أسعار الصادرات السلعية إلى نقص عائد الصادرات، وقامت الحكومة بتغيير اتجاهها إلى نظام تجاري أكثر انفتاحا، وكانت اندونيسيا في عام 1985م قد خفضت بصورة كبيرة الرسوم الجمركية على الواردات، وقامت في عام 1986م بتقديم حوافز للتصدير إضافة إلى تسهيل إجراءات التصدير والاستيراد، كما تم تخفيض قيمة العملة، ومنذ عام 1988م ارتفعت مستويات الإنتاج كما ارتفعت الصادرات وازداد الاستثمار وتسارع النمو الاقتصادي.

ويقول "هال هيل" Hall Hill المتخصص بشؤون اندونيسيا: إنه من الصعب العثور على فلسفة مترابطة، ناهيك عن مجموعة محددة من الأهداف الاقتصادية والاجتماعية على امتداد تاريخ النظام الجديد، كما يضيف فإنه بعد ثلاثة عقود من تولي سوهارتو للسلطة كان لا يزال هناك لدى كثيرين إحساس عميق بعدم الثقة في قوى السوق والتحرير الاقتصادي والملكية الخاصة (وبخاصة ملكية الصينيين)".

ويقول "هيل": "إن الإصلاحات القائمة على التوجه نحو السوق في خلال الثمانينات مكنت الاقتصاد الاندونيسي من الشفاء من التضخم المنفلت ومن الانحدار الاقتصادي الذي كانت قد سببته سياسات الستينيات وهبوط أسعار السلع في الثمانيات.

ويقول أيضا: "إلا أن الدولة كانت تواجه معضلة أساسية من ناحية الالتزام بمبادئ الاقتصاد الحر لأن أفكار الليبرالية والرأسمالية كانت لا تزال غير شعبية جدا

لدى قطاع كبير من السكان، فمثل كثير غيرها من الدول المستقلة حديثا، والتي تخلصت من تاريخ استعماري مضطرب، كان لديها إحساس قوي بمعاداة الرأسمالية في العقدين التاليين أو ما يقارب ذلك بعد الاستقلال".

ويظل الموضوع على أهميته بسبب التوتر بين الاندونيسيين وذوي الأصول الصينية، الذين يشكلون 4 في المائة فقط من السكان ولكنهم يسيطرون على قطاع الأعمال.

ويقول "هيل": إن فكرة وجود نموذج آسيوي للتنمية تقوم فيه النظم النشيطة بعيدة النظر باختيار المنشآت الناجحة والتي تدفع بالنجاح الصناعي إلى الأعلى، كانت تلقى تأييدا كبيرا في اندونيسيا، وكان ذلك يرجع بوضوح إلى النجاح الذي لا يمكن إنكاره الذي تحقق في شمال شرق آسيا، وإلى أنه يدعم عدم الثقة في الأسواق السائد في المجتمع وبين الرسميين"، ويرفض هيل هذا النموذج.

كانت فكرة أن سياسات انتقائية للترويج الصناعي هي التي تفسر النجاح الصناعي لاندونيسيا لا تلقى سوى قدر قليل من التأييد من الناحية العملية، فقد كانت الحماية تدعم صناعات قليلة للكفاءة وتجاوزت مرحلة النشأة منذ زمن طويل، كما أنها أدت إلى فرض أعباء على بعض من أكثر المصدرين نجاحا في الماضي، وخاصة صناعة الملابس الجاهزة، ولم تلعب المنشآت المملوكة للدولة أي دور رئيسي في التنمية. وقد ساعد الائتمان المدعم كثيرا من المنشآت إلا أن الخطط قد بليت بالفساد، ولم يكن من الواضح أنها كانت عاملا حاسما في النمو الصناعي.

وكان اختيار سوهارتو للسيد "بي.جي.حبيبي" كنائب للرئيس في خضم الاضطرابات التي حدثت في بداية عام 1998م مؤشرا على قوة التأييد لمنهج التنمية على الرغم من الضغط المكثف من صندوق النقد الدولي على "سوهارتو" كي يأخذ بإصلاحات قوية تقوم على أساس السوق، كما أن "حبيبي" - الذي حل محل "سوهارتو" في شهر مايو 1998م - كان أحد الأنصار الأقوياء لسياسات التدخل في الصناعة.

تايلاند: Thailand

في السنوات الأولى لفترة ما بعد الحرب كانت تايلاند تقوم بتصدير المواد الأولية ومنتجات المزارع، وكانت التجارة تخضع للرقابة، وكان أكبر سلع التصدير وهو الأرز محل احتكار التسويق من جانب الدولة، وفي عام 1955م تم إلغاء احتكار تصدير الأرز، وأجريت تخفيضات في الضرائب المرتفعة على الصادرات من السلع الأخرى مما أدى إلى تشجيع الصادرات من الموارد الطبيعية ومنتجات المزارع.

وبقيت حماية الواردات مرتفعة في بعض الصناعات، على الرغم من أن المستويات العامة للحماية كانت متواضعة. ومع تغير الأنماط الدولية الاقتصادية في السبعينات قامت تايلاند بزيادة الرسوم الجمركية مع إبقاء الرسوم الجمركية على السلع الرأسمالية والمستلزمات للمنتجات الأخرى منخفضة، وكانت المنتجات التي نالت معاملة تفضيلية بشكل خاص هي المنسوجات والأدوية وتجميع السيارات.

وقد أدت صدمتا البترول في السبعينيات إلى تغيير المسار، وفي عام 1981م أدت السياسة التجارية إلى التحول نحو هدف النموذج الآسيوي التقليدي ألا وهو تشجيع التصدير، وتم تخفيض الضرائب على الصادرات وتخفيض سعر الصرف وتخفيض الرسوم الجمركية على الواردات على الرغم من أن متوسط المعدل الفعال للحماية بلغ 52 في المائة في منتصف الثمانينيات، وهو ما كان يزيد على المعمول به في الدول الأخرى في شرقي آسيا مثل كوريا (28 في المائة) وماليزيا (23 في المائة)، وتحولت الحوافز في اتجاه نواحي النشاطات كثيفة العمل والموجهة نحو التصدير والمتناثرة جغرافيا.

وتضمنت هذه الحوافز إعفاءات من الضرائب واستردادها، وتوفير الكهرباء الرخيصة، وسهولة الحصول على التمويل، والمساعدة في التسويق، وتشجيع شركات التجارة، وكانت نتيجة كل تلك السياسات تحقيق انطلاقة في الصادرات وخاصة في الملابس والأحذية والزهور الصناعية والمجوهرات ورقائق الكمبيوتر، مع تدفق الاستثمار إليها من كوريا واليابان.

277

سرّ النجاح: The Secret of Success

يحدد البنك الدولي The World Bank أربع اتجاهات مشتركة في الاتجاه نحو التصدير، وهو السبيل الذي اتبعته الدول الناجحة كافة وذلك على النحو التالي:

(1) توفير وسيلة للمصدرين للحصول على الواردات بالأسعار العالمية

(2) توفير فرص الحصول على الائتمان

(3) تقديم مساعدة حكومية في الدخول إلى الأسواق

(4) المرونة في السياسة العامة

وكانت قصص النجاح تاليةً لاتباع السياسات الخاصة بالاقتصاد الكلي أكثر سلامة مما يتبع في الدول النامية الأخرى، وهي: تحقيق أصغر عجز ممكن في الموازنة العامة أو "فائض"، ووجود إدارة جيدة للسياسة النقدية "سعر الفائدة.

ما مقدار النجاح الذي تحقق في شرق آسيا نتيجة للتدخل الانتقائي؟

لقد كتب "مايكل ساريل" الخبير الاقتصادي في صندوق النقد الدولي في عام 1995م ورقة يقول فيها: "إن أهمية هذا السؤال لا يمكن أن تكون محل مبالغة بأي حال"، وقام "ساريل" بتحديد عدة مناهج لتناول هذا الموضوع، وكان النهج النيوكلاسيكي في العقود الأخيرة وهو النهج المفضل والأكثر شيوعاً بين الاقتصاديين الغربيين، يؤكد أن السوق بصفة عامة كفؤة، وأن دور الحكومة في التنمية الاقتصادية مهم ولكنه محدود، ويرى مؤيدو هذا الرأي، بما فيهم البنك الدولي، أن النجاح الذي تحقق في المنطقة جاء نتيجة طبيعية للسياسات الاقتصادية المحافظة.

أما التصحيحيون فإنهم يرون أن الأسواق بها كثير من العيوب التي لا يمكن تجنبها، ففي الدول الأفقر تتضمن هذه العيوب القيود المفروضة على الائتمان والاحتكارات والممارسات التجارية غير العادلة التي تقوم بها المنشآت الأجنبية، ونقص القدرة على الوصول إلى كثير من الأسواق، ولمواجهة هذه العيوب ينبغي أن تلعب الحكومة دورا رئيسيا لتيسير الحصول على التكنولوجيا، وتخصيص الأموال

للمشروعات المهمة، وتوجيه تنمية الاقتصاد.

ويتخذ "ساريل" نفسه موقفاً ثالثاً مخالفاً يقول عنه: "إنه ليس جيداً وليس سيئاً ولكنه قبيح"، ولا يمكننا أن نقول شيئا ذا معنى عن التدخلات الانتقائية، لأننا لا يمكن أن نحدد بالضبط الدور الذي تلعبه مثل هذه السياسات في تقرير النمو الاقتصادي".

ويشير "ساريل" إلى أربع عقبات تتعرض الوصول إلى نتائج واضحة:

أولا: إن الباحثين الذين قاموا بتحليل المعجزة قد اختاروا الاقتصادات الناجحة، ولم يلتفتوا إلى حالات الفشل، وفي اختيارهم لأكثر الاقتصادات نجاحا للدراسات، كان المحللون يعلمون قبل أن يبدأوا أن تدخلات الحكومة لم تكن عائقا أمام النمو، ولم يكن هناك تقريباً أي بحث في السياسات في الدول التي كان أداؤها سيئاً.

ثانيا: من المستحيل عادة استعراض "الاحتمال الآخر"، أي ما الذي سيحدث لو لم يتم إتباع سياسات التدخل؟

ثالثا: هناك اختلافات واسعة بين السياسات التي اتبعتها كل دولة ناجحة في منطقة شرق آسيا، هناك تنوع ضخم في القطاعات المحددة وفي الصناعات المستهدفة للتدخل الانتقائي فيما بين الدول.

والواقع أنه كلما تمت دراسة السياسات التي اتبعتها الدول المختلفة، أصبح واضحاً بشكل أكبر مدى الاختلافات وأحياناً مدى التعارض بين هذه السياسات، ويشمل تقرير البنك الدولي استراتيجيات التدخل الكبير في كل من اليابان وكوريا، ومنهاج عدم التدخل في كل من هونج كونج وتايلاند، وكانت ماليزيا هي الدولة الوحيدة التي سعت حكومتها إلى القيام بإعادة توزيع معتمد للثروة، هذا ويمكن استخدام أداء " النمور الأربعة " وهي: كوريا الجنوبية وتايوان وهونج كونج وسنغافورة، وذلك لدعم الوصفات المفضلة للجميع ابتداء من التدخل، إلى الحرية الكاملة، كما يقول "ساريل".

رابعا: من الصعب التدليل على "اتجاه علاقة السببية"، هل أدت السياسات الحكومية إلى إحداث نمو قوي؟ أم هل أدى النمو القوي إلى النتائج المرجوة، مثل تقليل عجز الموازنة ورفع مستويات التعليم وسرعة التصنيع؟

إن الإنفاق على التعليم وتوازن الموازنات غالباً ما يرتبطان بالنمو الاقتصادي، ولكن إيجاد علاقة الارتباط لا ينهض دليلا على حدوث أيهما قبل الآخر، ويقول "ساريل": "إنه لا يحاول أن يوضح أن هذه السياسات ليست بذات أهمية، بل إننا ما نزال لا نفهم سوى النزر اليسير عن العلاقة بين السياسة العامة ومعدلات النمو المعجزة لاقتصاد شرق آسيا".

وغالباً ما ينظر إلى المعدلات المرتفعة للادخار والاستثمار باعتبارها العوامل الرئيسية في النجاح الاقتصادي لشرق آسيا، ولكن الدليل الاقتصادي يفيد بأن النمو هو السبب في الادخار، بيد أن الادخار لا يسبب النمو، كما يقول "ساريل"، وقد كانت معدلات الاستثمار العالية في كل من كوريا وتايوان وسنغافورة والدرجة العالية من الانفتاح التجاري في كوريا وتايوان متدرجة في حدوثها ومصاحبة لعملية النمو الاقتصادي ولم تكن سابقة عليها.

وبالفعل فإن هناك دليلاً على أن السياسات التي اتبعتها دول شرق آسيا لم تكن هي المسؤولة عن القدر الأكبر من نجاح تلك الدول بل الظروف القائمة فيها قبل البدء في إتباعها كما يقول "ساريل"، وهو يشير إلى دراسة وجد أن أفضل الدول تحسنا حتى عام 1990م هي الدول التي كانت في عام 1960م أقل في الدخل وأفضل في التعليم الابتدائي، وأقل في عدم المساواة في الدخول، وفي توزيع الأراضي من الدول ضعيفة الأداء.

ما هي العناصر المفيدة في النموذج الآسيوي؟

يخلص "جامي ماكي" إلى أنه على الرغم من اختلاف الظروف بدرجة كبيرة، فإن العنصر المشترك هو أن الهياكل السياسية تضمنت تحالفا للمصالح معزولا عن الضغط الشعبي، وميالا بشكل جيد إلى تنمية الصادرات.

ويقول "ماكي": "إن الحرية الاقتصادية لا تقدم تفسيرا كاملا للنمو الكبير في

اقتصادات شرق آسيا، وإن كل الدول فيما عدا هونج كونج لم تمارس سياسة الحرية الكاملة، ولكن بعضا منها قام باستخدام سياسات قائمة على أساس السوق، كانت لها أهميتها، على الرغم من أنها لم تبلغ المثالية التي تنادي بها مثل الحرية الاقتصادية".

وقد يكون من المحزن بالنسبة لقضية الديمقراطية، أنه ليس من الضروري أن تكون ديمقراطياً حتى تتحقق نتائج جيدة للاقتصاد، فعلى عكس نظرية التحديث التي نادى بها لأول مرة "سيمور مارتن" في عام 1995م: "لا تؤدي الإدارة الاقتصادية الجيدة بالضرورة إلى زيادة احتمالات قيام الديمقراطية، ولكن هناك بعض الأمل في تجربة شرق آسيا من أفضل وأسوأ الحالات: فقد نشأت مشكلة اندونيسيا من الجمود غير الديمقراطي بها، وكانت المشاكل الاقتصادية الموجودة في كوريا الجنوبية كبيرة أو أكبر منها في اندونيسيا، إلا أن الثقة عادت بسرعة كبيرة وبقدر كبير بسبب التغير السلمي في الحكومة الذي أمكن تحقيقه عن طريق الانتخابات، مما سمح لكوريا أن تتخذ قرارات اقتصادية مطلوبة للتغلب على أزمتها الاقتصادية، وإن كانت تهدد بعض المصالح المكتسبة(6)

وخلاصة لما تقدم، يمكن القول أن هناك أيضاً عوامل داخلية مهمة وقفت وراء نجاح التجربة التنموية لدول النمور الآسيوية يقف في مقدمتها العامليْن التاليين:

(1) وفرة عنصر العمل الرخيص وتعبئته ضمن نظام صارم لاستغلال العمال.

(2) مجموعة السياسات الاقتصادية الكلية التي تم اختيارها بذكاء ووعي تام لخلق المناخ الملائم للادخار والاستثمار، والعمل والتصنيع والتصدير، وإقامة علاقات وثيقة ناجحة مع العالم الخارجي(7)

الهوامشُ

1. محمد عبد القادر حاتم، **أسرار تقدم اليابان**، قليوب، مصر مطابع الأهرام التجارية، 1990، ص ص 24-62.

2. http://www.arabic.xinhuanet.com/arabic/ 2.7.2009

3. روبرت جران، "ترويض النمور – **نهاية المعجزة الأسيوية**"، ترجمة سمير كريم، القاهرة، مركز الأهرام للترجمة والنشر، الطبعة الأولى، 1999م، ص ص1- 6

4. **عبدالحافظ الصاوي، "قراءة في تجربة ماليزيا التنموية"، مجلة الوعي الإسلامي، الكويت، وزارةالأوقاف والشؤون الاسلامية، دولة الكويت، العدد 451، السنة الثالثة، أيار 2003**

5. عبد العزيزمحمد المر، **التربية والتنمية والنهضة**، بيروت، شركة المطبوعات للتوزيع والنشر، الطبعة الأولى، 2003، ص133

6. روبرت جران، مرجع سابق، ص ص7- 10

7. رمزي زكي، **المحنة الآسيوية : قصة صعود وهبوط دول المعجزات الآسيوية**، دمشق، دار المدى للثقافة وانشر، الطبعة الأولى، 2000، ص ص28-29

الفصل الرابع عشر

واقع التنمية في فلسطين
Actuality of Development in Palestine

تمهيد:

تم التطرق في الفصل الأول لأهم الاختلافات بين النمو والتنمية، والتي كان من أبرزها أن التنمية لا يمكن أن تتحقق في ظل احتلال غاشم، أهدافه واضحة ومعروفة للجميع، من خلال تدمير البنية التحتية للدولة المحتلة، وتشريد شعبها، وخلق المعوقات المصطنعة من ضرائب ومشاكل اقتصادية واجتماعية وإدارية وغيرها، ونهب خيرات البلد المحتل، بالإضافة لمنع وصول أي مساعدات خارجية سواء كانت مادية أو معنوية، بهدف تفريغ الأرض من أصحابها.

وثمة تساؤلات تطرح نفسها هنا، على الصعيد الفلسطيني، ما هي المتطلبات والأبعاد التي ينبغي توفرها لضمان تحقيق نوع معين من النمو والتطور في الضفة الغربية وقطاع غزة في ظل احتلال مديد غايته المنشودة هي تهويد الأرض؟ وكيف تتحقق التنمية مع وجود الاحتلال؟ وكيف لنا أن نتصرف كبديلٍ عن الخنوع لشروط الاحتلال وأهدافه الواضحة؟ مع أنه لن يكون هناك أي نجاح لعملية السلام في الشرق الأوسط ما لم يكن عادلاً وشاملاً، من حيث تنفيذ قرارات مجلس الأمن وخاصة القرارين 242، 338، والعمل بمبدأ الأرض مقابل السلام.(1)

وحيث لا يتسع المجال هنا للخوض في الجذور السياسية للقضية الفلسطينية، فهناك العديد من الكتب والمراجع والأبحاث قد تطرقت لهذه القضية، وما يجدر التركيز عليه هو موضوع كيفية مواجهة هذه التحديات، ومدى القدرة على خلق نوع من التطور والنمو في الضفة الغربية وقطاع غزة، خاصة في مثل هذه الظروف المعقدة، وفي ظل احتلال قذر، لذلك فقد كانت الفترة من عام 1984م- 1992م، التي بدت فيها جهود التنمية وكأنها أسلوب العمل السري تحت الأرض.

بينما كان العمل في الفترة من 1993م- 2001م مكشوفاً وظاهراً للعيان، حيث اتفاقيات السلام الموقعة والمعلنة أمام العالم، وعند المقارنة بين الفترتين سيتم إثبات أن الأسلوبين أخفقا في تحقيق التنمية الفلسطينية المنشودة أو القابلة للاستدامة، والسبب

الرئيسي هو انعدام السيادة الوطنية الفلسطينية الكاملة لدى الفلسطينيين على أرضهم، وأن ما يحصل من تقدم في الأراضي المحتلة هو نمو وليس تنمية.

ويبدو أن الأمور واجهت ارتباكاً مع الإعلان عن اتفاقيات اوسلو في الفترة الثانية حيث تم إنشاء سلطة وطنية فلسطينية تتمتع بالحكم الذاتي مع بعض الصلاحيات في مناطق معينة بغطاء يتسم بطابع دولي، وكلما حاولت السلطة الوطنية الفلسطينية تحقيق أي نوع من التنمية كلما تدخل الاحتلال ووضع العراقيل بكل ما في الكلمة من معنى.

ولقد جاء في تقرير لجنة العلاقات الخارجية الأمريكية ما يلي:

ليس بمقدور السلطة الوطنية الفلسطينية السيطرة دونما نزاع على الموارد الرئيسية مثل الأراضي والمياه، والتواصل الجغرافي بين المناطق التي يفترض أن تكون خاضعة لها، وليس لديها الصلاحية المقصورة على إصدار التشريعات لوضع الأنظمة القانونية والإدارية التي تعنى بالسكان، كما أنه ليست لديها القدرة على الوصول بحرية إلى الأسواق الخارجية، وعلاوة على ذلك فإن جزءاً لا يستهان به من ميزانيتها الجارية يبقى معتمداً على تحويلات الضرائب والمكوس التي تجمعها إسرائيل نيابة عنها، وقد بلغت هذه النسبة 40% من الواردات المحلية للسلطة الوطنية الفلسطينية خلال العام 1998م.

إضافة إلى ما سبق، فان إسرائيل كانت وما تزال تسيطر سيطرة تامة في أيار 1999م على 71% من أراضي الضفة الغربية، و30% من قطاع غزة، إلى جانب السيطرة على حركة الناس والبضائع بين المنطقتين وداخلها على حد سواء، وعلاوة على ذلك، فإن إسرائيل احتفظت لنفسها بالمسؤولية الأمنية على مساحات إضافية تشكل 19% من أراضي الضفة الغربية الواقعة تحت الإدارة الفعلية الفلسطينية، ويقطن في هذه المناطق حوالي نصف السكان الفلسطينيين، وفوق كل هذا، فان إسرائيل احتفظت لنفسها بحق السيطرة التامة على كل المعابر والأجواء والمياه الإقليمية في الضفة الغربية وقطاع غزة.

وهذا هو السياق الذي تجدر الإشارة إليه فيما يتعلق بانعدام السيادة، والواقع أن القصة لا تنتهي هنا، فمنذ تشرين الثاني من العام 2002م، ضربت بعرض الحائط كل شيء حتى المظاهر الشكلية للسيادة، والتي تم تقويضها بصورة منهجية من خلال الحملات المتعاقبة لاجتياح مناطق الحكم الذاتي بالدبابات والطائرات الحربية، وتفاقمت الأمور بصورة لم يسبق لها مثيل خلال العام الأخير مع الإجراءات التي باتت تشكل كابوسا يومياً في قدرة الناس على حرية الحركة والوصول إلى أماكن العمل أو الحصول على الخدمات أو تبادل الزيارات، ولم يكن كل ذلك بمعزل عن الأخطار الحقيقية التي باتت تواجه المواطنين وممتلكاتهم من قبل قوات الاحتلال.

ومنذ اندلاع انتفاضة الأقصى مجدداً في 28 أيلول 2000م، فرضت قوات الاحتلال حصاراً متواصلاً على المناطق الفلسطينية الخاضعة للسلطة الفلسطينية، وتم إيجاز عواقب هذا الحصار على الاقتصاد الفلسطيني بالصورة البليغة التالية:

لقد بات من الصعوبة بمكان السفر والتنقل، وتضمن ذلك حركة البضائع والمنتوجات، تم فرض حظر تام على التصدير والاستيراد (علماً بأن 85% من التجارة الخارجية الفلسطينية كانت تجري مع أو من خلال إسرائيل)، عشرات الآلاف من العمال الفلسطينيين منعوا من العمل في اسرائيل أو حتى الحصول على فرصة الوصول إلى أماكن عملهم في المدن الفلسطينية الأخرى مثل القدس، مما تسبب بارتفاع حاد في نسبة البطالة، حيث وقعت خسائر مباشرة في مجال الإنتاج والاستهلاك والاستثمار والتجارة الخارجية، بينما شملت الخسائر غير المباشرة التراجع في الأنشطة الاقتصادية مع ما يرافق ذلك من فقر، شهدت ميزانية السلطة الفلسطينية عجزاً مع ظهور مؤشرات تدل على المخاطر العالية كهروب رأس المال، فقد تم تدمير الثروة الوطنية.

تركت الإجراءات الإسرائيلية ضد الفلسطينيين، وبخاصة منذ تفجر الانتفاضة الأخيرة، الاقتصاد الفلسطيني في العراء، وعكست مدى التبعية الواقعة تحت وطأة الاقتصاد الإسرائيلي، وتشمل هذه التبعية بصورة واضحة للغاية المجالات ذات العلاقة بالتجارة، والعمل، والتمويل والبنى التحتية.

وبهذا فقد تلاشى كل ما تبقى من أوهام حول وجود مناطق فلسطينية تتمتع بالحكم الذاتي، كما تبخرت فكرة وجود سلطة فلسطينية تمارس نوعاً من الحكم، ومع إعادة احتلال المناطق الفلسطينية بصورة كاملة منذ 29 آذار 2002، مزقت المجنزرات والدبابات الاسرائيلية حتى الشكليات الرمزية لسلطة الحكم الذاتي، وشأنها شأن المواطن العادي، وجدت السلطة نفسها في دائرة الحصار، ووقفت عاجزة أمام تأمين الخدمات اليومية الأساسية.

وقد مرّت المحاولات التنموية في الأراضي الفلسطينية المحتلة في الآونة الأخيرة بمرحلتين يمكن استعراضهما كما يلي:

المرحلة الأولى: The First Stage

تمتد فترة ما قبل "أوسلو" إلى ثمانية أعوام، أي من 1984م إلى 1992م، وقد شهدت هذه الفترة مبادرات من أجل التدخلات التنموية على الصعيدين الخارجي والداخلي، وانحصرت المساعدات الخارجية في عدد قليل من الهيئات المعنية بتقديم العون إلى فلسطين، وبرز من بينها مؤسسة التعاون ومقرها في جنيف، في الوقت نفسه ظهرت على الساحة مجموعة من المنظمات الجماهيرية التي باتت تعتمد بصورة مطردة على الدعم الخارجي.

وإن تمويل المؤسسة كان بالأساس من خلال صندوق الوقفية الذي أنشئ من خلال التبرعات والاشتراكات السنوية الثابتة للأعضاء، واعتمدت طريقة العمل على ضمان قابلية المؤسسات للاستدامة من خلال عدم المس أبداً بالمبالغ الأصلية الموقوفة، والاكتفاء بإنفاق الفوائد الناجمة عن المبلغ الأصلي من أجل تمويل البرامج ذات الطابع التنموي في فلسطين، وبالتالي كان هناك ميزانية أساسية للبرامج عن كل عام، تراوح هذا المبلغ سنوياً ما بين 2- 5ر5 مليون دولار أمريكي.

اتبعت المؤسسة الأسلوب الذي يمكن اعتباره نهج التدخل المركزي، حيث كانت التنمية تجري بالتحكم عن بعد، وفي هذه الحالة فان جميع القرارات المتعلقة

بالاستراتيجية، والأولويات، والمشاريع، والالتزامات، والشركاء وما شابه، كانت تتخذ في جنيف وكان هذا هو واقع الحال خلال السنين الخمس الأولى على الأقل.

وخلال الخمس سنوات الأولى أي من أيار 1984م ولغاية تشرين الثاني 1988م، عُقد العديد من الاجتماعات الميدانية سنوياً، تم خلالها مناقشة الأفكار المتعلقة بالتدخلات التنموية مع حشد من الناس، أفراداً وجماعات، بما في ذلك مراجعة تنفيذ المشاريع وتقديم الإسناد الخلفي العام وفي بعض الأحيان القيام بمهة إطفاء الحرائق حسبما اقتضته الحاجة.

ومن خلال التحليل الدقيق لهذه المرحلة، فقد تم استنتاج مفاده بأن طبيعة ولون التدخلات التنموية تراوحت وتم تعديلها حسب المقتضيات التي فرضتها ثلاث مراحل مختلفة ممهدة الطريق إلى المرحلة التالية، وخلصت إلى اعتبار المرحلة الأولى مرحلة الصمود من 1948م إلى 1987م ، والثانية مرحلة الاحتياجات الأساسية الطارئة 1988م – 1990م، أما المرحلة الثالثة فتمثلت في الإعداد للحكم الذاتي من 1991م إلى 1993م.

وأدت المرحلة الثالثة تدريجيا إلى الانتقال للمرحلة الأولى من الفترة الثانية، وهي الفترة التي شهدت تنفيذ الحكم الذاتي الفلسطيني في سياق اتفاقيات أوسلو.

المرحلة الثانية: The Second Stage

تمتد هذه الفترة عبر ثماني سنوات من 1994م إلى 2002م، وبدأت في أعقاب اتفاقيات أوسلو، والتي جرى التوقيع عليها بصورة رسمية يوم 13 أيلول 1993م، وأطلق عليها اتفاق إعلان المبادئ وما ترافق مع ذلك من تعهد وكالات الدعم الدولية لمؤازرة العملية السلمية بصور حثيثة، والعمل على قيام سلطة فلسطينية فاعلة، واستندت العملية إلى دفع المسيرة السلمية إلى الأمام من خلال تدخلات تنموية في فلسطين بغية التوصل إلى السلام والاستقرار في المنطقة، والمبدأ الذي سارت الأمور بموجبه

اقتدى بالإطار الذي سبق أن حدده البنك الدولي تحت شعار "الاستثمار من أجل السلام "، وهو بمثابة التدخل الإعتيادي من أجل " التنمية وإعادة الإعمار".

وتميزت طريقة العمل التنموي خلال هذه الفترة بكونها علانية وشفافة ومكشوفة، وتم التباحث في سلم الأولويات جهاراً مع أطراف السلطة الفلسطينية، وكذلك مع الدول الأعضاء في الاتحاد الأوروبي وغيرهم من المانحين. ولم تكن هنالك حاجة لإخفاء الأمور في هذا المجال عن الإسرائيليين، فعملية تنمية المجتمع الفلسطيني في المناطق الخاضعة للسلطة الفلسطينية، لم تكن مجرد أمر يتعين غض الطرف عنه، بل هي مسألة ينبغي تشجيعها على الصعيد العالمي في سياق المساندة الدولية المصاحبة لعملية السلام في الشرق الأوسط، ولاحقاً أصبحت عملية الشفافية المالية والمساءلة من خلال تقارير كاملة ومنتظمة وعلنية ومدققة اشتراطا دوليا يتوجب الالتزام به.

إن تحليل التدخلات خلال هذه الحقبة يقتضي التمييز بين مرحلتين: فالمرحلة الأولى هي مرحلة الحكم الذاتي وهي الفترة الممتدة من 1994-1999، بينما تقع المرحلة الثانية في الفترة من 2000 - 2002، وهي مرحلة "الاحتياجات الطارئة"، وكما هو الحال عليه في المرحلة الزمنية الأولى، فان نمط التدخل اختلف حسب المقتضيات التي فرضت نفسها على الساحة خلال كل مرحلة، وعلى الرغم من الاختلاف هنا وهناك، فانه من المثير أن التدخلات " التنموية" بقيت تدور في حلقات مفرغة في ظل انعدام السيادة الوطنية، حيث يسهل تقويض عملية التنمية الجادة، وبدلا من ذلك الانهماك في تلبية الاحتياجات الأساسية الطارئة الناجمة عن استمرار الاحتلال.(2)

الوضع التعليمي والصحي والاقتصادي في الضفة الغربية وقطاع غزة:

كما ذكر في بداية الفصل الأول من هذا الكتاب فإن بعض مؤشرات ومعايير التنمية تظهر من خلال التعليم والصحة وعدد المصانع وما إلى ذلك، فمن حيث عدد السكان في كل من الضفة الغربية وقطاع غزة، فقد بلغ عدد سكان الضفة الغربية (2274929) نسمة، فيما بلغ عدد سكان قطاع غزة (1387276) نسمة.

ومن حيث المباني والوحدات السكنية، فتمثل النتائج الأولية عدد المباني والوحدات السكنية التي تم حصرها خلال الفترة من 2007/10/20 إلى 2007/11/10، حيث تشير النتائج الى أن عدد المباني في الضفة الغربية وقطاع غزة باستثناء ذلك الجزء من محافظة القدس الذي ضمته إسرائيل عنوة بعيد احتلالها للضفة الغربية عام 1967م هو (473.951)، منها (325.260) في باقي الضفة الغربية وفي قطاع غزة (148.691)، حيث يمثل عدد المباني في قطاع غزة ما نسبته (31.4%) من مجموع المباني، في حين بلغ عدد الوحدات السكنية (693.805)، وهي في باقي الضفة الغربية (451.543) وحدة سكنية، وفي قطاع غزة (242.262) وحدة سكنية، أي أن نسبة الوحدات السكنية في قطاع غزة هي (34.9%) من مجموع الوحدات السكنية الموجودة في باقي الضفة الغربية وقطاع غزة.

أما عدد المدارس في الضفة الغربية فقد بلغ 1809 مدرسة: 1460 حكومية، 95 وكالة، 254 خاصة، أما في قطاع غزة فكان مجموعها 621 مدرسة: 373 حكومية، 214 وكالة، 34 خاصة، وذلك وفق الجدول التالي:

الجدول رقم (1)

توزيع المدارس حسب المديريات في الضفة الغربية وقطاع غزة

المديرية	المجموع العام	حكومية	وكالة	خاصة
جنين	134	117	7	10
جنوب نابلس	76	71	0	5
نابلس	164	132	13	19
سلفيت	62	60	0	2
طولكرم	132	119	6	7
قلقيلية	81	71	3	7
رام الـلـه	216	165	12	39
ضواحي القدس	100	57	9	34
القدس	93	38	8	47
بيت لحم	145	111	7	27
أريحا	26	17	4	5
شمال الخليل	109	97	1	11
الخليل	154	117	8	29
جنوب الخليل	179	165	8	6
قباطية	89	82	4	3
طوباس	49	41	5	3
مجموع الضفة	1809	1460	95	254
شمال غزة	111	69	37	5
خان يونس	125	76	42	7
رفح	75	33	40	2
الوسطى	85	39	42	4
شرق غزة	105	79	19	7
غرب غزة	120	77	34	9
مجموع القطاع	621	373	214	34

المصدر: وزارة التربية والتعليم العالي، الكتاب الإحصائي التربوي السنوي 2007/ 2008، رام الـلـه، فلسطين، ص17

وقد بلغ مجموع طلبة الضفة الغربية في هذه المدارس جميعها 654217، منهم 325803 ذكور، 328414 إناث، وبلغ مجموع طلبة قطاع غزة 443740، منهم 222956 ذكور، 220784 إناث.

أما عن عدد الجامعات في الضفة الغربية فيبلغ عددها أربع عشرة جامعة، عشر جامعات في الضفة الغربية وأربع جامعات في قطاع غزة، أماالكليات المتوسطة فيبلغ عددها في الضفة الغربية أربع عشرة كلية، وفي قطاع غزة أربع كليات.

وتتوزع الجامعات الفلسطينية على مختلف المحافظات الفلسطينية كما يظهر في الجدول التالي(3):

جدول رقم (2)

الجامعات الفلسطينية ومواقعها وسنة تأسيسها

الرقم	الجامعة	مقرهـا	التأسيس
1	جامعة الخليل	الخليل	1971
2	جامعة بيرزيت	بيرزيت (رام الله)	1972
3	جامعة بيت لحم	جامعة بيت لحم	1973
4	جامعة النجاح الوطنية	نابلس	1977
5	الجامعة الإسلامية	غزة	1978
6	جامعة بوليتكنك فلسطين	الخليل	1978
7	جامعة القدس	أبوديس (القدس)	1984
8	جامعة الأزهر	غزة	1991
9	جامعة الأقصى	غزة	1991
10	جامعة القدس المفتوحة	القدس	1991
11	الجامعةالعربيةالأمريكية	الزبابدة (جنين)	2000
12	جامعة فلسطين الأهلية	بيت لحم	2004
13	جامعة فلسطين التقنية-طولكرم-خضوري	طولكرم	2007
14	جامعة فلسطين	غزة	2007

المصدر: علي محمود صالح، اتجاهات الأكاديميين والخريجين ومدراء المؤسسات نحو هيكلية التخصصات في الجامعات الفلسطينية وأثرها على سوق العمل الفلسطيني، رسالة دكتوراة غير منشورة، جامعة السودان للعلوم والتكنولوجيا، الخرطوم:2005، ص119

وفيما بلغ عدد المستشفيات الحكومية وغير الحكومية في الضفة الغربية أربعة وخمسون مستشفى، وقطاع غزة تسعة عشرة مستشفى، وأما العيادات والمراكز الصحية في الضفة الغربية التابعة لوزارة الصحة فكانت ثلاثمائة وسبع وثلاثون، وفي قطاع غزة أربعة وخمسون مركزاً، ولكل 1000 مواطن واحد ونصف طبيب، ولكل الف مواطن واحد ونصف ممرض.(4).

الآفاق المستقبلية لتطوير وتنمية البنية السياحية في الضفة الغربية وقطاع غزة:

Future Prospects for the Development of Tourism Infrastructure in the West Bank and Gaza Strip

إن تطوير البنية السياحية الفلسطينية سيكون أحد أهم وأخطر التحديات التي نواجهها في الأيام القادمة، ولا مجال أمامنا للتهرب أو التغاضي عن هذا التحدي وذلك بسبب عاملين أساسيين هما:

(1) شح الموارد الطبيعية على الارض الفلسطينية وعدم قدرة هذه الموارد على بناء اقتصاد وطني قوي، وبالتالي فإن السياحة ستكون أحد أهم مصادر الدخل القومي ودعامة أساسية لبناء اقتصادنا المستقبلي.

(2) حجم الطلب على السياحة الفلسطينية عندما يلوح في الأفق جو من السلام والاستقرار، وإن قراءة سريعة للإحصاءات السياحية التي سبقت عام 1967م تعطينا مؤشرا على ذلك، فهذه الإحصاءات تشير إلى أن حوالي 70% من السياحة الوافدة إلينا في تلك الفترة كان مصدرها البلدان العربية والشرق أوسطية، فإذا ما عادت الأوضاع الى طبيعتها فان السوق السياحية الأساسية بالنسبة إلينا ستكون السوق العربية والاسلامية، وبالتالي فان حجم الطلب على السياحة الفلسطينية سيتضاعف مرات عن حجمه في الوقت الحاضر، كما أن هذا الطلب سيكون سريعا وربما سابقا لشروعنا في تحضير بنيتنا السياحية لتلبيته.

والحديث عن تطوير وتنمية البنية الأساسية للسياحة في فلسطين حديث متشعب لا يمكن تغطيته ضمن هذا الموضوع، وسيتم ايجاز بعض الأمور التي تتعلق بتطوير هذه البنية:

1- إن لكافة المناطق الفلسطينية في الضفة الغربية والقطاع - وبدون استثناء - ما يكفي من المقومات لكي تنمو وتتطور سياحياً، كما أن لكل إقليم منها مزاياه الخاصة التي تحقق في مجموعها وحدة متناسقة تلبي الحاجات والرغبات المختلفة لدى السائحين.

2- إن العملية التنموية بالنسبة الى السياحة متداخلة ومرتبطة أشد الارتباط بالعملية التنموية الشاملة، وبالتالي فإن من غير الممكن تحقيق أهداف التطوير السياحي بعيدا عن تطوير القطاعات الأخرى والتنسيق الشامل معها.

3- إن العملية التنموية بالنسبة إلى السياحة يجب أن لا تترك لتنمو وتتطور بشكل عشوائي وبدون سيطرة كاملة على هذه العملية، ومن هنا فإن القضية تستلزم وضع مخطط شامل (Master Plan) للمناطق السياحية الفلسطينية يشرف عليه فريق متكامل يضم عددا من ذوي الاختصاصات المختلفة، وربما استلزم الأمر الاستعانة بخبرات خارجية في بعض هذه الاختصاصات.

4- إن تطوير البنية السياحية الفلسطينية بالشكل الذي يلبي طموحاتنا المستقبلية وتحقيق الغايات المنشودة يستلزم مصادر تمويلية هائلة قد لا يقوى القطاع الخاص محليا إلا على تغطية جزء محدود منها، وبالتالي فإن استقطاب الاستثمار الخارجي وتوفير مصادر الاقراض أمر لا مفر منه في هذه العملية.

5- بالإضافة الى ما تقدم فإن عملية التنمية السياحية في حاجة إلى قوى بشرية مدربة تدريبا فنيا عاليا في جميع المجالات التي تدخل ضمن صناعة السياحة، ولعل مستوى التعليم العالي لدى شعبنا يجعل من السهل تهيئة وتوفير الكفاءات اللازمة لتطوير السياحة ونمائها.

6- إن الحديث عن تطوير وتنمية البنية الفلسطينية سوف يكون من سقط الكلام في غياب القطاع العام أو سلطة السياحة التي سيُلقى على عاتقها إنجاز هذه العملية الصعبة.

وأخيرا وليس آخرا، فإذا كانت السياحة قد أصبحت لدى العديد من الدول والشعوب نمطا من أنماط الحياة، فإننا كفلسطينيين أحوج ما نكون لأن نهيئ أنفسنا لهذا النمط من الحياة.(5)

إمكانات الجذب السياحي لفلسطين (الضفة الغربية وقطاع غزة):

The Potentiality of Tourist attraction of Palestine (West Bank and Gaza Strip)

مقدمة:

ثمة عدد قليل من البلدان في العالم يجذب انتباه واهتمام قطاعات واسعة من الناس في جميع أنحاء المعمورة كفلسطين، ونظرا لكونها تقع على مفترق الطرق بين ثلاث قارات آسيا وافريقيا وأوروبا، فإنها شكلت نقطة التقاء واندماج لشعوب وحضارات متعددة على مرّ العصور التاريخية، كما ارتبطت بنشوء وتطور الديانات السماوية الثلاث: اليهودية والمسيحية والاسلامية. وهي تشكل محط أنظار واهتمام العالم ليس من الناحية الدينية الروحية وحسب، بل ومن الناحية السياسية ايضا.

لقد كان السفر والحج إلى فلسطين (الأراضي المقدسة) شائعا منذ العصور الغابرة وشهد ازديادا خلال القرن التاسع عشر، حيث وصل إلى مستوى لم يسبق له مثيل في العقود القليلة الأخيرة الماضية مع النمو السريع للسياحة العالمية، ويعود هذا النمو بشكل رئيسي إلى أسباب عدة من أهمها:

(1) ارتفاع مستوى المعيشة في الدول المتطورة (أوروبا وأمريكا) ولدى شرائح اجتماعية في الدول النامية.

(2)   سهولة وسرعة السفر بوسائل المواصلات التي أحدثها التطور التكنولوجي

(3)   الاهتمام المتزايد بالتعرف على بلدان وحضارات مختلفة

(4)   السفر لأغراض متعددة كالاستجمام والنقاهة والحج والأعمال والدراسة

ويمكن القول أن قطاع السياحة الفلسطينية في المناطق المحتلة لم يشهد منذ عام 1967م نموا ملحوظا في ظل الاحتلال الإسرائيلي كما شهدته قطاعات السياحة العربية في المنطقة والسياحة الإسرائيلية في الفترة الموازية، نتيجة لسياسة وضع العقبات والضغوط التي مارستها سلطات الاحتلال وشروط العمل غير الملائمة، إضافة إلى الوضع السياسي والعسكري المتوتر، وقامت سلطات قطاع السياحة الإسرائيلية بشكل أساسي بوضع العقبات دون الأخذ بعين الاعتبار حاجات السياحة الفلسطينية خاصة والسكان الفلسطينيين عامة.

وعلى الرغم من أن قطاع السياحة الفلسطينية يشكل أهم مصدر للعملة الأجنبية ويوفر فرص عمل كبيرة نسبيا للأيدي العاملة الفلسطينية، إلا أنه ما زال بعيدا عن استغلال واستثمار جميع الإمكانات الهائلة للجذب السياحي التي تتمتع بها المناطق المحتلة.

وعلى هذا الأساس فإن تطوير وتنمية قطاع السياحة الفلسطينية يستدعي دراسة مستفيضة لإمكانات الجذب السياحي ووضع خطة شاملة من أجل استغلالها أفضل استغلال وتقديم التوصيات العملية لتطويرها، وبالمقابل السعي إلى تطوير وتوسيع البنية التحتية للسياحة الفلسطينية لكي نستطيع استيعاب عشرات الآلاف بل مئات الآلاف من السواح في السنة.

أنواع الجذب السياحي: Types of attraction

ليس من السهل تحديد امكانات الجذب السياحي في بلد ما نظراً لتعدد أنواعها وتشابك بعضها ببعض، ففي حين تلاقي بعض إمكانات الجذب السياحي اهتماماً من قبل بعض الناس، ينظر إليها آخرون باهتمام أقل، كما أن هناك عوامل جذب للسياحة العالمية قد لا تحظى باهتمام السياحة الإقليمية أو المحلية.

ويمكن تقسيم الجذب السياحي في الضفة الغربية وقطاع غزة الى ثلاثة أنواع رئيسية:

1- المواقع الأثرية والتاريخية والدينية:

Archaeological، historical and religious Places.

يتجلى التاريخ الحضاري لفلسطين بالعدد الهائل من المواقع الأثرية والتاريخية والدينية الباقية إلى يومنا هذا والمرتبطة بالحضارات المختلفة التي تعاقبت على فلسطين منذ فجر التاريخ وبالديانات السماوية الثلاث، أو التي تم التنقيب عنها من خلال حفريات أثرية.

وتعتبر هذه الكثافة الكبيرة من المواقع في بلد صغير كفلسطين فريدة من نوعها في العالم، ويقع قسم كبير من هذه المواقع في الضفة الغربية وقطاع غزة، وهي تتضمن مدينة أريحا (تل السلطان) باعتبارها أقدم مدينة في العالم، وبيت لحم مهد السيد المسيح (عليه السلام)، ومدينة القدس التي تضم أماكن مقدسة للديانات السماوية الثلاث، وهي تعد من أفضل المدن في العالم التي حافظت على طابعها العربي الاسلامي منذ العصور الوسطى، هناك أيضا مئات المواقع والتلال الأثرية التي تعود إلى العصور القديمة (العصرين البرونزي "الكنعاني" والحديدي)، وعشرات المواقع التي تعود إلى العصر الروماني من بينها مدينة سبسطية وقصر هيرودس في جبل الفردوس (هيروديون) قرب بيت لحم، وعشرات الأديرة والكنائس البيزنطية، لا سيما منها الواقع في منطقتي بيت لحم وأريحا، والعديد من المواقع الاسلامية من ضمنها قصر هشام إلى الشمال من أريحا ومدن قديمة مثل نابلس والخليل وغزة وغيرها، وعشرات المزارات وقبور الأولياء وأهمها مقام النبي موسى على طريق القدس - أريحا.

ولا شك أن معظم السواح القادمين من أوروبا وأمريكا لديهم خلفية عامة عن المواقع الرئيسية المذكورة في كل من التوراة (العهد القديم) والانجيل (العهد الجديد) مثل القدس وأريحا وبيت لحم والخليل ...الخ، وهذا ما يكسب فلسطين قوة جذب للسياحة قلما وجدت في بلدان أخرى من العالم .

إن صيانة وحفظ العناصر الأثرية للمواقع التاريخية ليست كافية بحد ذاتها، بل يجب تطويرها وتزويدها بجميع المرافق السياحية الضرورية لها، مثل إيصالها بطرق المواصلات وتوفير الخدمات ووسائل الراحة فيها (مكاتب الاستعلامات، حمامات، مطاعم، مقاصف ...الخ)، وإصدار الأدلة السياحية والمنشورات والمخططات والخرائط للتعريف بهذه المواقع وجذب مزيد من السياحة إليها، ويمكن زيادة عدد المواقع الأثرية السياحية من خلال القيام بحفريات أثرية جديدة، وترميم ما يمكن ترميمه من العناصر الأثرية فيها، وإقامة المرافق السياحية الحيوية حولها.

ولا بد هنا من الإشارة إلى مجموعة من هذه المواقع الهامة:

- القدس: Jerusalem

إن قضية القدس هي من بين أهم وأكثر القضايا تعقيدا في تاريخ الصراع العربي الإسرائيلي، وهي محور أساسي في إطار عملية السلام الحالية وما تبعها من مفاوضات، فمنذ اللحظة الأولى لإحتلال القدس، حاولت إسرائيل عزل المدينة عن محيطها الفلسطيني، وطمس كل ما يدل على معاني التراث المادي والمعنوي للمدينة.

وقد فعلت ذلك من خلال ممارسة الضغط على الفلسطينيين المقيميّن في المدينة، وبعدة وسائل مختلفة، مثل فرض الضرائب التجارية، والحد من استصدار تراخيص البناء لوجدات سكنية جديدة جديدة، ومصادرة الممتلكات، وإغلاق المؤسسات في القدس الشرقية، ومن أبرز الأمثلة على ذلك إغلاق بيت الشرق "Orient House"، ومصادرة بطاقات الهوية من المواطنين المقدسيين المقيمين خارج المدينة تحت ذرائع مختلفة، وخنق المدينة من خلال طوقٍ من المستوطنات المحيطة بها، إضافة إلى الطوق الناتج عن جدار الفصل العنصري الذي يحيط بالمدينة من كل جانب.

وتأتي هذه الإجراءات ضمن المحاولات الاسرائيلية المتواصلة والهادفة للحصول على الإعتراف الدولي بأن القدس هي عاصمة أبدية لدولة إسرائيل(6)

أما من حيث أهم المعالم السياحية فيمكن ايجازها على النحو التالي:

البلدة القديمة: الحرم الشريف ـ المسجد الأقصى وقبة الصخرة - كنيسة القيامة وطريق الآلام، حائط البراق، القلعة، أسوار وأبواب البلدة القديمة.

النبي داود: قبر النبي داود، الكنائس

سلوان: حفريات سلوان، نفق سلوان

جبل الزيتون: حديقة الجثمانية، كنيسة الأمم، كنيسة ستنا مريم، كنيسة القديسة مريم المجدلية (الكنيسة الروسية)، كنائس جبل الزيتون.

العيزرية: قبر العزير، كنيسة القديس لازاروس

قبور السلاطين

النبي موسى، النبي صموئيل، عمواس، القبيبة، الخان الأحمر

- نابلس: Nablus

البلدة القديمة، بئر يعقوب، قبر يوسف، جبل جرزيم، تل بلاطة، سبسطية، تل الفارعة.

- الخليل: Hebron

البلدة القديمة، الحرم الإبراهيمي الشريف

- بيت لحم: Bethlehem

كنيسة المهد، حقل الرعاة (بيت ساحور)، قبر راحيل، جبل الفردوس (هيروديون)، دير مار سابا، مغارة خريطون، برك سليمان.

- أريحا: Jericho

تل السلطان، قصر هشام، خربة قمران، دير مار جريس (القلط)، دير القرنطل

2- العوامل الجغرافية والنباتية: Geographical and Botanical Factors

يعتبر مناخ فلسطين معتدلا بصورة عامة، نظرا لوقوع البلاد في المنطقة الشمالية مـن سطح الكرة الارضية، وهـو يعد أيضـا مناخـا انتقاليـا بيـن مناخ حـوض البحـر المتوسط والمناخ الصحراوي، غير أن التضاريس الجغرافية لفلسطين جعلت كل منطقة منها

تتميز بنوع خاص من المناخ رغم صغر مساحتها نسبيا، وهي صفة قلما تتوفر في بلدان أخرى من العالم، فبينما يكون فصل الصيف معتدلا في منطقة ما، نجده حارا في غيرها، وكذلك فصل الشتاء الذي يكون باردا في بقعة ما ودافئا في أخرى وغير ذلك من الاختلافات المناخية.

ويمكن تقسيم فلسطين (الضفة الغربية وقطاع غزة) إلى ثلاث مناطق جغرافية مناخية:

1. منطقة السهل الساحلي (قطاع غزة): ومناخها معتدل على وجه العموم، حيث يبلغ معدل درجة الحرارة في الشتاء 13 درجة مئوية، وفي الصيف 27 درجة مئوية، وتتميز بشاطئ جميل يصلح للاستجمام وسياحة الشواطئ.

2. منطقة المرتفعات الجبلية (جبال نابلس والقدس والخليل): ومناخها أبرد وأجف من منطقة السهل الساحلي، حيث يبلغ معدل درجة الحرارة فيها حوالي 8 درجات مئوية شتاء و22 درجة مئوية صيفا وهي تصلح للاستجمام الصيفي.

3. منطقة غور الأردن والبحر الميت: ومناخها أشد حرارة من بقية المناطق، ويسود في منطقة البحر الميت مناخ فريد من نوعه حيث يصل معدل درجة الحرارة في الشتاء 16درجة مئوية وفي الصيف 33 درجة مئوية.

وتشكل هذه العوامل الجغرافية المناخية المتنوعة مصدر جذب للسياحة المحلية والاقليمية والعالمية على حد سواء، فإنه بالإمكان - على سبيل المثال - تشجيع السياحة المحلية والاقليمية إلى ساحل قطاع غزة خلال فصل الصيف بشرط إنشاء بنية سياحية تحتية لذلك، لا سيما المتعلقة بسياحة الشواطئ.

كما يمكن تشجيع السياحة إلى منطقة غور الأردن والبحر الميت خلال فصل الشتاء شرط أن يتم تطوير وبناء منتجعات ومرافق سياحية أخرى.

3- العامل الحضاري/ أسلوب الحياة والتراث الفلسطيني

: The Civilization Factor / lifestyle and the Palestinian Heritage

إن ما يدفع جزءا كبيرا من السُّياح إلى بلدان بعيدة هو حبّ الاطلاع على حضارات شعوب أخرى والتعرف على أسلوب حياتها اليومية وعاداتها وتقاليدها، فإلى جانب المواقع الأثرية والتاريخية والدينية التي يأتي معظم السواح لزيارتها، هناك جوانب ومجالات متعددة يمكن للسائح التعرف من خلالها على الحياة اليومية للفلسطينيين وعاداتهم وتقاليدهم وتراثهم الحضاري.

إن أسواق المدن القديمة (كالقدس ونابلس والخليل وغيرها) التي ما زالت تحتفظ بطابعها العربي الاسلامي القديم، وما تحتويه من حرف وصناعات يدوية تقليدية قديمة، هي مصدر لا يستهان به لجذب السياحة العالمية، فإن سوقا تعج بالحياة والحركة، ويشعر السائح فيها بالراحة والأمان، تعطي صورة أفضل عن الحياة في بلادنا من أي متجر منظم لبيع التحف التذكارية الشرقية.

وفي هذا الصدد، هناك ضرورة ملحة لدراسة إمكانات ترميم وتطوير هذه الأسواق من الناحية العمرانية، ضمن خطة شاملة لترميم الأبنية التاريخية والأثرية فيها وتزويدها بكافة المرافق الخدماتية وتشجيع أصحاب الحرف التقليدية على العودة إليها وممارسة صناعاتهم وحرفهم، والهدف الأساسي من وراء ذلك هو إعادة الحياة تدريجيا إلى هذه المدن القديمة للمحافظة على طابعها الحضاري والمعماري على السواء.

كما أن بعض القرى الفلسطينية، بطراز معمارها القديم ونمط حياتها التقليدي، وما تحتويه من عناصر التراث الفلسطيني، بإمكانها أن تشكل عامل جذب للسياحة بشرط أن يتم تطويرها وترميمها وتزويدها بالخدمات السياحية الضرورية.

إضافة الى ذلك، فإن وجود أقليات دينية ذات أسلوب حياة متميز، كالأقليات الدينية في البلدة القديمة من القدس (الأحباش الأقباط والأرمن والسريان وغيرهم) والسامريين في جبل جرزيم إلى الشرق من مدينة نابلس، وكذلك البدو في المنطقة شبة الصحراوية، كل ذلك من شأنه أيضا أن يشكل عامل جذب للسياحة بشرط أن يتم العمل على إحياء تراث هذه الأقليات وتحسين ظروف معيشتها.

إمكانات إضافية: Additional Potentiality

هناك إمكانات غير محدودة لتطوير وتشجيع السياحة المحلية، ذلك أنه إذا انتهى الاحتلال واستتب الأمن والسلام في هذه البلاد وأُطلقت حرية التنقل والسفر، فإن السياحة المحلية سوف تشهد انتعاشا وتطورا كبيرين، وهذا يستلزم إنشاء المحميات والمتنزهات الطبيعية والمنتجعات وتزويدها بجميع وسائل الراحة ولاستجمام من أجل خدمة جمهور السواح المحليين.

إن انتهاء حالة الحرب وفتح الحدود وشق طرق المواصلات الحديثة، سوف يؤدي إلى زيادة عدد السواح والزوار العرب إلى الضفة الغربية وقطاع غزة بصورة ملحوظة لا سيما مع وجود روابط أسرية بين الدول العربية والضفة والقطاع، كما أن هناك إمكانات هائلة لجذب السواح من الدول الإسلامية (مثل تركيا وايران والباكستان والهند واندونيسيا وافريقيا)، ومما لا شك فيه أن الأماكن المقدسة سوف تشكل مصدر الجذب الرئيسي للسياحة العربية والإسلامية على حد سواء.

هذا، وثمة اعتبارات عديدة تؤثر على مدى القوة النسبية لإمكانات الجذب السياحي في مناطق مختلفة من البلاد، ولا شك أن الحج وزيارة الأماكن المقدسة هي إمكانية الجذب السياحي الرئيسية التي تقوم عليها معظم السياحة العالمية والعربية أيضا.

كذلك فإنه يمكن استخدام تلك الأماكن لتعزيز إمكانات أخرى من الجذب السياحي - فعلى سبيل المثال - يمكن جذب سياحة عالمية لزيارة الأماكن المقدسة في فترة أعياد الميلاد ورأس السنة الميلادية (في فصل الشتاء) ودمجها بزيارة المواقع الأثرية والتاريخية في منطقة أريحا أو الاستجمام على شاطئ البحر الميت، كذلك فإنه يمكن جذب سياحة من البلدان العربية لزيارة الأماكن المقدسة في أشهر الصيف وقضاء عطلة استجمام على شاطئ غزة.

واقع الحراج والمحميات الطبيعية بالضفة الغربية ودورها في تشجيع السياحة الداخلية:

The Reality of The Forest and Nature Reserves in the West Bank and its Role in Promoting Internal Tourism

تمهيد: Preface

لقد حبا الله فلسطين مزايا ربما انفردت بها دون سواها، فهي البلاد التي اشتهرت في التاريخ بأنها الإرض التي تدر سمناً وعسلاً، دلالة على خصوبتها وجمال طبيعتها الخلابة، وإليها ترنو أنظار سكان المعمورة لأنها مصدر غذائهم الروحي جميعاً، وإليها تهفو أفئدة المؤمنين من بني البشر، فهي مسرى ومعراج النبي محمد صلى الله عليه وسلم، وفيها ولد عيسى نبي المحبة والسلام، ومن على جبالها ناجى موسى ربه، صلوات الله وسلامه عليهم أجمعين. فما من بقعة في الأرض تحتضن هذا الكم الهائل من رموز ومقدسات الرسالات السماوية الخالدة، وفضلا عن ذلك فهي مفترق طرق التجارة، وضرب وصلٍ لا فصلٍ بين حضارات الشعوب قديماً وحديثاً بخيرها وشرها، والشواهد على ذلك لا تعد ولا تحصى، ولعل من أبرزها حقيقة أن مدينة أريحا هي أقدم مدن العالم قاطبة.

ورغم صغر مساحتها الطبيعية فإنك تجد فيها اختلافا مناخيا قلما نجده في أية بقعة في العالم، فهذه سهولها الخصبة في المناطق الشمالية (جنين، طولكرم) تحميها من الشرق والجنوب جبالها الشماء التي تتساقط عليها الثلوج في فصل الشتاء، والتي قد يبلغ ارتفاع قمم جبالها أكثر من 900م فوق سطح البحر، وما هي إلا نصف ساعة في السيارة من القدس باتجاه الشرق - في الوضع الطبيعي وبدون حواجز أو جدر أو نقاط تفتيش - حتى تجد نفسك في أخفض بقعة جغرافية في العالم هي منطقة البحر الميت وأريحا، وبين هذا وتلك تقع عيناك على بقايا الغابات والمحميات الطبيعية التي أبت إلا أن تقاوم كل الظروف والصعاب وأن تبقى شاهدا ورمزا لمقاومة الطمس والتلاشي.

أهمية المحميات الطبيعية: The importance of nature reserves

لا بد أن نتذكر أننا جزء من النظام الحيوي القائم على سطح الكرة الأرضية، ولكي نضمن للجنس البشري استمرار البقاء فلا بد أن نحافظ على الحد الأدنى من العلاقة الجدلية بين البيئة والكائنات الحية التي تعيش فيها.

من هنا قفز موضوع البيئة إلى مقدمة المشاكل التي تؤرق مضجع الإنسان وتشغل حيزا كبيرا من تفكيره، ولذلك ظهرت جمعيات حماية البيئة وحركة السلام الخُضر (Green peace) في العديد من بلدان العالم، ومن هنا أيضا تنبع أهمية الغابات والمحميات الطبيعية باعتبارها الملاذ والملجأ للعديد من الكائنات الحية الضرورية للتوازن البيئي، فضلا عن منظرها الخلاب الذي يضفي لمسة من الجمال والروعة على الطبيعة.

ويجب أن لا تُنسى أهمية الغابات وأثرها على المناخ العالمي ومنع انجراف التربة في الأراضي الوعرة والجبلية، ومساهمتها في زيادة استيعاب التربة لمياه الأمطار، ناهيك عن أنها المصدر الرئيسي للأخشاب.

وما المحميات الطبيعية إلا جزء من هذا النظام البيئي الذي نتحدث عنه والذي تتدخل يد الانسان في تهذيبه وتطويره أحيانا ليكون مصدر دخل للبلد، سواء عن طريق السياحة الداخلية أو الخارجية حيث يأوي اليها الناس طلبا للراحة والهدوء وشحذ الهمم وتجديد النشاط.

ولما كانت فلسطين التي تتطلع كغيرها من بلدان العالم إلى أن تكون حضارية التوجه، فإن الاهتمام يجب أن ينصب على جميع مناحي الحياة بما فيها السياحة الداخلية.

نباتات الغابات والحراج في الضفة الغربية: Forests Plants in The West Bank

انت بلادنا حتى الماضي القريب تعج بالغابات والمرافق الطبيعية التي لا تطؤها

أقدام البشر إلا نادراً، ولكن نظراً للظروف السياسية التي عصفت بالمنطقة فقد اندفع الإنسان إلى العبث بالبيئة واجتثاث الأشجار لاستعمالها في مد خطوط السكك الحديدية كما حدث في عهد الأتراك أو لاستخدامها كوقود.

وإن من يراجع ما كُتب عن نباتات وأحراج هذه المنطقة يجد أنها كانت تعج بالأنواع المختلفة من النباتات الحرجية التي تشمل: الغابات والأحراج البلوطية (ومنها البلوط الشائك، والعادي، والبوصيري)، ولم يتبق منها إلا القليل النادر في منطقة جبال نابلس، وقد تجد مع أشجار البلوط العديد من الأشجار الأخرى كالزعرور والعبهر والبطم الفلسطيني وغيرها كثيرا، إلا أن انقراض واختفاء أشجار البلوط دائمة الخضرة أخل بالتوازن البيئي مما ساعد في انتشار نباتات جديدة مثل الشبرق والنتش أو البلان وغيرها.

أما الغابات والأحراج الصنوبرية التي يكثر فيها نبات الصنوبر والسرو القريش متعدد الأنواع، فلم يبق منها إلا القليل في أحراج غرب رام الله كالنبي صالح وأم صفا، كما يمكن مشاهدة أنواع متباينة من التجمعات النباتية مثل الجنستا وأنواع القستوس الوبري او اللبيد وناعم الورق وغيرها.

كما أن هناك أحراج الخروب والمصطكا أو الضرء وهذه يمكن مشاهدتها في منطقتي الخليل ونابلس. ومن أشجار المصطكا السريس والخروب وأن المتفحص لمناطق الضفة الغربية يجد أن من النباتات السائدة فيها الشيح والفرفحنة أو القرصعنة والحمحم والمصيص والعوسج والقلاب والسويد والقطف (الملاح) ورتم المكانس.

وفي الواحات والمحميات الصغيرة في مناطق الأغوار كالفشخة وعين السلطان وعين الديوك، نلاحظ أشجارا وشجيرات كأنواع السنبط المختلفة والنقي الشعاعي والملتف (الطلح) والدوم والزقوم والدبق وغيرها.

ففي منطقة طولكرم هناك 18892دونما من الأحراش منها 6987 دونما أحراشا اصطناعية جميع أشجارها كما في منطقة جنين تفتقر إلى أي تنظيم أو مرافق سياحية أو مصادر مياه للاستخدام الآدمي.

وفي الخليل تبلغ مساحة الأحراش 10800 دونـم منهـا 2300 دونم ملكيـة خاصـة، وأهـم منطقة حرجية هناك هي منطقة وادي القف التي يتدفق فيها ينبوع يستخدم لري المشتل الـذي ينتج الأشتال الحرجية وتغطيها نفس أشجار المناطق السابقة إضافة إلى أشجار البلوط وهي أيضا مثل غيرها من المناطق الحرجيـة في الضفـة الغربية تفتقر إلى المرافق السياحية ومصادر الميـاه للاستعمال الآدمي.

ما منطقة رام اللـه فتبلغ مساحة الحراج في هذه المنطقة حـوالي 5200 دونم أكثر مـن 95% منها اصطناعي، ويوجد أكبر تجمع للأحراش بين قريتي عين قينيا والجانية (مشروع ميدروس) وتجمع آخر غرب قريتي صفا وبلعين تغطيه أشجار السرو والقريش البلدي والصنوبر والخروب.

وفي منطقة بيت لحم تبلغ مساحة الأحراش حـوالي 4600 دونم يقع أهمها شرق قرية العيزرية وتبلغ مساحته 1700 دونم تغطيها أشجار السرو والقريش البلدي.

وفي منطقة نابلس قدرت الإحصاءات مجمل مساحة الحراج في تلـك المنطقة بأكثـر مـن 130 ألف دونم معظمها من النوع الطبيعي وتنتشر فيها نفس الأنـواع مـن الأشجار المنتشـرة في المناطق الاخرى، إضافة إلى أشجار الخروب والمصطكا، كما أسلفنا فإن هـذه المنطقـة تعتبر أهـم منطقة حرجية في الضفة الغربية.

المحميات والمتنزهات العامة المحتملة مستقبلا:

Potential future of Public parks and reserves

- منطقة وادي القلط:

يقع هذا الوادي على بعد 15كم غرب مدينة أريحا وينساب مجراه في وادي سحيق في معظمه إلى أن يصل إلى سهل الغور، وكثيرا ما تشاهد مياهه تنساب على مدار فصل الشتاء خاصة في السنوات الخصبة التي يكون هطول المطر فيها وفيرا، وقـد يصـل معـدل تدفقه إلى 5000 متر مكعب في الساعة فيما يصل معدل التصريف الى

95 لتر/ثانية وبإجمالي 2.9 مليون متر مكعب في السنة، ومياه الوادي عذبة لا تتعدى نسبة الكلور فيها 27 ملغم/لتر، وقد وضعت سلطة حماية الطبيعة الاسرئيلية يدها على الوادي عام 1975م وجعلته جزءا من المحميات الطبيعية التابعة إلى السلطة، وفرضت على الزائرين شروطا وقيودا تتضمنها لوائح السلطة للمحافظة على الوادي كمركز سياحي وترفيهي، ويقع على أحد جانبي مجرى الوادي دير القلط وبعض الأبنية القديمة الأخرى، وفي عام 1907م شيدت قناة لاستجلاب المياه من الوادي إلى منطقة مخيم عقبة جبر والأراضي المجاورة، كما بنيت الطواحين المائية على مجرى القناة لطحن الحبوب.

محمية وادي الباذان:

تقع المحمية جنوب شرق مدينة نابلس بالقرب من قرية طلوزة وتمتد بين التلال مسافة 5كم، وتضم أكثر من عشرة ينابيع، منها عين سدرة وحمد والقديرة والجسر والتبان والصبيان وغيرها، ويبلغ معدل تصريفها 80 لترا في الثانية أي حوالي 2.5 مليون م3 سنويا ولا يزيد معدل الكلور في مياهها عن 33 ملغم/لتر، وتستخدم المياه المتدفقة في ري البساتين أسفل الوادي إلا أن معظم هذه المياه يذهب هدرا بسبب المجرى والقنوات البدائية.

وقد بنيت الطواحين المائية في الماضي لطحن الحبوب لأهالي القرى المجاورة حتى بلغ عددها عشر طواحين ما زالت آثار بعضها بادية للعيان ويؤمها المواطنون للتنزه والاستجمام، إلا أن وصول مياه المجاري الملوثة من مدينة نابلس إلى المنطقة أتلف الكثير من النباتات على جانبي الوادي، ومن معالم هذه المحمية شجرة العناب ذات الشهرة الكبيرة ولكن المزارعين استبدلوها بأشجار الحمضيات.

منطقة وادي القف:

يقع الوادي جنوب غرب مدينة الخليل في منطقة حرجية، وفيه مشتل لانتاج الأشتال الحرجية تابع لدائرة الزراعة، كما أن في المنطقة ينبوعا تستعمل مياهه لري

المشتل، وقدرت كمية المياه المتصرفة منه بحوالي 15م3 يوميا في فصل الصيف ترتفع إلى ثلاثة أمثالها في فصل الشتاء، وتقدر مساحة الحراج في المنطقة الممتدة غربي الوادي بأكثر من 2000 دونم مغطاة بأشجار السرو والقريش والخروب والازورنكا. وقد كانت تتوفر بعض الخدمات السياحية في المنطقة مثل مقاعد الجلوس ونحوها إلا أن المنطقة يمكن تنميتها وتطويرها لتصبح معلما سياحيا متميزا في المستقبل.

منقطة برك سليمان:

تقع البرك على بعد حوالي 4كم جنوب غرب بيت لحم، والمنطقة المحيطة بها تابعة لوزارة الأوقاف والشئون الدينية، وتبلغ مساحة المنطقة 360 دونما منها 200 دونم حراج تغطيها أشجار السرو والصنوبر، وفي المنطقة ثلاث برك تقع على خط واحد ويفصل بين البركة والأخرى 50م. وقد شيدت لكي يتجمع فيها الماء ويرسل في قناة الى مدينة القدس، وما زالت بعض آثار تلك القناة بادية للعيان في بعض المناطق، وترتفع كل بركة عن الأخرى بحوالي 15م، كما أن هناك بالقرب منها نبعة تسمى عين صالح تتجمع المياه المتسربة منها في البرك.

وهناك أسفل البرك عين الديك وعين عيطان اللتان تروي مياههما بساتين قرية إرطاس، وتسمى البرك بأسماء اخرى مثل برك البراق وبرك المرجيع، ويقع على مقربة من برك سليمان دير البنات وخربة عليا أمام الكيلو 14 على طريق القدس الخليل وغيرهما من المعالم، كما يوجد بالقرب من البرك مبنى قديم يشبه القلعة وأمامه حوش واسع.

كانت منطقة برك سليمان حتى عهد قريب تضم متنزها ووسائل ترفيه للأطفال من مراجيح ونحوها، فضلا عن مرافق أخرى للنزهة والاستجمام مع توفر المياه الصالحة للاستعمال والمراحيض وغيرها، ولكن الوضع الآن بلغ من السوء حدا أن الأتربة والطمي طمرت جزءا كبيرا من البركة العليا واصبحت تعج بالاعشاب المائية (النهرية) دون صيانة أو عناية، وهذه المنطقة مرشحة لأن تكون محمية أو متنزها لسكان المنطقة القريبة وأبناء الضفة الغربية عموما.

منطقة عين الفشخة:

شريط ضيق ينحصر بين الشاطئ الغربي للبحر الميت وسلسلة الجبال الحادة الانحدار الموازية للشاطئ، تقع منطقة عيون الفشخة جنوب مدينة أريحا على بعد حوالي 15كم، وتبلغ مساحة محمية الفشخة 5كم٢، وفيها عدة ينابيع تنبع من أسفل الجبل، ويبلغ تصريفها من المياه سنويا 12 مليون م٣ أي بمعدل 381م٣ في الثانية، وتبلغ نسبة الكلور فيها 2118 ملغم/لتر، ومياهها معدنية تصلح للاستشفاء.

وتنتشر في المنطقة الأشجار والنباتات التي تتحمل الملوحة فتشاهد هناك نباتات الدفلى والبوص والنخيل وغيرها كما يشاهد من الحيوانات والطيور الماعز البري والغزلان والحجل والشنار ناهيك عن الحيوانات القارضة، وهو متنزه يؤمه الناس وقد كان مجهزا بالمرافق الضرورية للتنزه كدورات المياه ومياه الشرب والاستحمام، ولكن قل الاهتمام به في السنوات الأخيرة وتحول الى منطقة اخرى قرب فندق الليدو وجهزت ببرك السباحة ومرافق النزهة الأخرى.

متنزهات محتملة في منطقة رام الله:

وادي عين قينيا:

يقع على بعد 6كم غرب مدينة رام الله، تنتشر فيه الينابيع التي يبلغ تصريفها السنوي حوالي 191 ألف م٣، وعلى مقربة منه هناك منطقة حرجية تدعى حراج مدروس تبلغ مساحتها حوالي 400 دونم، وقد وضعت السلطات الإسرائيلية يدها عليها مؤخرا لإنشاء مستوطنة دولب.

حراج أم صفا:

تقع بين قريتي النبي صالح وأم صفا وهي حراج طبيعية تبلغ مساحتها 1100دونم تابعة إلى سلطة حماية الطبيعة الاسرئيلية، وقد أنشئت فيها مرافق سياحية منذ العهد الأردني (دورات مياه، مياه للشرب، مقاعد للجلوس وطاولات وأماكن للطهي، كما أن السلطات المختلفة دأبت على تعيين حارس لها منذ عهد الانتداب البريطاني).

وهكذا، فإن المواقع التي تم استعراضها هي نماذج عن المناطق المحتملة كمنتزهات يمكن تطويرها وتجهيزها بالوسائل الأساسية (مياه للشرب والاستحمام، دورات مياه، أماكن للعب الأطفال، أماكن للطبخ، الكهرباء والهاتف، وسائل إسعاف أولية وغيرها)، بحيث تكون مواقع جذب للسياحة الداخلية.

بعض التوصيات الجديرة بالمراعاة من قبل وزارة السياحة والآثار:

1- حماية النباتات والحيوانات البرية التي تعيش في مناطق الحراج والمحميات من عبث البشر والحيوانات المستأنسة، وذلك بتسيج بعضها ووضع مراقبين لتلك المحميات.

2- الإهتمام بمصادر المياه المتوفرة في مناطق الحراج والمحميات وحمايتها من التلوث الصناعي

3- زراعة الأشجار والنباتات في البقع العالية من مناطق الحراج والمحميات وتشجيع زراعة الأشجار عموما بتبني برنامج أصدقاء الشجرة.

4- توسيع مناطق الحراج والمحميات قدر الإمكان.

5- تعميق الوعي البيئي لدى كافة أفراد المجتمع عن طريق النشرات والندوات والمؤسسات الأهلية والنوادي والمدارس.

6- إنشاء الجمعية الفلسطينية للمحافظة على البيئة التي سيكون من مهمتها نشر التوعية والتثقيف البيئي.

7- تجهيز المناطق المحيطة بالمحميات والحراج بالوسائل الضرورية لتشجيع السياحة الداخلية مثل: دورات المياه ومياه الشرب ومقاعد الجلوس وحتى وسائل اللهو واللعب للأطفال من مراجيح وغيرها.

8- استجلاب بعض أسماك الزينة إلى بعض الينابيع كجزء من تطوير المحميات وتجميلها

9- جباية رسوم رمزية على زيارة المحميات والحراج والأماكن الأثرية القريبة منها لتغطية بعض المصاريف الضرورية لخدمة تلك الأماكن، وهذا أمر متبع في جميع انحاء العالم.

السياحة الداخلية: Internal Tourism

طبيعة السياحة: The Nature of Tourism

"أرني بأفعالك إيمانك"، هذه الكلمات هي خلاصة الالتزام في الحياة، ففيها المبدأ الأساسي الذي يبرهن به المرء والمجتمع على الوفاء للمبدأ والحياة بموجبه.

فلكل أمة ركائز أساسية تبني عليها وتنسج حولها، والسياحة بدورها تنخرط في هذا المسار، فهل لنا في تراثنا تيار علمي أو روحي في مجال السياحة؟ أم أننا ما زلنا مجرد مجتمع مقلد ناسخ منتفع؟ فتاريخ السياحة لدى الأمم يدل على وجود أهداف وراء السياحة تتمحور حول المعرفة وتنميتها وتوسيع الآفاق والترفيه ثم التوازن الفردي والاجتماعي.

ولا شك في أن مجتمعنا العربي عامة والفلسطيني خاصة في حاجة ماسة إلى بلورة روحانيةٍ متّزنةٍ في موضوع السياحة وتطويرها لتشمل كافة المجالات السياحية.

مجالات السياحة وأهدافها: The fields of tourism and it's objectives

السياحة كما تكون على أرض الواقع تتفرع إلى مجالات عدة من أهمها:

(1)   السياحة الترفيهية: Amusing Tourism

يعتبر الترفيه حقا بشريا طبيعيا، فكل إنسان يحتاج إلى الترفيه ليفرج عن نفسه وليتفرغ بعض الوقت لعائلته أو لجماعته، وكثيرا ما يتخذ الترفيه السياحي شكل جولات عائلية تشارك فيها العائلة أو مجموعة أفراد أو عائلات منسجمة تقضي وقتاً ممتعاً في جو بعيد عن الروتين اليومي، ويخيم على الرحلة السياحية جو من الغناء الصاخب وسحاب من دخان الشوي، وحبذا لو أننا قمنا بعد ساعات الاستجمام بحملة من التنظيف والترتيب للمكان نثبت بها أن النظافة والترتيب مظهران من مظاهر الثقافة العربية، كما نثبت شعورنا بالانتماء إلى هذه الارض، وإن لهذه الأرض حقا على زائريها واقله رعايتها بالنظافة والترتيب.

وللسياحة الترفيهية علاقة مباشرة بالبيئة وبسلامتها، وما المحميات الطبيعية سوى نماذج عن البيئة السليمة التي يحتاج إليها الإنسان، والتي يجدر به أن يحافظ عليها نفعا له وللأجيال من بعده.

(2) السياحة العلمية:Scientific Tourism

إذا أردنا أن نعطي السياحة حقها، وأن تكون كنزا وطنيا أكثر منها مورد كسب، يجب أن نبدأ بالمنهج العلمي الذي يهيئ العقول وينير البصائر ويعد الأجيال لكي تبلور موقفا ايجابيا بناء ومسؤولا من السياحة.

والسياحة إذا اعتمدت في مناهج التعليم تغدو وسيلة ايضاح ومعينا تربويا لا أروع ولا أوضح، ولنتخذ مثلا قبل أن نتفرع في شعاب السياحة العلمية.

كيف نتعلم في مدارسنا ومعاهدنا عن جغرافية بلادنا؟ لا شك أن معظم المدارس أدخل إلى برامجه التعليمية الوسائل المعينة، لكن أي من الأمرين يرسخ في ذاكرة الطالب، شرح نظري أم خبرة فردية وجماعية؟ من الطبيعي أن ترسخ الخبرة لأنها خير وسيلة تعليمية.

كيف نحافظ على تراثنا وعلى تاريخنا ونحن نكتفي بادعاء المعرفة ونستخف بالمنهج العلمي الذي أصبح وحده كفيلا بأن يضع خطانا على طريق النجاح لنثبت ذاتنا؟

حبذا لو يتم وضع برامج زيارات متتابعة متكاملة تقوم بها المعاهد العلمية على مدار عدة سنوات لكي يتعرف النشء الجديد على تراثه وعلى أبناء وطنه الواحد، ولكي يتعلم احترام تراثه واحترام تراث الآخرين، كما يكتسب خبرة ايجابية في التعامل مع الأفراد والجماعات واحترام حقوقهم، بعد أن يقرأ سطور الارض ويسمع صوت المياه ويتنشق عبير الهواء ويتتبع خطى الأجداد متيقنا أن صوت السماء إلى الأرض خرج من فلسطين، وأن الأنبياء تحابوا أخوة وأن الإنسان الفلسطيني لا يكون وفيا لذاته ولتاريخه ولتراثه إلا بانخراطه طوعا واقتناعا في مسيرة المحبة والتضامن والتكامل الذي يشهد لها كل شبر من أرض فلسطين.

وهكذا فإن السياحة المبرمجة والمنظمة تصبح وسيلة ايضاح علمية في مجالات شتى منها معالم البلاد الجغرافية والتاريخية والاقتصادية.

(3)   السياحة التراثية الروحية: Spiritual Heritage Tourism

أنعم الله سبحانه وتعالى على فلسطين بنعم روحية لم تحظ بها بقعة أخرى في هذه المعمورة، وقد شملت هذه النعم أديان التوحيد الثلاثة، فلكل منها أكثر من محطة ومستراح ومحج، وستبقى هذه الأرض محط أنظار جميع المؤمنين في العالم يؤمها الإنسان ليسير على خطى المرسلين وبخاصة خطى سيدنا المسيح.

في أكثر من مناسبة ومحاضرة وندوة ولقاء، يتم توضيح معنى الحج إلى الديار المقدسة وأبعاده، ولكن ما نصبو إليه في هذه العجالة هو ايقاظ ضمائر أهل الارض لئلا يتحولوا إلى أهل الكهف، الذين عندما استفاقوا من سباتهم وجدوا أنفسهم في زمن غير زمنهم، ونحن كيف نعد أجيالنا لاستلام وديعة التراث الروحي وتسليمه بأمانة؟

ومما لا ريب فيه أن هناك حاجة إلى فرز القيم الروحية والتميز بين جوهر الدين وبين التدين التقليدي الذي تشوبه رواسب الخرافات الشعبية والأساطير التي تسربت إلى أذهان الأجيال دون رؤيا واضحة حتى اختلط الجوهر بالعرض واختلط اللب بالقشور.

والسياحة التراثية الروحية واجب تربوي يقع على عاتق المسؤولين عن قطاع التربية الروحية وتنميها بصفاء وسمو يليقان بمكانة الأديان ومحبة الرحمن وكرامة الانسان، وحبذا لو تألفت أفكار المسؤولين الروحيين بالتعاون مع وكالات السياحة العربية لبعث السياحة في أماكننا المقدسة بالروح التي تشير اليه. (7)

314

الهوامش

1. Bir Zeit University Publications, **Human Development Report 2004**, Development Studies Programme, Ramallah, Palestine, 2005, p24.

2. خليل نخلة، "**أسطورة التنمية في فلسطين**"، ترجمة ألبرت أغازريان، رام الله، فلسطين، مواطن، المؤسسة الفلسطينية لدراسة الديمقراطية، 2004م، ص ص143- 148.

3. http://www. mohe.gov.ps, **21.6.2009**

4. تم إضافة جامعتي فلسطين التقنية وجامعة فلسطين للجدول المذكور لحداثتهما.

5. http://www.alzaytouna.net, **21.6.2009**

6. عادل هواري، مرجع سابق

7. Ibid, **Bir Zeit University Publications**, 2005, p25

8. عادل هواري، **شئون تنموية**، الملتقى الفكري العربي، القدس، المجلد الثاني، العدد الثاني، نيسان 1992، ص ص18- 22

قائمة المراجع

أولا: المراجع العربية:

(1) ابراهيم العيسوي، **"التنمية في عالم متغير: دراسة في مفهوم التنمية ومؤشراتها"**، القاهرة، دار الشروق، الطبعة الأولى، 2000م.

(2) أحمد خاطر وسميرة محمد، **"التخطيط الاجتماعي: مدخل إلى القرن الواحد والعشرين"**، الاسكندرية ، المكتب الجامعي الحديث، 1998، ص ص 162- 168

(3) إلسا، أسيدون، **النظريات الاقتصادية في التنمية**، ترجمة مطانيوس حبيب، دمشق، دار القاضل، 1997، ص ص80-82

(4) بشير العلاق، **"الإدارة الحديثة: نظريات ومفاهيم"**، عمّان، دار اليازوري العلمية للنشر والتوزيع، 2008، ص 119

(5) جمال حلاوة وعلي صالح، **"دور التخطيط في جودة التعليم في المدارس الخاصة في محافظة رام اللـه والبيرة"**، بحث مقدم للمؤتمرالتربوي الأول: مؤتمر العملية التعليمية والتعلمية في فلسطين وآفاقها المستقبلية، جامعة القدس، نيسان 2008م.

(6) خليل نخلة، **"أسطورة التنمية في فلسطين"**، ترجمة ألبرت أغازريان، رام اللـه، فلسطين، مواطن، المؤسسة الفلسطينية لدراسة الديمقراطية، 2004م، ص ص143- 148

(7) رمزي زكي، **المحنة الآسيوية: قصة صعود وهبوط دول المعجزات الآسيوية**، دمشق، دار المدى للثقافة وانشر، الطبعة الأولى، 2000، ص ص28-29

(8) روبرت جران، **"ترويض النمور- نهاية المعجزة الأسيوية"**، ترجمة سمير كريم، القاهرة، مركز الأهرام للترجمة والنشر، الطبعة الأولى، 1999م، ص ص1- 6

(9) زياد رمضان وآخرون ، **"المفاهيم الإدارية الحديثة"**، عمّان، مركز الكتب الأردني، الطبعة السادسة، 2003، ص ص 85-89

(10) سامية محمد فهمي وآخرون، **"مدخل في التنمية الإجتماعية"**،الإسكندرية، المكتب الجامعي الحديث، 1986م، ص ص47-49

(11) سعاد البرنوطي، **الادارة أساسيات إدارة الأعمال**، دار وائل للطباعة والنشر، عمان، 2001، ص366

(12) سعد حسين فتح اللـه، **"التنمية المستقلة: المتطلبات والإستراتيجيات والنتائج، دراسة مقارنة في أقطار مختلفة"**، بيروت، مركز دراسات الوحدة العربية، 1995، ص ص81-93

(13) سعد طه علام، **التنمية والمجتمع**، القاهرة، مكتبة مدبولي، الطبعة الأولى، 2006، ص ص 191- 198

(14) سعيد عبدالله حارب، **"مستقبل التعليم وتعليم المستقبل"**، أبو ظبي، الإمارات العربية المتحدة، المجمع الثقافي 2001م، ص ص196- 208

(15) سوزان- روز أكرمان، **الفساد والحكم: الأسباب، العواقب، الاصلاح**، ترجمة فؤاد سروجي، عمّان، الأهلية للنشر والتوزيع، 2003، ص ص73-83

(16) سهيل أحمد عبيدات، **القيادة، أساسيات، نظريات، مفاهيم**، عالم الكتب الحديث، إربد، الأردن، 2007، ص36-38

(17) سهيلة الفتلاوي، **"الجودة في التعليم: المفاهيم، المعايير، المواصفات، المسئوليات"**، عمّان، دار الشروق للنشر والتوزيع، 2007، الطبعة الأولى، ص45

(18) السيد علي شتا، **"الفساد الإداري ومجتمع المستقبل"**، الإسكندرية، المكتبة المصرية، 2003م، ص11

(19) السيد متولي المتولي، **إدارة الأفراد (مدخل سلوكي)**، القاهرة، مكتبة عين شمس، 1991، ص131.

(20) صلاح الدين عبد الباقي وآخرون، إدارة الموارد البشرية، الإسكندرية، جمهورية مصر العربية، المكتب الجامعي الحديث، 2007، ص ص 47- 49

(21) عادل مختار الهواري، "التغير الاجتماعي والتنمية في الوطن العربي"، الكويت، مكتبة الفلاح، 1988م، ص ص173- 175

(22) عادل مختار الهواري، شئون تنموية، الملتقى الفكري العربي، القدس، المجلد الثاني، العدد الثاني، نيسان 1992، ص ص18-22

(23) عبدالحافظ الصاوي، "قراءة في تجربة ماليزيا التنموية"، مجلة الوعي الإسلامي، الكويت، وزارةالأوقاف والشؤون الاسلامية، دولة الكويت، العدد 451، السنة الثالثة، أيار 2003

(24) عبد الرحمن تيشوري، "النمو والتنمية: نظرات، أوهام، اختلافات، مقترحات"، صحيفة الحوار المتمدن، لندن 2005/9/11، العدد 1314

(25) عبد العزيز بدر النداوي، عولمة إدارة الموارد البشرية: نظرة إستراتيجية، دار المسيرة، عمان، الأردن، 2009، ص59

(26) عبد العزيز صالح بن حبتور، الإدارة العامة المقارنة، عمان، الأردن، دار المسيرة للنشر والتوزيع، 2009، ص ص 134-136

(27) عبد العزيزمحمد الحر،التربية والتنمية والنهضة، بيروت، شركة المطبوعات للتوزيع والنشر، الطبعة الأولى، 2003، ص133

(28) عبد المنعم السيد علي، العولمة من منظور اقتصادي وفرضية الاحتواء، أبو ظبي، مركز الإمارات للدراسات والبحوث الاستراتيجية، 2003، ص ص 34- 38

(29) عدلي شحادة قندح، التخاصية أحدث نماذج التنمية الاقتصادية، عمان، الأردن، دار مجلاوي للنشر والتوزيع 2003، ص21.

(30) عزت عبد الحميد البرعي، استراتيجية التنمية الإقتصادية والإجتماعية، القاهرة، مركز المحروسة للنشر والخدمات الصحفية، 2004، ص ص 95-114

(31) علي محمود صالح، اتجاهات الأكاديميين والخريجين ومدراء المؤسسات نحو هيكلية التخصصات في الجامعات الفلسطينية وأثرها على سوق العمل الفلسطيني، رسالة دكتوراة غير منشورة، جامعة السودان للعلوم والتكنولوجيا، الخرطوم:2005، ص119

(32) عمر التومي الشيباني، ومفيدة خالد الزقوزي،التنمية الاجتماعية والاقتصادية: واقع وآفاق، الجماهيرية الليبية، طرابلس، الهيئة القومية للبحث العلمي، 1997، ص 58

(33) عيسى علي ابراهيم وفتحي عبدالعزيز أبو راضي، "جغرافية التنمية والبيئة"، بيروت، دار النهضة العربية، الطبعة الأولى، 2004، ص ص11- 12

(34) فلاح كاظم المحنة، العولمة والجدل الدائر حولها، عمان، الأردن، مؤسسة الورّاق للنشر والتوزيع، 2002، ص7.

(35) فولفجانج ساكس، قاموس التنمية: دليل إلى المعرفة باعتبارها قوة، ترجمة أحمد محمود، القاهرة، المركز القومي للترجمة، جمهورية مصر العربية، العدد 1252، 2009، ص25

(36) كامل عبد الملك، ثقافة التنمية: دراسة في أثر الرواسب الثقافية على التنمية المستدامة، القاهرة، دار مصر المحروسة، 2008، ص20

(37) محمد السبعاوي، "تطور الفكر الإداري"، غزة، فلسطين، دار نشر"بدون"، 2003، ص ص 56-57

(38) محمد شاكر عصفور،" أصول التنظيم والأساليب"، عمّان، دار المسيرة للنشر والتوزيع والطباعة، 1999،ص ص337- 350

(39) محمد عبد الفتاح محمد، الأسس النظرية للتنمية الإجتماعية في إطار الخدمة الإجتماعية، الإسكندرية، المكتب الجامعي الحديث، 2005م، ص ص62-97

(40) محمد عبد القادر حاتم، **أسرار تقدم اليابان**، قليوب، مصر مطابع الأهرام التجارية، 1990، ص ص 24-62.

(41) محمد قاسم القريوتي، **السلوك التنظيمي دراسة السلوك الانساني الفردي والجماعي في المنظمات المختلفة**، عمّان، دار الشروق، الطبعة الثالثة، 2000، ص 185

(42) محمد مصطفى الأسعد، "**التنمية ورسالة الجامعة في الألف الثالث**"، بيروت، المؤسسة الجامعية للدراسات والنشر والتوزيع، 2000م.

(43) محمد يسري علاّم، **كيف تطبق نظام إدارة الموارد البشرية في مؤسستك؟إدارة الموارد البشرية بين النظرية والتطبيق**، ثقافة للنشر والتوزيع، الإمارات العربية المتحدة، أبو ظبي،2009، ص 15

(44) مدحت القريشي، **التنمية الاقتصادية: نظريات وسياسات وموضوعات**، عمان، الاردن، دار وائل للنشر، 2007، ص 127 - 128

(45) مدحت محمد أبو النصر، **إدارة وتنمية الموارد البشرية: الاتجاهات المعاصرة**، مجموعة النيل العربية، القاهرة، مصر، 2007، ص ص63--64.

(46) مصطفى حجازي، "**التخلف الإجتماعي: مدخل إلى سيكولوجية الإنسان المقهور**"، الدار البيضاء، المركز الثقافي العربي، الطبعة الثامنة، 2001م.

(47) مصطفى كامل السيد وآخرون، **قضايا التنمية: الفساد والتنمية، الشروط السياسية للتنمية الاقتصادية**، القاهرة، مركز دراسات وبحوث الدول النامية، العدد (14)، الطبعة الأولى، 1999، ص 230

(48) محيي الدين صابر، "**التنمية**"، مجلة المستقبل، الكويت، مركز دراسات الوحدة العربية، المجلد الثاني، 1980م، ص ص11- 14

(49) موسى اللوزي، "**التنميةالادارية**"، الأردن، عمان، دار وائل للطباعة وللنشر، الطبعة الثانية، 2002م، ص ص339- 343

(50) موسشيت ف. دوجلاس ، "**مبادىء التنمية المستدامة**"، ترجمة بهاء شاهين، القاهرة، الدار الدولية للإستثمارات الثقافية، .2000م

(51) وزارة التربية والتعليم العالي، **الكتاب الإحصائي التربوي السنوي 2007/ 2008**، رام الـلـه، فلسطين، ص17

(52) وزارة التربية والتعليم العالي، **الكتاب الإحصائي التربوي السنوي**، فلسطين، رام الـلـه، 2008، ص

ثانيا: المراجع الأجنبية:

(1) Bellah, N. Robert, (1965), **Religious and Progress in Modern Asia**, N. Y, Free Press.

(2) Bir Zeit University Publications, **Human Development Report 2004**, Development Studies Programme,Ramallah,Palestine,2005,p24.

(3) Brenke, S, Church. D, Hansell. W, Vine. E, and Zelinsk, (1998) **Building Sustainable Communities - the Historic Imperative for change**, pp.1-5.

(4) Chittimatamapeng, P, (1999), **Challenges and Responses to Globalization**: Y. Yamamoto Globalism, Regionalism and Nationalism: Asia in search for it's Role in the 21st century, Oxford Blackwell, Pubco. Ltd. p73.

(5) Douglas T. Hall and James G. Goodale, (1986), **Human Resource Management, Strategy Design & Implementation**, USA, Scott, Foreman & Company, p.302.

(6) Goran, Hayden, **Governance & Politics in Africa**, London, Lynne Rienner Publisher, 1992, p5.

(7) Holmberg, Johan, (1994), **Making Development Sustainable: Policies For A small Planet from the International Institute for Environment and Development**, Lonon,

Earthscan Publication, pp. 321-322.

(8) Kirbride,P.S. Pinnigton, P. and Word K, (2002), **Globalization Today**, in Kirbride, P.S.P, Globalization: The External Pressures Chickester. John Wiley, P.46.

(9) Krambia, k.et, (**The Implementation of corporate Governance Principles in an Emerging Economy , A critique of The Situation in Cyprus**), **Corporate Governance**, 2006, p126

(10) Mathis, R.L, & Jackson, J. H. (2002), **Human Resource Management**, 2nd, ed. Canada, South-Western Thomas Learning, PP.6-7.

(11) Michael Todaro, (1985), **Economic Development in the Third World**, Overseas Development Council, New York, USA. Pp. 63-64

(12) Neumann, Sigmund, (1971) **The International Civil War, In (Clifford T. Paynton and Robert Blackey), Why Revolution? Theories and Analysis)**, Cambridge, Mass: Schenkman, pp.110- 113

(13) Quaddus, Mohammad and Siddique, Mohammad, (2004), **Handbook Of Sustainable Development Planning**, Northampton MA, Cheltenharn, UK, Edward Elgar, p4

(14) Sengupta, Roshni, The Earth's 11: Climate Heroes Who are Keeping the Sustainability Debate Alive, **Terragreen, Earth Matters Magazine**, New Delhi, India, Terra Institute, Volume 1ssue 12 , March 2009, p29

(15) Soubbtina, Tatyana, P. & Sheram, Katherine, A.(2000), **Beyond Economic Growth: Meeting the Challenges of Global Development**, WBI Resources Series, The World Bank, Washington D.C, P35

(16) United Nation University, **Effective Pathways to Sustainable Development**, Report to the Second Preparatory Session for the 2002 World Summit on Sustainable Development,United Nation, New York,28.1- 6.2.2002. P.6

(17) Walter Rodney, **How Europe Underdeveloped Africa?**, Washington, D. C: Howard University Press, 1974 pp 4-6

(18) Witherell, b, **Corporate Governance, Stronger Principles for better Market Integrity, Organization for Economic Cooperation & Development**, 2004, p.41

(19) United Nations Economic and Social Commission for Asia and the Pacific, Development Research and Policy Analysis Division, , **Social Impact of the Economic Crisis, Regional Meeting on Social Issues Arising from the East Asia Economic Crisis and Policy Implication for the future**, Bangkok, 21-22 Jan, 1999. P3

Internet Websites

(20) http://www.Islamonline.net/io/-arabic/dowalia/mafaheem-2.asp.11.1.2009

(21) http://www. mohe.gov.ps, **21.6.2009**

(22) http://www.alzaytouna.net, **21.6.2009**

(23) http://www.rezqar.com/m.asp?i=349, **23.6.2009**

(24) http://www.arabic.xinhuanet.com/arabic/ 2.7.2009

(25) http://www.almishkat1.com/wp-content/themes, **2.7.2009**